21世纪高职高专规划教材·国际经济与贸易系列

进出口报关实务

主　编　贺　翔
副主编　陈　杨　牟艳红　黄　蘋
主　审　雷德芳

中国人民大学出版社
·北京·

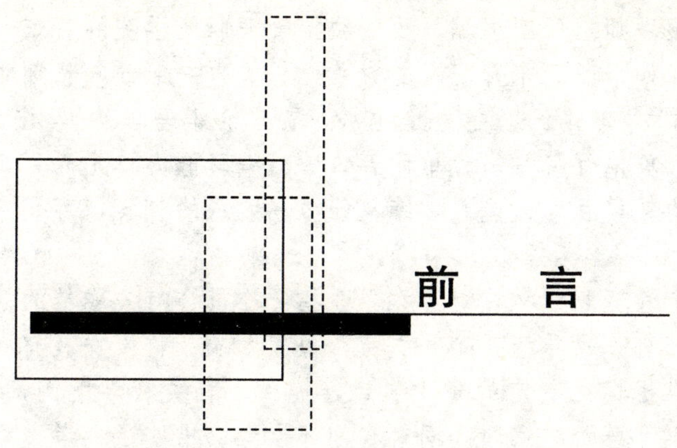

前言

为贯彻落实《国家中长期教育改革和发展规划纲要》和教育部关于“高等教育要面向21世纪教学内容和课程体系改革计划”的基本要求，根据高职高专院校培养目标，结合用人单位的实际需要，汲取相关教学实践的经验，我们邀请西部几所高职院校具有丰富经验的老师和企业专家，共同编写了本教材。

本教材具有新颖性、实用性、可操作性和广泛性等特点。

新颖性：本教材参考2011年的报关员考试大纲和海关总署在2011年11月到2012年4月发布的海关总署令，同时有多位行业专家参与本教材的编写工作，并提供了最新的实例。

实用性：根据高等职业教育内在的特点和发展趋势，参考和借鉴了高等职业教育最新研究成果，以能力单元和能力要求设计课程体系。考虑到初学者理解专业术语较困难，本教材在理论部分采用了先展示案例，然后归纳理论知识，并将技能训练分为课中、课后、综合实训三部分，供初学者自主和自助学习，能较好地帮助学生正确掌握报关的基本理论知识和专门方法。

可操作性：打破传统的学科系统设计，以工作过程为主线，采用任务驱动，遵循学生从感性到理性和循序渐进的认知规律，参照最新的报关员考试大纲和最新的对外贸易管制政策，与行业专家共同开发课程，设计相关教学案例，这些教学案例实用性强，注重学生职业能力的培养。

广泛性：本教材适用于高职高专国际经济与贸易专业、国际贸易实务专业、报关与国际货运专业、商务管理专业及其他相关专业教学使用，对从事报关业务的相关人员也有一定的参考价值。

本教材由重庆城市管理职业学院贺翔副教授主编，重庆电子工程职业学院陈杨讲师、重庆城市管理职业学院牟艳红讲师和黄蘋讲师担任副主编，重庆城市管理职业学院的唐东升副教授和贾忠会工程师参与编写。分工如下：唐东升编写能力单元一能力一部分，贺翔编写能力单元一能力二至能力四部分和能力单元三、能力单元八，贾忠会编写能力单元二，陈杨编写能力单元四和能力单元七，牟艳红编写能力单元五，黄蘋编写能力单元六。

本教材的教学课件以及各单元能力的教学互动、能力训练及能力单元八的答案，可登录 http://www.crup.com.cn/jiaoyu，输入书名后下载。

全书在编写过程中，听取了重庆城市管理职业学院财经类专业指导委员会有关成员的意见和建议，得到了中国人民大学出版社有关领导的关心和支持，重庆爱瑞灵科技发展有限公司经理、经济师雷德芳女士参与了课程标准制定的多次研讨，提供了相关教学案例，并对全书内容进行了审定，在此对他们表示衷心的感谢。同时我们还参考、借鉴了参考文献中列明的相关资料，在此对相关作者也表示诚挚的谢意。

由于编者水平有限，书中如有不足之处，敬请广大读者及同行批评指正，提出宝贵意见。如读者在使用本教材过程中有其他宝贵意见及建议，恳请向编者（hx010727@126.com）提出。

编者

2012 年夏

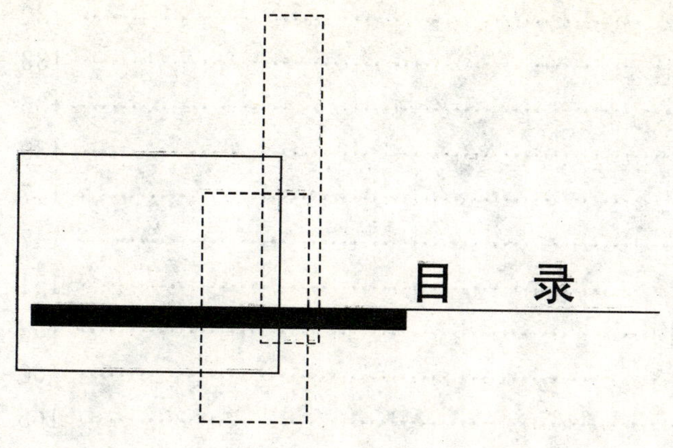

目　录

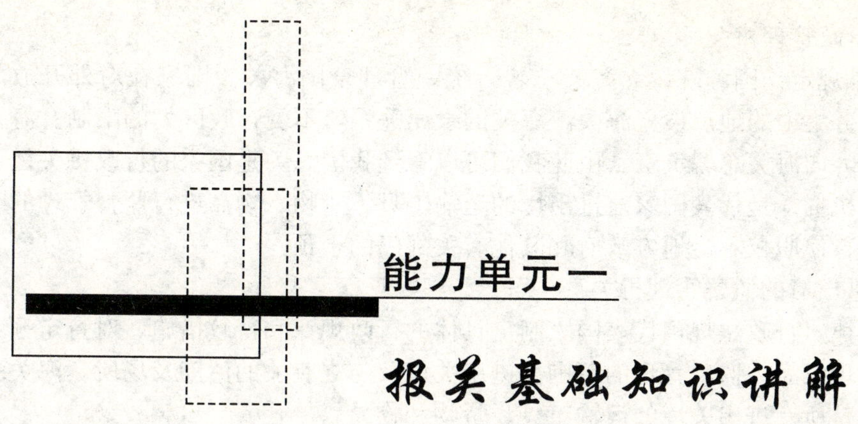

能力单元一

报关基础知识讲解

学习目标

掌握海关的性质、任务和海关的权力；掌握报关单位的概念和类型、报关单位注册登记制度和报关单位的法律责任；掌握报关员考试管理办法、报关员注册登记制度以及海关对报关员的考核管理制度，认识进出口商品归类管理的办法及规则。

引导案例

2011 年 5 月 10 日，格林公司被批准可以经营进出口业务，第二天即成交了一笔出口业务，为提高办事效率，公司当天就派小张去海关申报出口报关手续，结果被海关拒绝。这是什么原因？

能力一　认识海关

一、海关的性质和任务

（一）海关的性质

《中华人民共和国海关法》（以下简称《海关法》）第二条规定：中华人民共和国海关是国家的进出关境监督管理机关。这一规定明确了海关的性质，包括两层含义。

1. 海关是国家行政管理机关

《海关法》第三条规定：国务院设立海关总署，统一管理全国海关。国家在对外开放的口岸和海关监管业务集中的地点设立海关。海关的隶属关系，不受行政区划的限制。海关依法独立行使职权，向海关总署负责。由此我们可以看到我国海关是国家的行政机关之一，是国务院的直属机构，是代表国家对进出境的运输工具、货物、物品进行监督管理的行政执法机构，海关行使职权不受地方政府和其他有关部门的干预。

2. 海关是国家进出境的监督管理机关

海关依照有关法律、行政法规，代表国家制定具体的行政规章和行政措施，对特定领域的活动实施监督管理。海关监督管理的范围是进出关境及与之有关的活动及场所。海关进行监督管理的对象是所有进出关境的运输工具、货物和物品。

(二) 海关的任务

根据《海关法》规定，海关的基本任务有四项，即监督管理进出境的运输工具、货物、行李物品、邮递物品和其他物品；征收关税和其他税费；查缉走私；编制海关统计。

1. 监管

海关监管是海关全部行政执法活动的统称，是海关运用国家赋予的权力，通过报关登记、审核单证、查验放行、后续管理、查处违法行为等环节，对进出关境的各类运输工具、货物、物品实施有效的监督管理。它是海关四项基本任务的基础，海关的其他任务都是在监管工作的基础上进行的。

海关监管可分为两个部分：

(1) 货物和运输工具的监管。包括监管以各种贸易方式，通过各种运输渠道，出入我国关境的货物，以及所有进出我国关境的海、陆、空运输工具。

(2) 行李、邮递物品的监管。包括各类进出境人员携带的行李物品及通过国际邮递渠道进出关境的各类物品。

2. 征税

关税是海关依据国务院颁发的《中华人民共和国海关进出口关税条例》、《中华人民共和国海关进出口税则》，以及海关总署发布的《关于入境旅客行李物品和个人邮递物品征收进口税办法》，对准许进出口的货物及进口的物品征收的一种流转税。除此之外，海关还依法代政府其他部门在货物进出口环节征收多种国内税、费，以及依法收取规费、监管手续费、滞报金、滞纳金，如代国家税务总局征收的进口环节增值税、消费税等。

3. 查缉走私

查缉走私是指海关依照法律赋予的权力，在海关监管场所和海关附近沿海沿边规定地区，为发现、制止、打击、综合治理走私活动而进行的一种调查和惩处活动。

走私是指进出境活动的当事人或相关人违反《海关法》及有关法律、行政法规，逃避海关监管，偷逃应纳税款，逃避国家有关进出境的禁止性或者限制性管理，非法运输、携带、邮寄国家禁止、限制进出口或者依法应当缴纳税款的货物、物品进出境或者未经海关许可并且未缴应纳税款、交验有关许可证件，擅自将保税货物、特定减免税货物以及其他海关监管的货物、物品、进境的境外运输工具在境内销售的行为。

《海关法》规定：国家实行联合缉私、统一处理、综合治理的缉私体制。海关负责组织、协调、管理查缉走私工作。可见，海关是打击走私的主管机关。除海关以外，公安、工商、税务、烟草专卖等部门也有查缉走私的权力，但这些部门查获的走私案件，必须按法律规定，移送海关统一处理。

4. 编制海关统计

海关统计是以实际进出口货物作为统计和分析的对象，通过搜集、整理、加工处理进出口货物报关单或经海关核准的其他申报单证，对进出口货物的品种、数量、价格、国别（地区）等项目分别统计和综合分析，全面、准确地反映对外贸易和运行态势，及时提供统计信息和咨询，实施有效的海关监管，开展国际交流与合作。

除了这四项基本任务之外，近几年国家通过有关法律、行政法规赋予了海关一些新的职责，如知识产权海关保护、海关对反倾销及反补贴的调查等，这些新的职责也是海关的任务。

二、海关的权力

海关的权力是国家为保证海关依法履行职责，通过《海关法》和其他法律、行政法规赋予海关的对进出境运输工具、货物、物品的监督管理职能。海关的权力是一种行政权力，内容主要有：

（1）检查权。

海关有权检查进出境运输工具，检查有走私嫌疑的运输工具和有藏匿走私货物、物品嫌疑的场所，检查走私嫌疑人的身体。

海关对进出境运输工具的检查不受海关监管区域的限制；对走私嫌疑人身体的检查，应在海关监管区和海关附近沿海沿边规定地区内进行；对有走私嫌疑的运输工具和有藏匿走私货物、物品嫌疑的场所，在海关监管区和海关附近沿海沿边规定地区内，海关人员可直接检查，超出此范围，在调查走私案件时，须经直属海关关长或者其授权的隶属海关关长批准，才能进行检查，但不能检查公民住处。

（2）查阅、复制权。此项权力包括查阅进出境人员的证件，查阅、复制与进出境运输工具、货物、物品有关的合同、发票、账册、单据、文件、业务函电、录音录像制品和其他有关资料。

（3）查问权。海关有权对违反《海关法》或者其他法律、行政法规的嫌疑人进行查问，调查其违法行为。

（4）查验权。海关有权查验进出境货物、物品。海关查验货物认为必要时，可以径行提取货样。

（5）查询权。海关在调查走私案件时，经直属海关关长或其授权的隶属海关关长批准，可以查询案件涉嫌单位和涉嫌人员在金融机构、邮政企业的存款、汇款。

（6）稽查权。海关在法律规定的年限内，对企业进出境活动及进出口货物有关的账务、记账凭证、单证资料等有权稽查。

（7）扣留权。

1）对违反《海关法》或者其他有关法律、行政法规的进出境运输工具、货物和物品以及与之有关的合同、发票、账册、单据、记录、文件、业务函电、录音录像制品和其他资料，可以扣留。

2）在海关监管区和海关附近沿海沿边地区，对有走私嫌疑的运输工具、货物、物品和走私犯罪嫌疑人，经直属海关关长或者其授权的隶属海关关长批准，可以扣留；对走私犯罪嫌疑人，扣留时间不能超过24小时，在特殊情况下可以延长至48小时。

3）在海关监管区和海关附近沿海沿边规定地区以外，对其中有证据证明有走私嫌疑的运输工具、货物、物品，可以扣留。

（8）连续追缉权。进出境运输工具或个人违抗海关监管逃逸的，海关可以连续追至海关监管区和海关附近沿海沿边地区以外，将其带回处理。这里所说的逃逸，既包括进出境运输工具或个人违反海关监管，自海关监管区和海关附近沿海沿边规定的地区向内（陆地）一侧逃逸，也包括向外（海域）一侧逃逸。海关追缉时需保持连续状态。

（9）行政处罚权。海关有权对违法当事人予以行政处罚，包括对走私货物、物品及违法所得处以没收，对有走私行为和违反海关监管规定行为的当事人处以罚款，对有违法情事的报关企业和报关员处以暂停或取消报关资格的处罚等。

（10）佩带和使用武器权。海关为履行职责，可以依法佩带武器，海关工作人员在履行职责时可以使用武器。

教学互动

1. 海关的权力有哪些必须“授权”？（授权是指经直属海关关长或其授权的隶属海关关长批准后才能行使。）

2. 在海关权力行使是否要授权问题上，检查权行使与扣留权行使在区域上有何区别？

能力二　认识报关单位

报关单位就是向海关报关的主体，是指依法在海关注册登记的进出口货物收发货人和报关企业。《海关法》规定：进出口货物收发货人、报关企业办理报关手续，必须依法经海关注册登记。报关人员必须依法取得报关从业资格。未依法经海关注册登记的企业和未依法取得报关从业资格的人员，不得从事报关业务。法律明确规定了对向海关办理进出口货物报关手续的进出口货物收发货人、报关企业实行注册登记管理制度。

我国《海关法》按报关单位的不同性质，将报关单位划分为两种类型：进出口货物收发货人和报关企业。

一、进出口货物收发货人

进出口货物收发货人是指依法直接进口或者出口货物的中华人民共和国关境内的法人、其他组织或者个人。进出口货物收发货人自行办理报关业务，称为自理报关。进出口货物收发货人是以自己的名义进行报关。

（一）进出口货物收发货人注册登记条件及程序

进出口货物收发货人的注册程序实行“备案制”，即不需要经过“申请办理注册登记许可手续”程序，只需向对外贸易主管部门备案登记，直接向海关申请办理报关单位注册登记手续。

1. 注册登记手续办理

进出口货物收发货人应当按照规定到所在地海关办理报关单位注册登记手续。

（1）提交的材料。

进出口货物收发货人申请办理注册登记手续应当提交的文件材料包括：企业法人营业执照副本复印件（个人独资、合伙企业或者个体工商户提交营业执照）；对外贸易经营者登记备案表复印件（法律、行政法规或者商务部规定不需要备案登记的除外）；企业章程复印件（非企业法人免提交）；税务登记证书副本复印件；银行开户证明复印件；组织机构代码证书副本复印件；报关单位情况登记表、报关单位管理人员情况登记表以及其他与注册登记有关的文件材料。

另外，如果是外商投资企业办理注册登记，还应提交"中华人民共和国外商投资企业批准证书"。

（2）审核材料。

海关依法对申请注册登记材料是否齐全、是否符合法定形式进行核对。经审核，符合条件的核发"中华人民共和国进出口货物收发货人报关注册登记证书"（简称"收发货人登记证书"）。"收发货人登记证书"的有效期为3年。

2. 注册登记变更、换证和注销

（1）注册登记变更。

进出口货物收发货人单位名称、企业性质、法定代表人（负责人）等海关注册登记内容发生变更之日起30日内，向注册地海关提交变更后的工商营业执照或者其他批准文件及复印件，办理变更手续。

（2）更换注册登记证书及递交的材料。

"收发货人登记证书"有效期届满前30日办理换证手续。逾期未到注册地海关办理换证手续的，"收发货人登记证书"自动失效。

进出口货物收发货人换证应当向注册地海关递交的资料主要有：企业法人营业执照副本复印件（个人独资、合伙企业或者个体工商户提交营业执照）；对外贸易经营者登记备案表复印件（法律、行政法规或者商务部规定不需要备案登记的除外）；中华人民共和国外商投资企业批准证书，中华人民共和国台、港、澳、侨投资企业批准证书的复印件（只有外商投资企业提交）；报关单位情况登记表；报关员情况登记表（无报关员的免提交）；报关单位管理人员情况登记表。

材料齐全、符合法定形式的进出口货物收发货人由注册地海关换发"收发货人登记证书"。

（3）注册登记注销。

有下列情形之一的，应当以书面形式向注册地海关报告。海关在办结有关手续后，应当依法办理注销登记手续：

1）破产、解散、自行放弃报关权或者分立成两个以上新企业的；

2）被工商行政管理部门注销登记或者吊销营业执照的；

3）丧失独立承担责任能力的；

4）进出口货物收发货人的对外贸易经营者备案登记表或者外商投资企业批准证书失效的；

5）其他依法应当注销注册登记的情形。

3. 临时注册登记情形

对于没有取得对外贸易经营者备案表的进出口货物收发货人，按照国家规定需要从事非贸易性进出口活动的企业，如境外企业、新闻机构、经贸机构、文化团体等依法在中国境内设立的常驻代表机构；国家机关、学校、科研院所等组织机构；临时接受捐赠、礼品、国际援助的单位以及国际船舶代理企业等，海关允许这样的企业办理临时注册登记手续，海关不核发“注册登记证书”，仅出具“临时报关单位注册登记证明”，有效期是7天。

（二）进出口货物收发货人的报关行为规则

（1）进出口货物收发货人在海关办理注册登记后，可以在中华人民共和国关境内的各个口岸或者海关监管业务集中的地点办理本企业的报关业务，但不能代理其他单位报关。

（2）进出口货物收发货人自行办理报关业务时，应当通过本单位所属的报关员向海关办理。

（3）可以委托海关准予注册登记的其他报关企业（如专业的报关行），由报关企业所属的报关员代为办理报关业务。

（4）办理报关业务时，向海关递交的纸质进出口货物的报关单必须加盖本单位在海关备案的报关专用章。

（5）对其所属报关员的报关行为承担相应的法律责任。

（三）海关对进出口货物收发货人的类别管理

为了鼓励企业自律守法，便于海关更好地管理进出口货物收发货人，海关对进出口货物收发货人进行类别管理，根据进出口货物收发货人的守法情况、企业内部管理情况以及报关等情况，将收发货人设定为AA、A、B、C、D类管理。

海关总署对适用不同管理类别的企业，制定相应的差别管理措施，其中AA类和A类企业适用相应通关便利措施，B类企业适用常规管理措施，C类和D类企业适用严密监管措施。

（1）AA类进出口货物收发货人，应当同时符合下列条件：

1）已适用A类管理1年以上。

2）上一年度进出口报关差错率3%以下。

3）经海关验证稽查，符合海关管理、企业经营管理和贸易安全的要求。

4）每年报送“经营管理状况报告”和会计师事务所出具的上一年度审计报告；每半年报送“进出口业务情况表”。

（2）A类进出口货物收发货人，应当同时符合下列条件：

1）已适用B类管理1年以上。

2）连续1年无走私罪、走私行为以及违反海关监管规定的行为。

3）连续1年未因进出口侵犯知识产权货物而被海关行政处罚。

4）连续1年无拖欠应纳税款、应缴罚没款项情事。

5）上一年度进出口总值50万美元以上。

6）上一年度进出口报关差错率5%以下。

7）会计制度完善，业务记录真实、完整。

8）主动配合海关管理，及时办理各项海关手续，向海关提供的单据、证件真实、齐全、有效。

9）每年报送“经营管理状况报告”。

10）按照规定办理“收发货人登记证书”的换证手续和相关变更手续；在商务、人民银行、工商、税务、质检、外汇、监察等行政管理部门和机构无不良记录。

（3）进出口货物收发货人有下列情形之一的，适用C类管理：

1）有走私行为的；

2）1年内有3次以上违反海关监管规定的行为，且违规次数超过上一年度报关单及进出境备案清单总票数1‰的，或者1年内因违反海关监管规定被处罚款累计总额人民币100万元以上的；

3）1年内有2次因进出口侵犯知识产权货物而被海关行政处罚的；

4）拖欠应纳税款、应缴罚没款项人民币50万元以下的。

（4）进出口货物收发货人有下列情形之一的，适用D类管理：

1）有走私罪的；

2）1年内有2次以上走私行为的；

3）1年内有3次以上因进出口侵犯知识产权货物而被海关行政处罚的；

4）拖欠应纳税款、应缴罚没款项人民币50万元以上的。

（5）进出口货物收发货人未发生C类管理和D类管理所列情形并符合下列条件之一的，适用B类管理：

1）首次注册登记的；

2）首次注册登记后，管理类别未发生调整的；

3）AA类企业不符合原管理类别适用条件，并且不符合A类管理类别适用条件的；

4）A类企业不符合原管理类别适用条件的。

（6）在海关登记的加工企业，按照进出口货物收发货人实施分类管理。

二、报关企业

进出口货物报关是一项专业性很强的工作。有些进出口货物收发货人由于经济、时间、地点等方面的原因不能或者不愿自行办理报关手续，在实践中产生了委托报关的需要。报关企业正是为进出口货物收发货人提供报关服务的企业。报关企业是指按照规定经海关准予注册登记，接受进出口货物收发货人的委托，向海关办理代理报关业务，从事报关服务的境内企业法人。根据代理报关法律行为的责任承担不同，代理报关又分为直接代理报关和间接代理报关。

直接代理报关是指报关企业接受委托人（即进出口货物收发货人）的委托，以委托人的名义办理报关业务的行为。代理人代理行为的法律后果直接作为被代理人。

间接代理报关是指企业接受委托人的委托以报关企业自身的名义向海关办理报关业务的行为。间接代理报关只适用于经营快件业务的国际货物运输代理业务。

目前，我国从事报关服务的报关企业主要有两类：一类是经营国际货物运输代理、国际运输工具代理等业务，兼营进出口货物代理报关服务业务的国际货物运输代理公司等；另一类是主营代理报关业务的报关公司或报关行。

(一) 报关企业注册登记

报关企业的注册程序为：向海关申请办理“报关企业注册登记许可”—到工商行政管理部门办理许可经营项目登记—到所在地海关办理注册登记手续。

1. 报关企业注册登记许可条件及程序

(1) 办理注册登记许可的条件。

具有境内企业法人资格条件；企业注册资本不低于人民币150万元；具有健全的组织机构和财务管理制度；报关员人数不少于5名；投资者、报关业务负责人、报关员无走私记录；报关业务负责人具备5年以上从事对外贸易工作经验或者报关工作经验；无因走私违法行为被海关撤销注册登记许可记录；有符合从事报关服务所必需的固定经营场所和设施以及海关监管所需的其他条件。

(2) 申请文件材料及程序。

申请报关企业注册登记许可，应当提交以下文件材料：报关企业注册登记许可申请书；企业法人营业执照副本或者“企业名称预先核准通知书”复印件；企业章程；出资证明文件复印件；所聘报关从业人员的报关员资格证复印件；从事报关服务业可行性研究报告；报关业务负责人工作简历；报关服务营业场所所有权证明、租赁证明；其他与申请注册登记许可的相关材料。

申请人应当到所在地海关提出申请并递交申请注册登记许可材料。

所在地海关受理申请后，应当根据法定条件和程序进行全面审查，并于受理登记许可申请之日起20日内审查完毕，将审查意见和全部申请材料报送直属海关。

直属海关应当自收到所在地海关报送的审查意见之日起20日内做出决定。

报关企业及其跨关区分支机构注册登记许可期限都是2年。如果需要延续注册的登记许可有效期的，应当办理注册登记许可延续手续。

报关企业只能在依法取得注册登记许可的直属海关关区内各口岸或者海关监管业务集中的地点从事报关服务。

2. 报关企业跨关区分支机构注册登记许可规定

(1) 报关企业申请分支机构注册登记许可的条件。

报关企业办理跨关区分支机构注册登记许可的前提条件为：报关企业取得“报关注册登记证书”之日起满2年；从申请之日起最近2年没有因走私受过处罚；每申请一项跨关区分支机构注册登记许可，应当增加注册资本人民币50万元。

(2) 分支机构取得注册登记许可的条件。

报关企业跨关区设立的分支机构拟取得注册登记许可的，应当具备以下条件：符合境内企业法人分支机构设立条件；报关员人数不少于3名；有符合从事报关服务所必需的固定经营场所和设施；分支机构负责人应当具有5年以上从事对外贸易工作经验或者报关工作经验；报关业务负责人、报关员均无走私行为记录。

海关比照报关企业注册登记许可程序规定作出是否准予跨关区注册登记许可的决定。

(3) 报关企业注册登记许可的变更和延续。

1) 报关企业注册登记许可的变更。

报关企业及其跨关区分支机构注册登记许可中的企业名称及分支机构名称、企业注册资本、法定代表人（负责人），应当以书面形式到注册地海关申请变更注册登记许可，注册地海关在受理变更注册登记许可申请之日起 20 日内进行初审，将审查意见和全部申请材料上报直属海关决定，直属海关应当自收到注册地海关报送的审查意见之日起 20 日内作出是否予以变更的决定。

2）报关企业注册登记许可的延续。

注册登记许可的有效期为 2 年，如需延续，应当在有效期届满 40 日前向海关提出延续申请并递交海关规定的材料。准予延续的，延续的有效期为 2 年。

（4）报关企业注册登记许可的撤销与注销。

1）报关企业注册登记许可的撤销。

有下列情形之一的，做出注册登记许可决定的直属海关，根据利害关系人的请求或者依据职权，可以撤销注册登记许可：海关工作人员滥用职权、玩忽职守作出准予注册登记许可决定的；超越法定职权作出准予注册登记许可决定的；违反法定程序作出准予注册登记许可决定的；对不具备申请资格或者不符合法定条件的申请准予注册登记许可的；依法可以撤销注册登记许可的其他情形。

被许可人以欺骗、贿赂等不正当手段取得注册登记许可的，应当予以撤销。

海关依照规定撤销注册登记许可，可能对公共利益造成重大损害的，不予撤销。

2）报关企业注册登记许可的注销。

有下列情形的，海关应当依法注销注册登记许可：有效期届满未延续的；报关企业依法终止的；注册登记许可依法撤销、撤回，或者注册登记许可证件被吊销的；因不可抗力导致注册登记许可事项无法实施的；法律、行政法规规定的应当注销注册登记许可的其他情形。

3. 报关企业注册登记手续

报关企业凭着直属海关签发的报关注册登记许可文件到工商行政管理部门办理许可经营项目登记，登记之后在 90 天内要到所在地海关办理注册登记手续，提交有关的材料，符合要求的，注册地海关核发“报关企业登记证书”。逾期，海关不予注册登记。

报关企业申请办理注册登记，应当提交的文件材料主要包括：直属海关注册登记许可文件复印件；企业法人营业执照副本复印件（分支机构提交营业执照）；税务登记证书副本复印件；银行开户证明复印件；组织机构代码证书副本复印件；报关单位情况登记表、报关单位管理人员情况登记表；报关企业与所聘报关员签订的用工劳动合同复印件；其他与报关注册登记有关的文件材料。

注册地海关依法对申请注册登记材料是否齐全、是否符合法定形式进行核对。申请材料齐全、符合法定形式的申请人由注册地海关核发报关企业登记证书。报关企业凭以办理报关业务。

思考

报关企业注册登记许可与报关企业注册登记有何差别？

4. 报关单位注册登记时效及换证管理

海关规定，报关企业登记证书的有效期为 2 年。在有效期届满 40 日前，报关企业应当办理注册登记许可延期。

报关企业在办理注册登记许可延期的同时办理换领"报关企业登记证书"手续。

5. 报关单位的变更登记及注销登记

报关企业取得变更注册登记许可后，单位名称、企业性质、企业处所、法定代表人（负责人）等海关注册登记内容发生变更的，应当自批准变更之日起30日内办理变更手续。

报关企业的注销登记与进出口货物收发货人的要求一样。

（二）报关企业的报关行为规则

在依法取得注册登记许可的直属海关关区内各口岸或者海关监管业务集中的地点从事报关服务。

（1）在同一直属海关关区，从一个隶属海关到另一个隶属海关办理业务，应在拟从事报关服务的口岸或者海关监管业务集中的地点依法设立分支机构，并且在开展报关服务前按规定向直属海关备案。

（2）跨关区（不同直属海关关区）办理业务应当依法设立分支机构，并且向拟注册登记地海关申请报关企业分支机构注册登记许可。获得注册登记许可，才能办理注册登记，设立分支机构。

（三）报关企业管理类别的设定

同对进出口货物收发货人管理一样，海关对报关企业按照AA、A、B、C、D类5个管理类别进行管理，并对企业的管理类别予以公开。

1. AA类报关企业，应当同时符合的条件

（1）已适用A类管理1年以上；

（2）上一年度代理申报进出口报关单及进出境备案清单总量在2万票（中西部为5 000票）以上；

（3）上一年度进出口报关差错率在3%以下；

（4）经海关验证稽查，符合海关管理、企业经营管理和贸易安全的要求；

（5）每年报送"经营管理状况报告"和会计师事务所出具的上一年度审计报告；每半年报送"报关代理业务情况表"。

2. A类报关企业，应当同时符合的条件

（1）已适用B类管理1年以上；

（2）企业以及所属执业报关员连续1年无走私罪、走私行为及违反海关监管规定的行为；

（3）连续1年代理报关的货物未因侵犯知识产权而被海关没收；

（4）连续1年无拖欠应纳税款、应缴罚没款项情事；

（5）上一年度代理申报的进出口报关单及进出境备案清单等总量在3 000票以上；

（6）上一年度代理申报的进出口报关单差错率在5%以下；

（7）依法建立账簿和营业记录，真实、正确、完整地记录受委托办理报关业务的所有活动；

（8）每年报送"经营管理状况报告"；

（9）按照规定办理注册登记许可延续及"中华人民共和国海关报关企业报关注册登记证书"的换证手续和相关变更手续；

（10）在商务、人民银行、工商、税务、质检、外汇、监察等行政管理部门和机构无不良记录。

3. 报关企业有下列情形之一的，适用C类管理

（1）有走私行为的；

（2）1年内有3次以上违反海关监管规定的行为，或者1年内因违反海关监管规定被处罚款累计总额人民币50万元以上的；

（3）1年内代理报关的货物因侵犯知识产权被海关没收达2次且未尽合理审查义务的；

（4）上一年度代理申报的进出口报关差错率在10%以上的；

（5）拖欠应纳税款、应缴罚没款项人民币50万元以下的；

（6）代理报关的货物涉嫌走私、违反海关监管规定拒不接受或者拒不协助海关进行调查的；

（7）被海关暂停从事报关业务的。

4. 报关企业有下列情形之一的，适用D类管理

（1）有走私罪的；

（2）1年内有2次以上走私行为的；

（3）1年内代理报关的货物因侵犯知识产权而被海关没收达4次以上的；

（4）拖欠应纳税款、应缴罚没款项人民币50万元以上的。

5. 报关企业未发生C类管理和D类管理所列情形，并符合下列条件之一的，适用B类管理

（1）首次注册登记的；

（2）首次注册登记后，管理类别未发生调整的；

（3）AA类企业不符合原管理类别适用条件，并且不符合A类管理类别适用条件的；

（4）A类企业不符合原管理类别适用条件的。

报关企业代理进出口货物收发货人开展报关业务，海关按照报关企业和进出口货物收发货人各自适用的管理类别分别实施相应的管理措施。

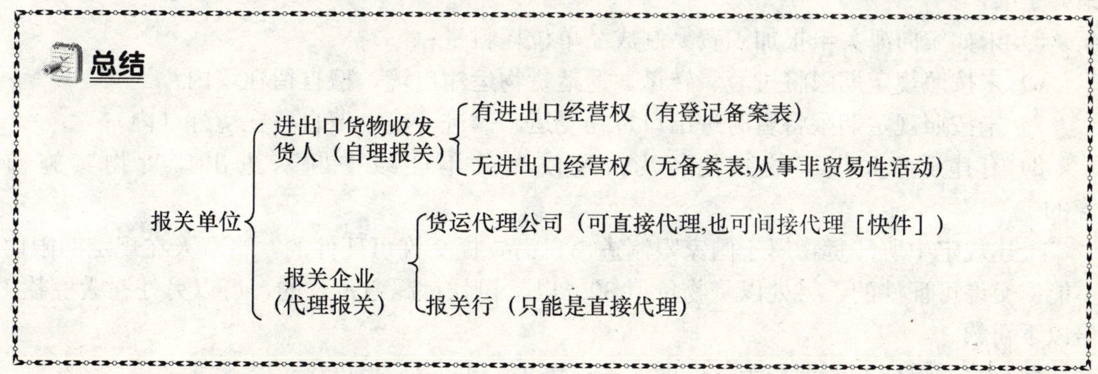

三、报关单位的法律责任

报关单位的法律责任是指报关单位违反海关法律规范所承担的法律后果，并由海关及

有关司法机关对其违法行为依法予以追究，实施法律制裁。

(1) 报关单位有违反《海关法》及相关法律、行政法规、海关规章或海关规定程序、手续，尚未构成走私的行为，海关按《海关行政处罚实施条例》有关规定处理。

(2) 报关单位违反《海关法》及有关法律、行政法规，尚不构成犯罪的，由海关没收走私货物、物品及违法所得，可以并处罚款；构成犯罪的，将依法追究刑事责任。

(3) 报关单位违反海关监管规定，进出口国家禁止进出口的货物的，责令退运，并处100万元以下罚款；违反国家进出口管理规定，进出口国家限制进出口的货物的，进出口货物的收发货人向海关申报时不能提交许可证件的，进出口货物不予放行，处货物价值30%以下罚款；违反国家进出口管理规定，进出口属于自动进出口许可管理的货物，进出口货物的收发货人向海关申报时不能提交自动许可证明的，进出口货物不予放行。

(4) 报关单位在办理报关业务的过程中，进出口货物品名、税则号列、数量、规格、价格、贸易方式、原产地、起运地、运抵地、最终目的地发生申报错误，根据错误的影响程度不同进行不同的处罚：影响海关统计准确性予以警告或处以1 000元以上10 000元以下的罚款；影响海关监管秩序的予以警告或处以1 000以上30 000元以下的罚款；影响国家许可证件管理的处以货物价值5%～30%的罚款；影响国家税款征收的处以漏缴税款的30%～200%的罚款；影响国家外汇、出口退税管理的处以申报价格10%～50%的罚款。

(5) 报关单位有下列情形之一的，处货物价值5%～30%罚款，有违法所得的，没收违法所得。

1) 未经海关许可，擅自将海关监管货物开拆、提取、交付、发运、调换等其他处置的；

2) 未经海关许可，在海关监管区外存放海关监管货物；

3) 经营海关监管货物的运输、存储、加工等业务，有关货物灭失数量短少或记录不真实，不能提供正当理由；

4) 经营海关监管货物的运输、存储、加工等业务，不按照规定办理收存、交付、核销等手续；

5) 未如实向海关申报加工贸易制成品单位耗料量；

6) 未按照规定期限将过境、转运、通运货物运输出境，擅自留在境内；

7) 未按照规定期限将暂时进出口货物复运出（进）境，擅自留在境外（内）；

8) 有违反海关规定的其他行为，致使海关不能或中断对进出口货物实施监管的。

上述规定中所涉货物属于国家限制进出口需要提交许可证件的，当事人在规定期限内不能提交许可证件的，另处以货物价值30%以下罚款；漏缴税款的，可以另处漏缴税款1倍以下罚款。

(6) 报关单位有下列行为之一的，予以警告，可以处30 000元以下罚款：

1) 擅自开启或者损毁海关封志；

2) 遗失海关制发的监管单证、手册等凭证，妨碍海关监管的。

（7）伪造、变造、买卖海关单证等凭证，妨碍海关监管的，处 50 000 元以上 500 000 元以下罚款，有违法所得的，没收违法所得；构成犯罪的，依法追究刑事责任。

（8）进出口侵犯知识产权货物的，没收侵权货物，并处货物价值 30%以下罚款；构成犯罪的，依法追究刑事责任。

需要向海关申报知识产权状况，而未按规定向海关如实申报的，或者未提交合法适用有关知识产权的证明文件的，可以处 50 000 元以下罚款。

（9）报关企业有下列情形之一的，责令改正，给予警告，可以暂停其 6 个月内从事报关业务：

1）拖欠税款或者不履行纳税义务的；

2）报关企业出让其名义供他人办理进出口货物报关纳税事宜的；

3）损坏或者丢失海关监管货物，不能提供正当理由的；

4）有需要暂停其从事报关业务的其他违法行为的。

（10）报关企业有下列情形之一的，海关可以注销其注册登记：

1）报关企业构成走私罪或 1 年内有 2 次以上走私行为的；

2）所属报关员 1 年内 3 人次以上被海关暂停执业的；

3）被海关暂停从事报关业务，恢复从事报关业务后 1 年内再次发生拖欠税款或不履行纳税义务、出让企业名义供他人办理进出口货物报关纳税事宜、损坏或者丢失海关监管货物且不能提供正当理由等情形的。

（11）报关企业非法代理他人报关或者超出海关准予的从业范围进行报关活动的，责令改正，处 50 000 元以下罚款；暂停 6 个月以内从事报关业务，情节严重的，撤销其报关注册登记。

（12）进出口货物收发货人、报关企业向海关工作人员行贿，撤销其报关从业资格，并处 100 000 元以下罚款；构成犯罪的，依法追究刑事责任，并不得重新注册登记为报关企业。

（13）提供虚假资料骗取海关登记的，撤销注册登记，并处 300 000 元以下罚款。

（14）对于未经过海关注册从事报关业务的，予以取缔，没收所得，并处 100 000 元以下罚款。

（15）报关单位有下列情形之一的，海关予以警告，责令其改正，并可以处人民币 1 000～5 000 元的罚款：

1）报关企业取得变更注册登记许可或者进出口货物收发货人单位名称、企业性质、企业住所、法定代表人（负责人）等海关注册登记内容发生变更，未按照规定向海关办理变更手续的；

2）未向海关备案，擅自变更或者启用“报关专用章”的；

3）所属报关员离职，未按照规定向海关报告并办理相关手续的。

此外，根据《海关法》的规定，海关准予从事有关业务的企业，违反《海关法》有关规定的，由海关责令改正，可以给予警告、暂停其从事有关业务，甚至撤销注册登记手续等处罚，因此与报关活动相关的其他法人在从事报关相关的活动中，违反《海关法》及有关法律、行政法规的，也要承担相应的行政、刑事法律责任。

知识链接

进出境物品的管理

进出境物品主要包括进出境的行李物品、邮递物品和其他物品。以进出境人员携带、托运等方式进出境的物品为行李物品；以邮递方式进出境的物品为邮递物品；其他物品主要包括货币及其有价证券，托人携带的物品、黄金首饰，享受外交特权和豁免权的外国使领馆及办事机构的公务人员自用品。

我国《海关法》规定，个人携带进出境的行李物品、邮递物品，应当以自用合理数量为限。所谓自用合理数量，对于行李物品而言，自用指的是进出境旅客本人自用、馈赠亲友而非为出售或出租，合理数量是指海关根据进出境旅客旅行目的和居留时间所规定的正常数量；邮递物品，指的是海关对进出境邮递物品规定的征、免税限值。自用数量原则是海关对进出境物品监管的基本原则，也是对进出境物品报关的基本要求。

（1）进出境行李物品的报关。当今世界上大多数国家的海关法律都规定旅客进出境采用"红绿通道"制度。我国海关也采用了"红绿通道"制度。

我国海关规定，进出境旅客在向海关申报时，可以在两种分别以红色和绿色作为标记的通道中进行选择。带有绿色标志的通道适用于携带物品在数量和价值上均不超过免税限制，且无国家限制或禁止进出境物品的旅客；选择带有红色标志通道的旅客，必须填制"进出境旅客行李物品申报单"或海关规定的其他申报单证，在进出境地向海关做出书面申请。

（2）进出境邮递物品的报关。进出境邮递物品的申报方式由其特殊的邮递运输方式决定。我国是《万国邮政公约》的签约国，根据《万国邮政公约》的规定，进出口邮包由寄件人填写"保税单"（小包邮件填写绿色标签），列明所寄物品的名称、价值、数量，向邮包寄达国家的海关申报。进出境邮递物品的"保税单"和"绿色标签"随同物品通过邮政企业呈递海关。

教学互动

1. 报关企业注册登记许可，应由下列哪个部门作出？（　　）

A. 海关总署　　　　B. 直属海关

C. 隶属海关　　　　D. 海关总署授权的直属海关或隶属海关

2. 根据海关规定，无须办理报关注册登记许可，可直接向海关办理报关注册登记的单位有（　　）。

A. 兼营进出口货物代理报关业务的国际货物运输公司

B. 有权从事对外贸易经营活动的境内个体工商者

C. 有权从事对外贸易经营活动的境内商贸组织

D. 需从事非贸易性进出口的台湾企业驻沪办事处

3. 下列关于报关企业和进出口货物收发货人报关范围的表述，正确的是（　　）。

A. 两者均可在关境内各海关报关

B. 两者均只能在注册地海关辖区内各海关报关

C. 报关企业可以在关境内各海关报关；进出口货物收发货人只能在注册地海关辖区

内各海关报关

D. 报关企业只能在注册地海关辖区内各海关报关；进出口货物收发货人可以在关境内各海关报关

4. 报关企业违反海关监管规定，海关予以警告，责令其改正，并可以处人民币 1 000 元以上 5 000 元以下罚款的情形有（　　）。

A. 未按照规定向海关办理企业名称变更手续的

B. 启用报关专用章未向海关备案的

C. 所属报关员离职之日起 7 日内向海关报告，但未办理注销手续的

D. 所属报关员 1 年内 3 人次以上被海关暂停执业的

能力三　认识报关员

由于进出口货物的报关手续比较复杂，办理人员需要熟悉法律、税务、外贸、商品知识，精通有关法律、法规、规章的规定，掌握办理海关手续的技能，这就要求有专业人员从事这一工作。为此，我国海关规定进出口货物的报关业务应该由经海关批准的专业人员代表进出口货物收发货人或者报关企业向海关办理。这些专业人员就是报关员。

报关员是指依法取得报关员从业资格并在海关注册，向海关办理进出口货物报关业务的人员。报关员业务水平的高低和报关质量的好坏不仅影响进出口货物的通关速度和海关的工作效率，也直接影响报关单位的经济效益。

根据海关规定，报关员不是自由职业者，只能受雇于一个依法向海关注册登记的进出口货物收发货人或者报关企业，并代表该企业办理报关纳税手续。我国有关法律规定禁止报关员非法接受他人委托从事报关业务。

一、报关员资格考试

我国报关员资格的取得要通过海关总署组织的全国统一考试。从 1997 年开始，海关总署实行了报关员资格全国统一考试制度。报关员资格全国统一考试工作由海关总署组织、领导，实行公开、平等、竞争的原则，采用全国统一报名、统一命题、统一时间闭卷笔试、统一评分标准和统一录取的方式进行。

我国海关规定，报关员资格考试的报名条件如下：具有中华人民共和国国籍；年满 18 周岁，具有完全民事行为能力；具有大专及以上学历。香港、澳门特别行政区居民中的中国公民以及中国台湾居民，可以凭有效身份证件报名参加考试。

有下列情形之一的，不得报名参加考试，已经办理报名手续的，报名无效：

（1）因故意犯罪，受到刑事处罚的；

（2）因在报关活动中发生走私或严重违反海关规定的行为，被海关依法取消报关从业资格的；

（3）在考试中发生作弊行为，被海关取消考试成绩，或有其他违规行为，被海关以作弊论处，不满 3 年的。

通过考试，由海关总署核定并公布报关员资格考试合格分数线。直属海关及受委托的

隶属海关根据合格分数线，公布成绩合格、可以申请报关员资格的考生名单。根据海关公布的名单可以申报报关员资格的考生，应当自名单公布之日起6个月内向原报名海关申请报关员资格。海关接到申请，依法对其进行受理、审查，做出决定。海关决定授予报关员资格，应当自做出决定之日起10个工作日内颁发“报关员资格证书”。

“报关员资格证书”是从事报关工作的资格证明，由海关总署统一制作，在全国范围内有效。取得报关员资格证书者可以按规定向海关申请报关员注册。

二、报关员注册

报关员注册是指报关单位所在地直属海关或受其委托的隶属海关，对通过报关员资格考试，依法取得报关员资格证书的人员提出的注册申请，依法作出准予报关员注册的决定，并颁发报关员证的行为。

（一）报关员注册手续的办理

报关员注册是法律规定的海关行政许可事项之一，海关依据《中华人民共和国海关报关员执业管理办法》的规定，对申请人的申请予以审核，符合规定的颁发报关员证书。

1. 申请报关员注册，须同时具备的3个基本条件

（1）必须具有中华人民共和国国籍；

（2）必须通过报关员资格全国统一考试，取得报关员资格证书；

（3）必须与所在报关单位建立劳动合同关系或者聘用合同关系。

此外，首次申报报关员注册的，应经过在一个报关单位连续3个月的报关业务实习。注册有效期届满后连续2年未注册，再次申请报关员注册的，应当经过海关报关业务岗位考核，考核合格的，可以向海关申请报关员注册。

2. 申请人有下列情形之一的，海关不予报关员注册

（1）不具有完全民事行为能力的；

（2）因故意犯罪受刑事处罚的；

（3）被海关取消报关从业资格的。

3. 申请人有下列情形之一的，海关暂缓报关员注册

（1）被海关暂停执业期间注销报关员注册的；

（2）被海关暂停执业期间有效期届满的；

（3）记分达到《中华人民共和国海关对报关员记分考核管理办法》规定分值的，未参加海关组织的报关业务岗位考核或者考核不合格，注销报关员注册的；

（4）记分达到《中华人民共和国海关对报关员记分考核管理办法》规定分值的，未参加海关组织的报关业务岗位考核或者考核不合格，注册有效期届满的。

（二）报关员注册的变更、延续

1. 注册变更

报关员姓名、身份证件号码等身份资料，所在报关单位名称、海关编码发生变更的，报关员应当在变更事实发生之日起的20日内，持“报关员资格证书”、“报关员证”和变更证明文件等材料的原件及复印件到注册地海关书面申请变更报关员注册。

提示

报关员注册变更不包括报关员更换报关单位的情形。

对报关员提出的变更报关员注册申请，注册地海关应当按照报关员注册程序进行审核，对符合法定条件的，应当做出准予变更决定，并于做出准予变更决定后的10日内办结变更手续，换发“报关员证”。

可以当场做出变更决定并换发“报关员证”的，不再制发受理决定书、准予变更报关员注册决定书。

2. 注册延续

报关员证的有效期为2年，报关员需要延续报关员注册有效期的，应当办理报关员注册延续手续。未办理注册延续手续或者海关未准予报关员注册延续的，自有效期届满之日起，其报关员注册自动终止。

报关员办理注册延续手续的，应当在注册有效期届满30日前向海关提出。准予延期的，并提交“报关员注册延续申请书”、“报关员证”复印件等证件，海关比照报关员注册程序有效期届满前对报关员的延续申请予以审查，对符合报关员注册条件的，应当依法作出准予延续2年有效期的决定。

报关员在被海关暂停执业期间有效期届满，需要延续有效期的，应当在有效期届满30日前到海关申请暂缓办理报关员注册延续，并在暂停执业期满后30日内提出延期报关员注册的申请。

(三) 报关员注册的注销

对于报关员不再从事报关业务、报关员辞职、报关单位与报关员解除劳动合同关系(报关单位为非企业性质的，解除聘用合同关系或者人事关系) 或者报关单位申请注销海关注册登记的情形，报关员应当到注册地海关申请报关员注册的注销。报关员未按照规定申请注销的，所在报关单位应向注册地海关办理报关员注册注销手续。

(四) 其他规定

(1) 变更报关单位，应注销原报关员注册，重新申请报关员注册。

(2) 报关员证遗失的，向注册地海关书面说明情况并登报声明作废，海关应当自收到情况声明之日起20日内予以补发。

(3) 海关对申请人提出的申请，按有关的规定程序办理。

三、报关员执业

取得报关员资格证书的人员，应当经海关注册并颁发报关员证后执业。报关员证是报关员执业的凭证。除法律、行政法规另有规定的外，报关单位的报关业务应当由报关员办理。

(一) 报关员执业范围

报关员应当在一个报关单位执业。报关企业及其跨关区分支机构的报关员应当在所在报关企业或者跨关区分支机构的报关服务的口岸或者海关监管业务集中的地点办理报关业务；而进出口货物收发货人的报关员可以在中华人民共和国关境内的各口岸地或者海关监管业务集中的地点办理业务。报关员应当按照报关单位的要求和委托人的委托，依法办理下列业务：

（1）按照规定如实申报进出口货物的商品编码、商品名称、规格型号、实际成交价格、原产地及相应优惠贸易协定代码等报关单有关项目，并办理填制报关单、提交报关单证等与申报有关的事宜。

（2）申请办理缴纳费用和退税、补税事宜。

（3）申请办理加工贸易合同备案（变更）、深加工结转、外发加工、内销、放弃核准、余料结转、核销及保税监管等事宜。

（4）申请办理进出口货物减免税等事宜。

（5）协助海关办理进出口货物的查验、结关等事宜。

（6）应当由报关员办理的其他报关事宜。

（二）报关员的权利和义务

1. 权利

（1）以所在报关单位名义执业，办理报关事宜。

（2）向海关查询其办理的报关业务情况。

（3）拒绝海关工作人员的不合理要求。

（4）对海关对其作出的处理决定享有陈述、申辩、申诉的权利。

（5）依法申请行政复议或者提起行政诉讼。

（6）合法权益因海关违法行为受到损害，依法要求赔偿。

（7）参加执业培训。

2. 义务

（1）熟悉所申辩货物的基本情况，对申辩内容和有关材料的真实性、完整性进行合理审查。

（2）提供齐全、正确、有效的单证，准确、清楚、完整地填制海关单证，并按照规定办理报关业务及相关手续。

（3）海关查验进出口货物时，配合海关查验。

（4）配合海关稽查和对涉嫌走私违规案件的查处。

（5）按照规定参加海关组织的报关业务岗位考核。

（6）持报关员证办理报关业务，在海关核对时，应当出示。

（7）妥善保管海关核发的报关员证和相关文件。

（8）协助落实海关对报关单位管理的具体措施。

（三）报关执业禁止行为

报关员执业不得有以下行为：

（1）故意制造海关与报关单位、委托人之间的矛盾和纠纷。

（2）假借海关名义，以明示或者暗示的方式向委托人索要委托合同约定以外的酬金或者其他财物。

（3）同时在2个或者2个以上报关单位执业。

（4）私自接受委托办理报关业务，或者私自收取委托人酬金及其他财物。

(5) 将报关员证转借或者转让他人，允许他人持本人报关员证执业。

(6) 涂改报关员证。

(7) 其他利用职业之便谋取不正当利益的行为。

四、报关员的记分考核管理

为了规范报关员的报关行为，提高报关质量，保证通关效率，2005 年 1 月 1 日，中国海关正式实施《中华人民共和国海关对报关员记分考核管理办法》（海关总署令第 119 号），从而实现了海关对报关员由静态的、简单的注册年审等传统管理模式向动态管理模式的转变。

为有效配合《中华人民共和国海关对报关员记分考核管理办法》的实施，各地海关启用了“报关员 IC 卡记分管理系统”。通过实行记分考核，海关根据日常报关员行为记分的情况以及性质、后果、影响等方面的不同做出更加细致的量化区分，从而采取更有针对性的管理。

记分考核是一种教育和管理措施，不是行政处罚。报关员通过报关员资格考试取得“报关员证”后，因为走私违法等行为，海关可以吊销资格、立案追查，这是一种行政处罚。而记分考核是海关为规范报关员行为而采取的行政管理手段，时刻提醒和督促企业以及报关员自觉增强诚信守法自律意识，努力提高报关业务素质和服务水平，主动减少报关差错和报关不规范、走私违法行为的发生，促进通关效率的提高。

思考

记分考核与行政处罚的差异有哪些？

海关对报关行为中不规范的程度和性质，分别给予 1 分、2 分、5 分、10 分、20 分、30 分等不同分值记分。记分周期是每年 1 月 1 日至 12 月 31 日。报关员在海关注册登记之日起至当年 12 月 31 日止，不足一年的，按一个记分周期计算。一个记分周期期满后，记分分值累加未达到 30 分的，该周期内的记分分值予以消除，不转入下一个记分周期。对记分达到 30 分的报关员，海关中止其报关员证的效力，不再接受其办理报关手续。该报关员应当参加注册登记地海关的报关业务岗位考核，经考核合格后，方可重新上岗。拒不参加考核的，直属海关可以将报关员的姓名及工作单位等情况对外公布。

记分考核管理的范围如下：

(1) 报关单填制不规范。包括：海关电子审单系统接受电子数据报关单后进行逻辑处理，发现差错自动将报关单退回的；海关接受纸质报关单申报后，报关单证及其内容因报关员不规范导致需要修改或撤销的；报关单币值或者价格填报或数量与实际不符，影响海关统计的。

(2) 报关行为不规范。包括：未按规定在纸质报关单及随附单据上加盖报关专用章及其他印章，或者使用印章不规范的；未在规定期限内现场交单；出借本人报关员证、借用他人报关员证或者涂改报关员证件内容的；因报关员原因，导致海关退回或撤销报关单的。

(3) 违反海关监管规定行为被海关予以行政处罚，但未被暂停执业、取消报关从业资格的行为。

（4）因走私行为被海关予以行政处罚，但未被暂停执业、取消报关从业资格的行为。

五、报关员的海关法律责任

报关员在报关活动中，应遵守有关法律法规的规定，出现违法行为要承担相应的法律责任。对报关员违反海关监管规定的处罚有以下几种：

（1）报关员因工作疏忽或在代理报关业务中因对委托人所提供情况的真实性未进行合理审查，致使发生进出口货物的品名、税则号列、数量、规格、价格、贸易方式、原产地、起运地、运抵地、最终目的地或者其他应当申报的项目未申报或者申报不实的，海关可以暂停其6个月以内报关执业，情节严重的，取消从业资格。

（2）被海关暂停报关执业，恢复从事有关业务后1年内再次被暂停报关执业的，海关可以取消其报关从业资格。

（3）报关员非法代理他人进行报关或者超出海关准予的从业范围的，责令改正，处50 000元以下罚款，暂停其6个月以内报关执业，情节严重的，取消从业资格。

（4）向海关工作人员行贿的，取消其从业资格，并处100 000元以下罚款。构成犯罪的，不得重新取得报关从业资格。

（5）海关对于未取得报关从业资格从事报关业务的（无证从业），予以取缔，没收违法所得，可以并处100 000元以下罚款。

（6）提供虚假资料骗取海关注册登记、报关从业资格的，取消其报关从业资格，并处300 000元以下罚款。

（7）海关予以警告，并处人民币2 000元以下罚款的情形：

1）有报关员执业禁止行为的。

2）报关员海关注册内容发生变更，未按规定向海关办理变更手续的。

（8）海关对于未取得报关从业资格人员从事报关业务的，予以取缔其报关行为，没收其违法所得，可以并处100 000元以下罚款。

教学互动

1. 下列情形不属于注册变更范围的是（　　）。

A. 报关员更名

B. 报关员所在顺通报关行更名为海洋报关行

C. 报关员所在单位海关编码的第五位“9”变更为“2”

D. 报关员自顺通报关行辞职，应聘到某合资企业继续从事报关工作

2. 下列属于报关员报关执业禁止行为的有（　　）。

A. 故意制造海关与报关单位、委托人之间的矛盾和纠纷

B. 同时在两个或两个以上报关单位执业

C. 将报关员证转借或者转让他人，允许他人持本人报关员证执业

D. 涂改报关员证

3. 李某在某报关公司担任会计，2007年参加了报关员资格全国统一考试，但未通过，因公司业务需要，李某2008年8月开始借用本单位张某的报关员证向海关报关，海关将（　　）。

A. 对张某一次记 5 分

B. 对张某予以警告，责令其改正，并可以处 1 000 元以下罚款

C. 取缔李某的非法报关活动，没收违法所得，可以处以 100 000 元以下罚款

D. 责令李某不得再报名参加报关员考试

能力四　认识进出口商品归类

在海关管理过程中，对进出口商品是按照其所属类别分别适用不同的监管条件，并按照不同的税率征收关税的，海关统计中也将不同商品的类别作为一项重要的统计指标。海关进出口商品归类是海关监管、征税及统计的基础，正确申报商品归类是进出口货物收发货人或其代理人应尽的法律义务，归类的正确与否与报关人的切身利益也密切相关，直接影响到进出口货物的通关效率。

一、《商品名称及编码协调制度》简介

海关进出口商品归类是指在《商品名称及编码协调制度的国际公约》（以下简称《协调制度公约》）商品分类目录体系下，以《中华人民共和国进出口税则》为基础，按照《进出口税则商品及品目注释》、《中华人民共和国进出口税则本国子目注释》以及海关总署发布的关于商品归类的行政裁定、商品归类决定的要求，确定进出口货物商品编码的活动。

海关合作理事会（现名世界海关组织）1983 年通过《协调制度公约》及其附件《商品名称及编码协调制度》（以下简称《协调制度》）。该制度自 1988 年 1 月 1 日起正式生效后，就被应用于多种领域，被多个国家采用，截止到 2010 年 3 月，已有 204 个国家、地区和国际组织采用《协调制度》分类目录。《协调制度》是一部科学、系统的国际贸易商品分类体系。其总体结构包括三大部分：归类总则；类、章及子目注释；按顺序编排的目与子目编码及条文。

为了保证国际上对商品使用和解释的一致性，使得某一特定商品能够始终如一地归入一个唯一编码，《协调制度》首先列明 6 条归类总规则，规定了使用《协调制度》对商品进行分类时必须遵守的分类原则和方法。

《协调制度》的许多类和章的开头均列有注释（类注、章注或子目注释），严格界定了归入该类或该章中的商品范围，阐述《协调制度》中专用术语的定义或区分某些商品的技术标准及界限。

《协调制度》采用 6 位数编码，把全部国际贸易商品分为 21 类、97 章。每一章由若干（品）目构成，（品）目下又细分出若干一级子目和二级子目。商品编码的前两位代表“章”，第 3、4 位数代表“目”，第 5、6 位数代表“子目”。

《协调制度》的“类”基本上按社会生产的分工分类，如农业在第一、二类，化学工业及其相关工业产品在第六类，纺织原料及制品在第十一类，冶金工业在第十五类，机电设备在第十六类等。“章”按两种方法分类：一是按商品原材料的属性分类，相同原料的产品一般归入同一章。章内按产品的加工程度从原料到成品顺序排列。如第五十二章棉

花，按原棉—已梳棉—棉纱—棉花顺序排列。二是按商品的用途或功能分类。很多产品由多种材料构成以及商品价值体现在生产商品所用的社会必要劳动时间上，而不是由原材料多少决定的，如第六十四章的鞋、第六十五章的帽、第八十四章的机械设备等。

二、我国海关进出口商品分类目录

《进出口税则商品及品目注释》是海关实施进出口税则商品归类的法律依据之一。根据《协调制度公约》对缔约方权利义务的有关规定，自 2012 年 1 月 1 日起，我国采用以世界海关组织 2012 年版《协调制度》为基础的《进出口税则》。根据《协调制度》的规定，中华人民共和国海关全部采用 HS 的项目（即 6 位数子目），并据此编制了 2012 年版《进出口税则》。

《协调制度》中的编码只有 6 位，而第 7、8 位是我国根据实际情况加入的“本国子目”。

现以 0301.9210 鳗鱼为例说明如下。

鳗鱼苗						
	编码：	0 3	0 1	9	2	1	0
	位数：	1 2	3 4	5	6	7	8
	含义：	章号	目	1 级子目	2 级子目	3 级子目	4 级子目

从以上说明可以看出：第 5 位数码代表 1 级子目，表示它所在税（品）目下所含商品 1 级子目的顺序号，第 6 位数码代表 2 级子目，表示它在 1 级子目下所含商品 2 级子目的顺序号，第 7、8 位依次类推。需要指出的是，若第 5～8 位上出现数字“9”，则它并不一定代表在该级子目的实际顺序号，而是通常情况下代表未具体列明的商品，即在“9”的前面一般留有空序号以便将来修订时增添新商品。如上例中第 5 位的“9”代表除观赏鱼以外的其他活鱼，其中 1～9 之间的序号可以用于将来增添新的其他需要具体列名的活鱼。在商品编码表中的商品名称前分别用“－”、“－－”、“－－－”、“－－－－”代表 1 级子目、2 级子目、3 级子目和 4 级子目。

三、进出口商品归类的海关行政管理

进出口商品归类依据《进出口税则》、《商品及品目注释》、《本国子目注释》、海关总署发布的关于商品归类的行政裁定和海关总署发布的商品归类而定。

为了规范进出口企业申报行为，提高进出口商品申报质量，促进贸易便利化，海关总署制定了《中华人民共和国海关进出口商品规范申报目录》（以下简称《规范申报目录》），自 2006 年 5 月 1 日起施行。《规范申报目录》按我国海关进出口商品分类目录的品目顺序编写，并根据需要在品目级和子目级列出了申报要素。例如，子目 3006. 5000“急救药箱、药包”：（1）品名；（2）组成（指箱或包中的药品、器具等）；（3）品牌；（4）型号。

收发货人或者其代理人应当按照有关的法律法规以及海关要求如实、准确申报进出口货物的商品名称、规格型号等，并对申报的进出口货物进行商品归类，确定相应的商品编码。

如果海关审核认为收发货人或者其代理人申报的商品名称编码不正确的，应按有关规则和规定予以重新确定，并根据《报关单修改和撤销管理办法》等有关规定通知收发货人或者其代理人对报关单进行修改。

四、《协调制度》归类总规则

为了把种类繁多的商品准确无误地归入到一个恰当的品目项下，我们需要掌握《协调制度》的归类总规则，这些规则共有六条，是指导整个《协调制度》商品归类的总原则。

规则一，类、章及分章的标题，仅为查找方便而设；具有法律效力的归类，应按品目条文和有关类注或章注确定，如品目、类注或章注无其他规定，按以下规则确定。

规则二，（1）品目所列货品，应视为包括该项货品的不完整品或未制成品，只要在进口或出口时该项不完整品或未制成品具有完整品或制成品的基本特征；还应视为包括该项货品的完整品或制成品在进口或出口时的未组装件或拆散件。（2）品目中所列材料或物质，应视为包括该种材料或物质与其他材料或物质混合或组合的物品。品目所列某种材料或物质构成的货品，应视为包括全部或部分由该种材料或物质构成的货品。由一种以上材料或物质构成的货品，应按规则三归类。

规则三，当货品按规则二或由于其他原因看起来可归入两个或两个以上品目时，应按以下规则归类：（1）列名比较具体的品目，优先于列名一般的品目。但是如果两个或两个以上品目都仅述及混合或组合货品所含的某部分材料或物质，或零售的成套货品中的某些货品，即使其中某个品目对该货品描述得更为全面、详细，这些货品在有关品目的列名应视为同样具体。（2）混合物、不同材料构成或不同部件组成的组合物以及零售的成套货品，如果不能按照规则三（1）归类时，在本款可适用的条件下，应按构成货品基本特征的材料或部件归类。(3）货品不能按照规则三（1）或（2）归类时，应按号列顺序归入其可归入的最末一个品目。

规则四，根据上述规则无法归类的货品，应归入与其最相类似的货品的品目。

规则五，除上述规则外，本规则适用于下列货品的归类：（1）制成特殊形状仅适用于盛装某个或某套物品并适合长期使用的照相机套、乐器盒、枪套仪器、绘图仪器盒、项链盒及类似容器，如果与所装物品同时进口或出口，并通常与所装物品一同出售的，应与所装物品一样归类。但本款不适用于本身构成整个货品基本特征的容器。(2）除规则五（1）规定的以外，与所装货品同时进口或出口的包装材料或包装容器，如果通常是用来包装这类货品的，应与所装货品一并归类。但明显可重复使用的包装材料和包装容器可不受本款限制。

规则六，货品在某一品目项下各子目的法定归类，应按子目条文或有关的子目注释以及以上各条规则来确定，但子目的比较只能在同一数级上进行。除条文另有规定的以外，有关的类注、章注也适用于本规则。

教学互动

1. 解决商品归类的具有法律效力的依据包括：归类总则、类注、章注、子目注释。它们的优先顺序是（　　）。

A. 子目注释—章注—类注—归类总则　　B. 归类总则—类注—章注—子目注释

C. 类注—章注—子目注释—归类总则　　D. 章注—子目注释—类注—归类总则

2. 对商品进行归类时，品目条文所列的商品，应包括该项商品的非完整品或未制成品，只要进口或出口时，这些非完成品或未制成品具有完整品或制成品的（　　）。

A. 基本功能　　B. 相同用途　　C. 基本特征　　D. 核心组成部件

3. 下列货品属于HS归类总规则中所规定的“零售的成套货品”的是（　　）。

A. 一个礼盒，内有咖啡一瓶、咖啡伴侣一瓶、塑料杯子两只

B. 一个礼盒，内有一瓶白兰地酒、一只打火机

C. 一个礼盒，内有一包巧克力、一个塑料玩具

D. 一碗方便面，内有一块面饼、两包调味品、一把塑料小叉

4. 在进行商品税则归类时，对看起来可归入两个及两个以上税号的商品，在税目条文和注释均无规定时，其归类次序为（　　）。

A. 基本特征、最相类似、具体列名、从后归类

B. 具体列名、基本特征、从后归类、最相类似

C. 最相类似、具体列名、从后归类、基本特征

D. 具体列名、最相类似、基本特征、从后归类

5. 下列货品进出口时，包装物与所装物品应分别归类的是（　　）。

A. 40升专用钢瓶装液化氮气　　B. 25千克桶（塑料桶）装涂料

C. 纸箱包装的彩色电视机　　D. 分别进口的照相机和照相机套

能力训练

一、单选题

1. 由委托企业委托，以委托人的名义办理报关业务的行为叫（　　）。

A. 直接代理报关　　B. 间接代理报关　　C. 自理报关　　D. 跨关区报关

2. 报关企业是指已完成（　　）手续，取得办理进出口货物报关资格的境内法人。

A. 工商注册登记　　B. 税务登记

C. 企业主管部门批准　　D. 海关注册登记

3. 以下不是报关单位的是（　　）。

A. 国际货物运输代理公司

B. 在海关注册登记的代理报关业务的企业

C. 经海关批准在海关临时注册登记的船舶代理企业

D. 在海关注册登记的经营转关运输货物境内运输业务的某承运人

4. 按照海关现行规定，报关企业除必须具有固定的服务场所、提供服务的必要设备和拥有一定数量的报关从业人员外，还必须具有一定数额的注册资金，其注册资金应不低于人民币（　　）。

A. 20万元　　B. 50万元　　C. 150万元　　D. 200万元

5. 报关企业获得直属海关签发的报关注册登记许可文件到工商行政管理部门办理许可经营项目登记后，在规定的期限内要到（　　）办理注册登记手续。

A. 企业所在地海关　B. 直属海关　　C. 海关总署　　D. 商务部

6. 经海关注册登记的进出口货物收发货人在办理本公司报关业务的过程中，对应该申报项目未申报，或者申报不实，影响海关统计准确性的，予以（　　）。

A. 警告或处以1 000元以上10 000元以下罚款

B. 警告或处以1 000元以上30 000元以下罚款
C. 处货物价值5%～30%罚款
D. 按走私罪处理

7. 报关企业出让其名义供他人办理进出口货物报关纳税事宜的，海关可以（　　）。
A. 处50 000元以下罚款，暂停其6个月以内从事报关业务
B. 撤销其报关注册登记，并处100 000元以下罚款
C. 撤销其报关注册登记
D. 给予警告，暂停其6个月以内从事报关业务

8. 下列关于进出口货物收发货人和报关企业报关行为规则的表述，错误的是（　　）。
A. 两者办理报关业务时，向海关递交的纸质进出口货物报关单必须加盖本单位在海关备案的报关专用章
B. 两者均应对其所属报关员的报关行为承担相应的法律责任
C. 两者均可以代理其他单位办理报关业务
D. 两者均可在其注册登记地直属海关关区内各口岸或者海关业务集中的地点办理报关业务

9. 进出口货物收发货人和报关企业在1年内有2次以上走私行为的，适用（　　）。
A. A类管理　　B. B类管理　　C. C类管理　　D. D类管理

10. 下列关于报关单位和报关员关系的理解，错误的是（　　）。
A. 报关员不可以同时在两个或者两个以上报关单位执业
B. 报关单位的进出口报关事宜应由报关员代表本单位向海关办理
C. 报关员基于所在企业授权的报关行为，其法律责任应由报关员承担
D. 对脱离报关员工作岗位和被企业解聘的报关员，报关单位应及时收回其报关员证件，交海关办理注销手续，因未办理注销手续而发生的经济法律责任由报关单位负责

11. 海关行使下列哪些权力时需经直属海关关长或者其授权的隶属海关关长批准？（　　）
A. 在调查走私案件时，查询案件涉嫌单位和涉嫌人员在金融机构、邮政企业的存款、汇款
B. 在海关监管区和海关附近沿海沿边规定地区检查走私嫌疑人的身体
C. 在海关监管区和海关附近沿海沿边规定地区检查有走私嫌疑的进出境运输工具
D. 询问被稽查人的法定代表人、主要负责人和其他有关人员与进出口活动有关的情况和问题

二、多选题

1. 进出口货物收发货人进口货物可采用的报关方式是（　　）。
A. 自理报关
B. 委托报关公司以委托人的名义代理报关
C. 委托已在海关办理报关注册的货代公司以委托人的名义代理报关
D. 委托报关公司以报关公司的名义代理报关

2. 下列关于报关单位的表述，正确的是（　　）。

A. 进出口货物收发货人经海关注册登记后，只能为本企业（单位）进出口货物报关

B. 进出口货物收发货人、报关企业在海关办理注册登记后只能在注册地海关办理报关业务

C. 进出口货物收发货人在海关办理注册登记后，可以在我国关境内各个口岸或者海关监管业务集中的地点办理本单位的报关业务

D. 进出口货物收发货人可以委托在海关准予注册登记的报关企业代为办理报关业务

3. 报关企业跨关区设立的分支机构应当具备的条件是（　　）。

A. 报关业务负责人、报关员无走私记录

B. 有符合从事报关服务所必需的固定经营场所和设备

C. 分支机构负责人应当具备 3 年以上从事对外贸易工作经验或者报关工作经验

D. 报关员人数不少于 2 名

4. 报关单位有下列情形之一的，应当以书面形式向注册地海关报告。海关在办结有关手续后，应当依法办理注销注册登记手续（　　）。

A. 破产、解散、自行放弃报关权或者分立成两个以上新企业的

B. 被工商行政管理部门注销登记或者吊销营业执照的

C. 丧失独立承担责任能力的

D. 报关企业丧失注册登记许可的

5. 下列哪些情形海关予以警告，责令其改正并可以处以人民币 1 000 元以上 5 000 元以下罚款？（　　）

A. 报关企业取得变更注册登记许可后或者进出口货物收发货人在海关注册登记的内容发生变更，未按照规定向海关办理变更手续的

B. 未向海关备案，擅自变更或者启用“报关专用章”的

C. 提供虚假材料骗取海关注册登记的

D. 所属报关员离职，未按照规定向海关报告并办理相关手续的

6. 有下列情形之一的，海关应当依法注销注册登记许可（　　）。

A. 有效期届满未延续的

B. 报关企业或其跨关区分支机构依法终止的

C. 注册登记许可依法被撤销、撤回，或者注册登记许可证件依法被吊销的

D. 因不可抗力导致注册登记许可事项无法实施的

7. 进出口货物收发货人有下列情形之一的，适用 C 类管理（　　）。

A. 有走私罪的

B. 1 年内有 3 次以上违反海关监管规定行为，或者 1 年内因违反海关监管规定被处罚款累计总额人民币 500 000 元以上的

C. 1 年内有 3 次因进出口侵犯知识产权货物而被海关行政处罚的

D. 拖欠应纳税款、应缴罚没款项人民币 500 000 元以下的

8. 小李是一名报关员，请指出他在 2011 年的下列工作中哪些是正确的？（　　）

A. 4 月份受一个朋友（在另一报关行从事报关工作）的要求，借报关员证给其报关时使用

B. 合法权益因海关违法行为受到损害，依法要求赔偿

C. 协助本企业完整保存各种原始报关单证、票据等业务资料

D. 年末在整理报关单证时发现海关关员赵某涉嫌走私，由于业务上的关系，在有关部门调查时未予以配合

9. 根据《中华人民共和国海关法》的规定，海关可以行使下述哪些权力？（ ）

A. 检查进出境运输工具，查验进出境货物、物品

B. 查阅、复制与进出境运输工具、货物、物品有关的合同、发票、账册、单据、记录、文件、业务函电、录音录像制品和其他资料

C. 在调查案件时，调查关员可以直接查询案件涉嫌单位和涉嫌人员在金融机构、邮政企业的存款、汇款

D. 在调查案件时，经直属海关关长或其授权的隶属海关关长批准，可以扣留走私犯罪嫌疑人，扣留时间不超过 24 小时，特殊情况可延长至 48 小时

三、判断题

1. 直接代理是指报关企业接受委托人的委托，在进行报关时以报关企业自身的名义向海关办理报关。（ ）

2. 我国报关企业目前大都采取直接代理形式代理报关，即接受委托人（进出口货物收发货人）的委托，以报关企业自身的名义向海关办理进出口报关手续。（ ）

3. 进出口时，需要办理报检的货物，办理完报关手续后，再办理报检手续。（ ）

4. 海关查验货物认为必要时，可以径行提取货样。（ ）

5. 我国报关企业大都采取间接代理报关。（ ）

6. 进出口货物收发货人办理注册登记手续后，可以在关境内各口岸或海关业务集中的地点办理本单位的报关，并且可以代理其他单位的报关。（ ）

7. 报关企业及其跨关区分支机构注册登记许可的有效期均为 3 年。（ ）

8. 报关企业在办理注册登记许可延期的同时办理换领报关企业登记证书手续。（ ）

9. 关于报关员的记分周期，报关员在海关注册登记之日起至当年 12 月 31 日不足 1 年的，按一个记分周期计算。（ ）

10. 亿新鞋业有限公司和怡新鞋业有限公司是在海关注册的两家中外合资企业，两家企业的法人代表都是孙某。老板考虑到两家公司都是自己的，为了节约成本，决定只聘请一个报关员为这两家公司办理报关业务，根据现行规定这是允许的。（ ）

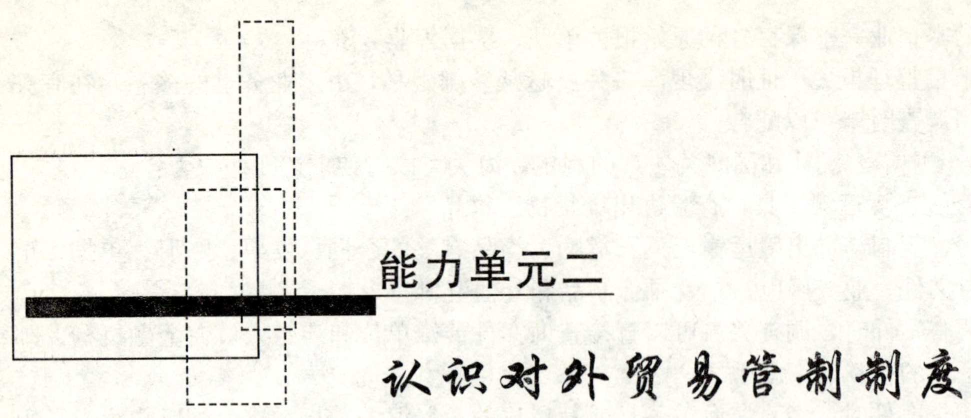

能力单元二

认识对外贸易管制制度

学习目标

了解我国对外贸易管制的实现手段、基本框架及法律体系，掌握我国对外贸易管制的主要内容；掌握我国货物、技术进出口许可管理制度；了解进出口许可证管理、自动进口许可证管理、两用物项和技术进出口许可证管理、密码产品和含有密码技术的设备进口许可证管理、固体废物进口管理、野生动植物物种进出口管理及药品、美术品、音像制品、黄金及其制品、有毒化学品、农药等商品的进出口管理。

引导案例

某公司想经营荷兰奶粉，请问该公司从事进口需要什么资格？有没有奶粉经营权的限制？

根据《中华人民共和国海关进出口税则》，奶粉及乳制品的进口监管条件为“A”，即需取得检验检疫部门出具的“入境货物通关单”，企业凭入境货物通关单办理报关手续。因此，奶粉及乳制品在进口时需向入境地检验检疫局办理报检手续。

那么，什么是入境货物通关单？什么货物需要提交入境货物通关单？与此对应的是不是有一个出境货物通关单？

能力一 认识对外贸易管制制度的基本框架

对外贸易管制是指一国政府为了国家的宏观经济利益、国内外政策需要以及履行所缔结或加入国际条约的义务，确立实行各种管制制度、设立相应管制机构和规范对外贸易活动的总称。对外贸易管制并非指国际贸易原理中学到的贸易壁垒。

为保障贸易管制各项制度的实施，我国已基本建立并逐步健全了以《中华人民共和国对外贸易法》为核心的对外贸易管理与管制的法律体系，并依照这些法律、行政法规、部门规章和我国履行国际公约、协定的有关规定，自主实行对外贸易管制。

一、法律

法律是指由最高国家权力机关全国人民代表大会或其常务委员会制定，由国家主席颁布的规范性文件的总称。我国现行的与对外贸易管制有关的法律主要有《中华人民共和国对外贸易法》、《中华人民共和国海关法》、《中华人民共和国进出口商品检验法》、《中华人民共和国进出境动植物检疫法》、《中华人民共和国固体废物污染环境防治法》、《中华人民共和国国境卫生检疫法》、《中华人民共和国野生动物保护法》、《中华人民共和国药品管理法》、《中华人民共和国文物保护法》、《中华人民共和国食品卫生法》等。

二、行政法规

行政法规是指国务院为了实施宪法和其他相关法律，在自己职权范围内制定的基本行政管理规范性文件的总和。我国现行的与对外贸易管制有关的行政法规主要有《中华人民共和国货物进出口管理条例》、《中华人民共和国技术进出口管理条例》、《中华人民共和国进出口关税条例》、《中华人民共和国知识产权海关保护条例》、《中华人民共和国野生植物保护条例》、《中华人民共和国外汇管理条例》、《中华人民共和国反补贴条例》、《中华人民共和国反倾销条例》、《中华人民共和国保障措施条例》等。

三、部门规章

部门规章是指国务院各部门根据法律和国务院的行政法规、决定和命令，在本部门权限范围内发布的规范性文件的总和。我国现行的与对外贸易管制有关的部门规章很多，如《货物进口许可证管理办法》、《货物出口许可证管理办法》、《货物自动进口许可管理办法》、《出口收汇核销管理办法》、《进口药品管理办法》、《放射性药品管理办法》、《两用物项和技术进出口许可证管理办法》等。

四、国际公约、协定

国际公约是指国家及其他国际法主体间所缔结的以国际法为准则，并确定其相互关系中权利和义务的一种国际书面协议，也是国际法主体间相互交往的一种最普遍的法律形式。

由于各国在通过国内立法实施本国进出口贸易管制的各项措施，必然要与其他国家协调立场，确定相互之间在国际贸易活动中的权利与义务关系，以实现其外交政策和对外贸易政策所确立的目标，因此，国际贸易协定便成为各国之间确立国际贸易关系立场的重要法律形式。

我国目前所缔结或者参加的各类国际公约、协定，虽然不属于我国国内法的范畴，但就其效力而言可视为我国的法律渊源之一。主要有：加入世界贸易组织（WTO）所签订的有关双边或多边的各类贸易协定、《关于简化和协调海关业务制度的国际公约》（亦称《京都公约》）、《濒危野生动植物种国际贸易公约》（亦称《华盛顿公约》）、《关于消耗臭氧层物质的蒙特利尔议定书》、关于麻醉品和精神药物的国际公约、《关于化学品国际贸易资料交换的伦敦准则》、《关于在国际贸易中对某些危险化学品和农药采用事先知情同意程序的鹿特丹公约》（亦称《鹿特丹公约》）、《控制危险废物越境转移及其处置巴塞尔公约》（亦称《巴塞尔公约》）、《建立世界知识产权组织公约》等。

教学互动

我国目前所签订生效的各类国际公约，虽然不属于我国国内法的范畴，但就其效力而言可视为我国对外贸易管制的法律渊源之一。请问这句话是否正确？

能力二 认识我国货物、技术进出口许可管理制度

进出口许可管理制度作为一项非关税措施，是世界各国管理进出口贸易的一种常见手段。我国进出口许可管理制度是指国家根据《中华人民共和国货物进出口管理条例》、《中华人民共和国技术进出口管理条例》等相关法律、行政法规，对进出口贸易所实行的一种行政管理制度。货物、技术进出口许可管理制度是我国进出口许可管理制度的主体、核心内容。本教材主要阐述进出口货物许可证管理制度。

进出口货物许可证管理，是国家对进出口货物进行宏观管理的一种行政手段，其目的是维护正常的进出口秩序，保护和促进国内生产，协调出口，防止低价竞销，实行统一对外。实践证明，通过这一制度，可以有组织、有秩序地发展进出口贸易，稳定国内市场，保护和扩大国际市场。因此，它既是对外贸易管理的根本性措施，也是海关进行实际监督管理的主要依据。《海关法》第二十四条规定：进口货物的收货人、出口货物的发货人应当向海关如实申报，交验进出口许可证和有关单证。进出口货物许可证是海关监管验放进出口货物的重要依据，报关员在向海关申报之前，首先要了解所申报的货物是否属于实行许可证管理范围的进出口商品。属于许可证管理范围的进出口货物，其收、发货人必须申领进出口许可证，才能向海关报关。对属于许可证管理范围而没有申领许可证的进出口货物，海关不接受申报，当然也不予放行。实行许可证管理的商品目录，由商务部统一调整、公布和解释。

进出口许可管理制度的范围包括：禁止进出口货物及技术、限制进出口货物及技术、自由进出口的技术与自由进出口中部分实行自动登记许可管理的货物。

一、禁止进出口管理

为维护国家安全和社会公共利益，保护人民的生命健康，履行我国所缔结或者参加的国际公约和协定，商务部会同国务院有关部门，依照《中华人民共和国对外贸易法》制定、调整并公布禁止进出口货物、技术目录。海关依据国家相关法律法规对禁止进出口商品实施监督管理。

（一）禁止进口管理

对列入国家公布的禁止进口目录以及国家法律法规明令禁止或停止进口的货物、技术，任何对外贸易经营者不得经营进口。

1. 禁止进口货物管理

（1）列入《禁止进口货物目录》的商品禁止进口。目前我国公布的《禁止进口货物目录》共有6批。

1）第一批是为了保护我国的自然生态环境和生态资源，从我国国情出发，履行我国所缔结或者参加的与保护世界自然生态环境相关的一系列国际公约和协定而发布的。如四氯化碳、犀牛角、麝香、虎骨等。

2）第二批均为旧机电产品类，如涉及生产安全的旧压力容器，涉及人身安全的旧电器、医疗设备等和环境保护中的旧汽车、工程及车船机械类产品。

3）第三、四、五批所涉及的是对环境有污染的固体废物，包括废动物产品，废动植物油脂，矿产品、矿渣、矿物油、沥青的废料，废药物，杂项化学品废物，废橡胶、皮革，废特种纸，废纺织原料及制品，玻璃废物，金属和含金属废物等。

4）第六批是为了保护人的健康，维护环境安全，淘汰落后产品，履行《关于在国际贸易中对某些危险化学品和农药采用事先知情同意程序的鹿特丹公约》和《关于持久性有机污染物的斯德哥尔摩公约》而颁布的。如长纤维青石棉、二噁英等。

（2）国家有关法律法规明令禁止进口的商品。如列入《废弃电器电子产品处理目录（第一批）适用海关商品编号（2010年版）》（国家发展和改革委员会、海关总署、环境保护部、工业和信息化部联合公告2010年第35号），涉及电视机、电冰箱、洗衣机、房间空气调节器、微型计算机5类商品。

（3）其他各种原因停止进口的商品。如以CFC-12为制冷工质的汽车空调压缩机（含汽车空调器）、旧服装、Ⅷ因子制剂等血液制品等。

2. 禁止进口技术管理

根据《中华人民共和国对外贸易法》、《中华人民共和国技术进出口管理条例》以及《中华人民共和国禁止进口限制进口技术管理办法》的有关规定，商务部会同国务院有关部门，制定、调整并公布禁止进口的技术目录。属于禁止进口的技术，不得进口。

目前，《中国禁止进口限制进口技术目录》所列明的禁止进口的技术涉及钢铁冶金、有色金属冶金、化工、石油炼制、石油化工、消防、电工、轻工、印刷、医药、建筑材料生产等技术领域。

（二）禁止出口管理

对列入国家公布的禁止出口目录以及国家法律法规明令禁止出口的货物、技术，任何对外贸易经营者不得经营出口。

1. 禁止出口货物管理

（1）列入《禁止出口货物目录》的商品禁止出口。目前，我国公布的《禁止出口货物目录》共有5批：

1）第一批是为了保护我国自然生态环境和生态资源，从我国国情出发，履行我国所缔结或者参加的与保护世界自然生态环境相关的一系列国际公约和协定而发布的。如四氯化碳、犀牛角、虎骨、麝香，发菜和麻黄草等。

2）第二批主要是为了保护我国匮乏的森林资源，防止乱砍滥伐而发布的，如禁止出口木炭。

3）第三批是为了保护人体健康，维护环境安全，淘汰落后产品，履行《关于在国际贸易中对某些危险化学品和农药采用事先知情同意程序的鹿特丹公约》和《关于持久性有机污染物的斯德哥尔摩公约》而颁布的。如长纤维青石棉、二噁英等。

4）第四批主要包括硅砂、石英砂及其他天然砂。

5）第五批包括无论是否经化学处理过的森林凋落物以及泥炭（草炭）。

（2）国家有关法律、法规明令禁止出口的商品。如禁止出口未定名的或者新发现并有重要价值的野生植物及原料血浆等。

（3）其他。例如，禁止出口劳改产品、滴滴涕、氯丹、莱克多巴胺和盐酸莱克多巴胺等商品。

参考案例

杭州海关查获一批非法出口的濒危动植物

近日，杭州海关通过风险分析，从一票出口货物中查获非法出境的疑似国家一级保护动物——库氏砗磲2个。

2012年3月31日，杭州海关隶属义乌海关查验关员在对一票申报品名为玻璃杯、热转印机的出口货物进行查验时，发现集装箱内码得整整齐齐的货物中间有一个大纸箱显得特别突兀。这个纸箱体积大、重量沉，按照常理应放在集装箱底部，现在却摆放在了集装箱的正中间。多年查验工作形成的职业敏感，让查验关员判断这个纸箱内很可能另有乾坤。果然，开箱查验后，关员在纸箱内发现了被塑料膜层层包裹着的一个贝壳状物体。贝壳大而厚，整体呈白色，壳面粗糙，有天然隆起的放射状肋纹，疑似国家一级保护动物——库氏砗磲。

根据我国1981年4月加入的《濒危野生动植物种国际贸易公约》（CITES）和《中华人民共和国野生动物保护法》、《中华人民共和国海关法》、《濒危野生动植物进出口管理条例》等有关法律法规的规定，携带、托运野生动植物及其制品出入国境的，必须办理允许进出口证明书，海关凭证明书查验放行。对于这一对疑似砗磲的大贝壳，出口商声称是“工艺品”，是外国货主要求放入货物中夹带出口的。因为无法出具任何授权证明，海关依法予以暂扣，做进一步调查。

砗磲又称车渠，其名始于汉代，因壳表面有渠垄如车轮之渠，故名，是分布于印度洋和西太平洋的一类大型海产双壳类生物。世界上已知的砗磲仅有9种，大都生活在热带海域的珊瑚礁环境中，我国的台湾、海南、西沙群岛及其他南海岛屿也有这类动物分布。在中国佛教中，砗磲与金、银、琉璃、玛瑙、珊瑚、珍珠并列为“佛教七宝”，其加工而成的佛珠和各种装饰品广受欢迎。目前，国际上将砗磲列入 CITES 公约附录二物种，作为世界稀有海洋生物加以保护，未经批准禁止天然砗磲出口。

2. 禁止出口技术管理

根据《中华人民共和国对外贸易法》、《中华人民共和国技术进出口管理条例》以及《中华人民共和国禁止出口限制出口技术管理办法》的有关规定，商务部会同国务院有关部门制定、调整并公布禁止出口的技术目录。属于禁止出口的技术，不得出口。

目前，列入《中国禁止出口限制出口技术目录》禁止出口部分的技术涉及渔、牧、有色金属矿采选、饮料制造、造纸、化学制品制造、医药制造、非金属矿物制品业、有色金属冶炼、交通运输设备制造、计算机及其他电子设备制造、电信信息传输等。

二、限制进出口管理

为维护国家安全和社会公共利益，保护人民的生命健康，履行我国所缔结或者参加的国际公约和协定，商务部会同国务院有关部门，依照《中华人民共和国对外贸易法》的规定，制定、调整并公布各类限制进出口货物、技术目录。海关依据国家相关法律法规对限制进出口目录货物、技术实施监督管理。

(一) 限制进口管理

国家实行限制进口管理的货物、技术，必须依照国家有关规定，经国务院商务主管部门或者经国务院商务主管部门会同国务院有关部门许可，方可进口。

1. 限制进口货物管理

目前，我国限制进口货物管理按照其限制方式划分为许可证件管理和关税配额管理。

(1) 许可证件管理。

许可证件管理主要包括进口许可证、两用物项和技术进口许可证、濒危物种进口、限制类可利用固体废物进口、药品进口、音像制品进口、黄金及其制品进口等管理。国务院商务主管部门或者国务院有关部门在各自的职责范围内，根据国家有关法律、行政法规的规定签发上述各项管理所涉及的各类许可证件，申请人凭相关许可证件办理海关手续。

(2) 关税配额管理。

关税配额管理是指一定时期内（一般是 1 年），国家对部分商品的进口制定关税配额税率并规定该商品进口数量总额，在限额内，经国家批准后允许按照关税配额税率征税进口，如超出限额则按照配额外税率征税进口的措施。

为了达到限制进口的目的，配额内税率和配额外税率往往相差很大。例如，粮食、棉花等农产品，配额内关税税率为 4%～6%，配额外关税税率高达 50%～70%。

2. 限制进口技术管理

限制进口技术实行目录管理。属于目录范围内的限制进口的技术，实行许可证管理，未经国家许可，不得进口。

目前，列入《中国禁止进口限制进口技术目录》中属限制进口的技术包括生物技术、化工技术、石油炼制技术、石油化工技术、生物化工技术和造币技术等。

经营限制进口技术的经营者在向海关办理申报进口手续时，必须主动递交技术进口许可证，否则将承担由此而造成的一切法律责任。

(二) 限制出口管理

国家实行限制出口管理的货物、技术，必须依照国家有关规定，经国务院商务主管部门或者经国务院商务主管部门会同国务院有关部门许可，方可出口。

1. 限制出口货物管理

依据《货物进出口管理条例》的规定，我国对限制出口货物的管理有两种：一种是国家规定有数量限制的出口货物，实行配额管理，采取出口配额限制方式；另一种是其他限制出口货物，实行许可证件管理，其限制方式为出口非配额限制。

(1) 出口配额限制。

出口配额限制是指在一定时期内为建立公平竞争机制、增强我国商品在国际市场的竞争力、保障最大限度的收汇及保护我国产品的国际市场利益，国家对部分商品的出口数量直接加以限制的措施。我国出口配额限制有两种管理形式，即出口配额许可证管理和出口配额招标管理。

1) 出口配额许可证管理。

出口配额许可证管理是通过直接分配的方式，由国务院商务主管部门或者国务院有关部门在各自的职责范围内根据申请者需求并结合其进出口实绩、能力等条件，按照效益、公正、公开和公平竞争的原则进行分配。国家各配额主管部门对经申请有资格获得配额的申请者发放各类配额证明。申请者取得配额证明后，凭配额证明到国务院商务主管部门及其授权的发证机关申领出口许可证。

2) 出口配额招标管理。

出口配额招标管理是国家对部分商品的出口，在一定时期内（一般是1年）规定数量总额，采取招标分配的原则，经招标获得配额的允许出口，否则不准出口的配额管理措施。国家各配额主管部门对中标者发放各类配额证明。中标者取得配额证明后，凭配额证明到国务院商务主管部门或其授权的发证机关申领出口许可证。

(2) 出口非配额限制。

出口非配额限制是指在一定时期内根据国内政治、军事、技术、卫生、环保、资源保护等领域的需要，以及为履行我国所加入或缔结的有关国际公约的规定，以经国家各主管部门签发许可证件的方式来实现的各类限制出口措施。目前，我国非配额限制管理主要包括出口许可证、濒危物种出口、两用物项出口、黄金及其制品出口等许可管理。

2. 限制出口技术管理

限制出口技术实行目录管理，国务院商务主管部门会同国务院有关部门制定、调整并公布限制出口的技术目录。属于目录范围内的限制出口的技术，实行许可证管理，未经国家许可，不得出口。

我国目前限制出口的技术目录主要有《两用物项和技术进出口许可证管理目录》和《中国禁止出口限制出口技术目录》，出口属于上述限制出口的技术，应当向国务院商务主管部门提出技术出口申请，经国务院商务主管部门审核批准后取得技术出口许可证件，企业持证向海关办理出口通关手续。

三、自由进出口管理

除上述国家禁止、限制进出口货物、技术外的其他货物、技术，均属于自由进出口范围。自由进出口货物、技术的进出口不受限制，但基于监测进出口情况的需要，国家对部分属于自由进口的货物实行自动进口许可管理，对自由进出口的技术实行技术进出口合同登记管理。

（一）货物自动进口许可管理

自动进口许可管理是在任何情况下对进口申请一律予以批准的进口许可制度。这种进口许可实际上是一种在自由进口货物进口前对其进行自动登记的许可制度，通常用于国家对这类货物的统计和监督，是我国进出口许可管理制度中的重要组成部分，也是目前各国普遍使用的一种进口管理制度。

进口属于自动进口许可管理的货物，进口经营者应当在办理海关报关手续前，向国务院商务主管部门或者国务院有关经济管理部门提交自动进口许可申请，凭相关部门发放的自动进口许可证，向海关办理报关手续。

（二）技术进出口合同登记管理

进出口属于自由进出口的技术，应当向国务院商务主管部门或者其委托的机构办理合同备案登记。国务院商务主管部门应当自收到规定的文件之日起3个工作日内，对技术进出口合同进行登记，颁发技术进出口合同登记证，申请人凭技术进出口合同登记证，办理外汇、银行、税务、海关等相关手续。

教学互动

1. 多选题：目前，列入我国《禁止出口货物目录》的商品有（　　）。

A. 麝香　　B. 麻黄草　　C. 木炭　　D. 硅砂

2. 多选题：国家禁止进口（　　）。

A. 犀牛角　　B. 天然砂　　C. 木炭　　D. 旧服装

3. 单选题：某报关企业接到客户关于以一般贸易方式进口旧汽车有关政策的咨询，下列答复正确的是（　　）。

A. 申领进口许可证和入境货物通关单

B. 申领自动进口许可证和入境货物通关单

C. 只需申领入境货物通关单

D. 禁止进口

能力三　认识其他贸易管制制度

一、对外贸易经营者管理制度

对外贸易经营者，是指依法办理工商登记或者其他执业手续，依照《对外贸易法》和其他有关法律、行政法规、部门规章的规定从事对外贸易经营活动的法人、其他组织或者个人。对外贸易经营者管理制度是我国对外贸易管制制度之一。

目前，我国对对外贸易经营者的管理，实行备案登记制。即法人、其他组织或者个人在从事对外贸易经营活动前，必须按照国家的有关规定，依法定程序在国务院商务主管部门备案登记，取得对外贸易经营资格后，方可在国家允许的范围内从事对外贸易经营活动。

通常，如果有关法人、其他组织或者个人没有在商务部门办理过对外贸易经营者备案登记，海关就不予办理该法人、组织或个人的进出口货物的报关验放手续。对外贸易经营者可以接受他人的委托，在经营范围内代为办理对外贸易业务。

为对关系国计民生的重要进出口商品实行有效的宏观管理，国家可以对部分货物的进出口实行国有贸易管理。实行国有贸易管理的货物和经授权经营企业的目录，由国务院商务主管部门会同国务院其他有关部门确定、调整并公布。未经批准擅自进出口实行国有贸易管理的货物，海关不予放行。目前我国实行国有贸易管理的商品主要包括：玉米、大米、煤炭、原油、成品油、棉花、锑及锑制品、钨及钨制品、白银等。

二、出入境检验检疫制度

出入境检验检疫制度是指由国家出入境检验检疫部门依据我国有关法律和行政法规以及我国政府所缔结或者参加的国际公约、协定，对出入境的货物、物品及其包装物，交通运输工具，运输设备和出入境人员实施检验检疫监督管理的法律依据和行政手段的总和。其国家主管部门是国家质量监督检验检疫总局。

出入境检验检疫制度是我国贸易管制制度的重要组成部分。国家质检总局修订并发布《出入境检验检疫机构实施检验检疫的进出境商品目录》（又称《法检目录》），《法检目录》所列明的商品称为法定检验商品，即国家规定实施强制性检验的进出境商品。对于法定检验以外的进出境商品是否需要检验，由对外贸易当事人决定。对外贸易合同约定或者进出口商品的收发货人申请检验检疫时，检验检疫机构可以接受委托，实施检验检疫并制发证书。

我国出入境检验检疫制度内容包括进出口商品检验制度、进出境动植物检疫制度以及国境卫生监督制度。

（1）进出口商品检验制度。

进出口商品检验制度是根据《中华人民共和国进出口商品检验法》及其实施条例的规定，国家质检总局及口岸出入境检验检疫机构对进出口商品所进行的品质、质量检验和监督管理的制度。其目的是保证进出口商品的质量，维护对外贸易有关各方的合法权益，促进对外经济贸易关系的顺利发展。

（2）进出境动植物检疫制度。

进出境动植物检疫制度是根据《中华人民共和国进出境动植物检疫法》及其实施条例的规定，国家质检总局及口岸出入境检验检疫机构对进出境动植物、动植物产品的生产、加工、存放过程实行动植物检疫的进出境监督管理制度。其目的是防止动物传染病，寄生虫病，植物危险性病、虫、杂草以及其他有害生物传入、传出国境，保护农、林、牧、渔业生产和人体健康，促进对外经济贸易的发展。

（3）国境卫生监督制度。

国境卫生监督制度是指出入境检验检疫机构根据《中华人民共和国国境卫生检疫法》及其实施细则，以及其他的卫生法律、法规和卫生标准，在进出口口岸对出入境的交通工具、货物、运输容器以及口岸辖区的公共场所、环境、生活设施、生产设备所进行的卫生检查、鉴定、评价和采样检验的制度。其目的是防止传染病由国外传入或者由国内传出，实施国境卫生检疫，保护人体健康。

对列入《法检目录》以及其他法律法规规定需要检验检疫的货物进出口时，在办理进出口通关手续前，必须先向口岸检验检疫机构报检。海关凭“入境货物通关单”或“出境货物通关单”验放。

参考案例

木质包装未报检，原封不动运回来

深圳某公司出口到美国的一批大理石板材，辗转近4个月，又原封不动回到深圳，这是为什么呢？

检验检疫部门了解到：货主因嫌麻烦，在出口前，其用作承载大理石板材的木质包装未按检验检疫部门的要求报检，加施“IPPC”标识（IPPC是国际植物保护公约组织的简称）。结果，货物到达美国口岸后，美国检验检疫部门作原柜退运出境处理。为使国际贸易更便利，2002年3月，IPPC公布了国际植物检疫措施标准第15号《国际贸易中的木质包装材料管理准则》。要求除胶合板、纤维板或者小于6mm的木质材料外，任何承载、包装、铺垫、支撑、加固货物的木质材料，如木板箱、木托盘、木框、木桶、木轴、木楔、垫木、枕木、衬木等，必须按照国际认可的检疫除害处理方法实施处理，并按照国际标准加施专用“IPPC”标识。为执行上述国际标准，国家质检总局颁布实施了《出境货物木质包装检疫管理办法》，并于2005年3月1日起实施，检验检疫部门提醒各企业按照我国和国际相关规定对出境货物木质包装实施除害处理，以免造成不必要的贸易纠纷和经济损失。

三、进出口货物收付汇管理制度

对外贸易经营者在对外贸易经营活动中，应当依照国家有关规定结汇、用汇。进出口货物收付汇管理制度是指国家外汇管理机构依据国务院《中华人民共和国外汇管理条例》及其他有关规定，对对外贸易经营者与参与者的对外贸易活动所实行的收付汇的核销制度。进出口货物收付汇管理是我国实施外汇管理的主要手段，也是我国外汇管理制度的重要组成部分。

（一）出口货物收汇管理

我国对出口收汇管理采取的是外汇核销形式。国家外汇管理局先后颁布了《出口收汇核销管理办法》和《出口收汇核销管理办法实施细则》，规定了出口外汇核销单管理的方式，对出口货物实施直接收汇控制。其基本程序是国家外汇管理局制发“出口收汇核销单”，由货物的发货人或其代理人填写，外汇管理局凭海关验讫的“出口收汇核销单”和“出口货物报关单（出口收汇核销联）”及其相关电子数据核销收汇。国家外汇管理局管理的重点是“两单核销”。

（二）进口货物付汇管理

进口货物付汇管理也采取外汇核销形式。其目的是防止汇出外汇而实际不进口商品的逃汇行为的发生。其具体程序为：进口企业在进口付汇前需向付汇银行申请国家外汇管理局统一制发的“贸易进口付汇核销单”，凭以办理付汇。货物进口后，进口单位或其代理人凭海关出具的进口货物报关单付汇证明联及其相关电子数据等向国家外汇管理局指定银行办理核销付汇。

参考案例

违规出口收汇核销导致诉讼失败

原告：上海弘成进出口有限公司　　　　　　被告：环宇货运代理有限公司

2000 年 7 月，原告与案外人香港 A&C 公司签订了三份买卖合同，由原告向香港 A&C 公司出售木衣架及擀面杖，共计 15 657.60 美元。2000 年 8 月，原告从工厂将货物购入后委托被告出运。被告通知原告将货物送指定仓库后，以自己的名义委托韩进公司出运，韩进公司出具了提单。被告将韩进公司的提单交香港 A&C 公司，同时以自己的名义签发了一份货物收据交原告用以结汇，因进口商未付货款，银行托收未成，该货物收据退还原告。2000 年 11 月 10 日，涉案货物在目的港被进口商提走，原告遂于 2001 年 12 月 28 日向法院起诉，认为被告擅自放行货物，致原告丧失对货物的控制，请求法院判令被告赔偿原告的货款损失、出口退税等共计人民币 150 461.05 元。庭审中，原告为证明涉案货物的数额，向法院出示了其已核销的出口收汇核销单。法院经审查认为，被告擅自将海运提单交案外人，致使原告在持有货物收据的同时，却丧失了对货物的控制，被告的行为存在过失，但诉讼中，原告向法院提交的已核销的出口收汇核销单表明原告出运的该票货物的货款已经收回，故原告请求的损失并不存在。遂按照《中华人民共和国民法通则》第一百一十二条第一款的规定，对原告上海弘成进出口有限公司的诉讼请求不予支持。原告不服一审判决，向上海市高级人民法院提起上诉，上海市高级人民法院判决驳回上诉，维持原判。

四、对外贸易救济措施

对外贸易救济措施属于我国外贸管制政策的一部分。“贸易救济”通常指在对外贸易过程中，一国国内产业由于遇到不公平进口行为（如国外产品低价倾销）或过量进口的冲击，造成了不同程度的损害，各国政府给予本国有关产业的帮助或救助。世界贸易组织允许成员方在进口产品倾销、补贴和过激增长等给其国内产业造成损害的情况下，使用反倾销、反补贴和保障措施手段来保护国内产业不受损害。

反倾销、反补贴和保障措施都属于贸易救济措施。反倾销和反补贴措施针对的是价格歧视这种不公平贸易行为，保障措施针对的则是进口产品激增的情况。

（一）反倾销措施

反倾销措施包括临时反倾销措施和最终反倾销措施。

1. 临时反倾销措施

征收临时反倾销税，由商务部提出建议，国务院关税税则委员会根据其建议作出决定，商务部予以公告；要求提供保证金、保函或者其他形式的担保，由商务部作出决定并予以公告。海关自公告规定实施之日起执行。临时反倾销措施实施的期限，自公告规定实施之日起，不超过 4 个月；在特殊情形下，可以延长至 9 个月。

2. 最终反倾销措施

对终裁决定确定倾销成立并由此对国内产业造成损害的，可以征收反倾销税。具体税率由商务部提出建议，国务院关税税则委员会根据其建议作出决定，商务部予以公告。海关自公告规定实施之日起执行。

（二）反补贴措施

根据2004年3月修订的《中华人民共和国反补贴条例》，我国反补贴措施可分为临时反补贴措施和最终反补贴措施。均由商务部提出建议，国务院关税税则委员会根据其建议作出决定，商务部予以公告。海关自公告规定实施之日起执行。

1. 临时反补贴措施

初裁决定确定补贴成立并由此对国内产业造成损害的，可以采取临时反补贴措施。临时反补贴措施采取以保证金或者保函作为担保的征收临时反补贴税的形式。临时反补贴措施实施的期限，为自临时反补贴措施决定公告规定实施之日起不超过4个月。

2. 最终反补贴措施

在为完成磋商的努力没有取得效果的情况下，终裁决定确定补贴成立并由此对国内产业造成损害的，可以征收反补贴税。征收反补贴税应当符合公共利益。

（三）保障措施

根据2004年3月修订的《中华人民共和国保障措施条例》，进口产品数量增加，并对生产同类产品或者直接竞争产品的国内产业造成严重损害或者严重损害威胁的，依照条例的规定进行调查，采取保障措施。保障措施分为临时保障措施和最终保障措施。

1. 临时保障措施

有明确证据表明进口产品数量增加，将对国内产业造成难以补救的损害的紧急情况下，进口国与成员国之间可不经磋商而作出初裁决定，并采取临时保障措施。临时保障措施的实施期限，为自临时保障措施决定公告规定实施之日起不超过200天，并且此期限计入保障措施总期限。

临时保障措施采取提高关税的形式，如果事后调查不能证实进口激增对国内有关产业已经造成损害的，已征收的临时关税应当予以退还。

2. 最终保障措施

终裁决定确定进口产品数量增加，并由此对国内产业造成损害的，可以采取最终保障措施。最终保障措施可以采取提高关税、数量限制等形式。

保障措施的实施期限一般不超过4年，在此基础上如果继续采取保障措施则必须同时满足四个条件：对于防止或者补救严重损害仍有必要；有证据表明相关国内产业正在进行调整；已经履行有关对外通知、磋商的义务；延长后的措施不严于延长前的措施。保障措施全部实施期限（包括临时保障措施期限）不得超过10年。

参考案例

关于原产于欧盟、美国和日本的进口相纸产品反倾销调查最终裁定公告

【发布单位】中华人民共和国商务部

【发布文号】公告2012年第10号

【发布日期】2012-03-22

根据《中华人民共和国反倾销条例》的规定，商务部（以下称调查机关）于2010年12月23日发布2010年第93号公告，决定对原产于欧盟、美国和日本的进口相纸产品（以下简称被调查产品）进行反倾销立案调查。该被调查产品归在《中华人民共和国进出口税则》税则号：37031010、37032010和37039010。

调查机关对被调查产品是否存在倾销和倾销幅度、被调查产品是否对中国国内相纸产业造成损害、损害程度以及倾销与损害之间的因果关系进行了调查。根据调查结果和《中华人民共和国反倾销条例》第二十四条的规定，调查机关于2011年8月10日发布初裁公告，认定被调查产品存在倾销，中国国内产业受到了实质损害，而且倾销与实质损害之间存在因果关系。

初步裁定后，调查机关继续对倾销和倾销幅度、损害和损害程度，以及倾销和损害之间的因果关系进行调查。现本案调查结束，根据本案调查结果，并依据《中华人民共和国反倾销条例》第二十五条的规定，商务部作出最终裁定（见附件）。现将有关事项公告如下。

一、最终裁定

经过调查，商务部最终裁定，在本案调查期内，被调查产品存在倾销，中国国内相纸产业受到实质损害，且倾销与实质损害之间存在因果关系。

二、征收反倾销税

根据《中华人民共和国反倾销条例》的有关规定，商务部向国务院关税税则委员会提出征收反倾销税的建议，国务院关税税则委员会作出决定，自2012年3月23日起，对原产于欧盟、美国和日本的进口相纸产品征收反倾销税。

对被调查产品的具体描述如下：

调查范围：原产于欧盟、美国和日本的进口相纸产品。

被调查产品名称：未曝光的摄影感光纸及纸板（简称相纸）。英文名称：Photographic Paper and Paper Board。

被调查产品的具体描述：由纸基及涂布在其上的多层化学感光乳剂构成的、未曝光的、可经光照射和使用化学药品显相后成像的彩色及黑白摄影感光纸及纸板，无论是大轴的还是分切后的，无论是基于纸浆纤维纸基还是涂塑纸基。

主要用途：相纸主要用于冲扩照片，在艺术、广告、宣传、证照管理、刑事侦查、航空航天和国防等领域也有着广泛的应用。

对各公司征收的反倾销税税率如下：

1. 欧盟公司：

（1）柯达有限公司19.4%。

初裁公告中“柯达有限公司（英国）”更正为“柯达有限公司”。

（2）富士胶片制造（欧洲）有限公司17.5%。

（3）其他欧盟公司19.4%。

2. 美国公司：

（1）富士胶片制造（美国）有限公司16.2%。

（2）其他美国公司28.8%。

3. 日本公司：28.8%。

三、征收反倾销税的方法

自2012年3月23日起，进口经营者在进口原产于欧盟、美国和日本的进口相纸产品时，应向中华人民共和国海关缴纳相应的反倾销税。反倾销税以海关审定的完税价格从价计征，计算公式为：反倾销税额＝海关完税价格×反倾销税税率。进口环节增值税以海关审定的完税价格加上关税和反倾销税作为计税价格从价计征。

四、反倾销税的追溯征收

对自2011年8月10日起至本决定公告之日止，有关进口经营者依初裁公告向中华人民共和国海关所提供的保证金，按终裁所确定的征收反倾销税的商品范围和反倾销税税率计征并转为反倾销税，按相应的增值税税率计征进口环节增值税。对在此期间有关进口经营者所提供的保证金超出反倾销税和与之相应的进口环节增值税的部分，海关予以退还，少征部分则不再征收。

对实施临时反倾销措施决定公告之日前进口的原产于欧盟、美国和日本的进口相纸产品不再追溯征收反倾销税。

五、征收反倾销税的期限

对原产于欧盟、美国和日本的进口相纸产品征收反倾销税的实施期限自2012年3月23日起5年。

六、新出口商复审

对于欧盟、美国和日本在调查期内未向中华人民共和国出口被调查产品的新出口经营者，符合条件的，可依据《中华人民共和国反倾销条例》第四十七条的规定，向调查机关书面申请新出口商复审。

七、期中复审

在征收反倾销税期间，有关利害关系方可根据《中华人民共和国反倾销条例》第四十九条的规定，向调查机关书面申请期中复审。

八、行政复议和行政诉讼

对本案终裁决定及征收反倾销税的决定不服的，根据《中华人民共和国反倾销条例》第五十三条的规定，可以依法申请行政复议，也可以依法向人民法院提起诉讼。

九、本公告自2012年3月23日起执行

特此公告

附件：中华人民共和国商务部关于原产于欧盟、美国和日本的进口相纸产品反倾销调查的最终裁定（略）

中华人民共和国商务部
二〇一二年三月二十二日

能力四　我国贸易管制主要管理措施

对外贸易管制作为一项综合制度，所涉及的管理规定繁多。目前我国外贸管制主要管理措施有进出口许可证管理、两用物项和技术进出口许可证管理、密码产品和含有密码技术的设备进口许可证管理、自动进口许可证管理、固体废物进口管理、野生动植物种进出口管理、药品进出口管理、美术品进出口管理、音像制品进口管理及其他货物进出口管理。

一、进出口许可证管理

(一) 进出口许可证管理规范

进出口许可证管理是指由商务部或者由商务部会同国务院其他有关部门，依法制定并调整进出口许可证管理目录，以签发进出口许可证的方式对进出口许可证管理目录中的商品实行的行政许可管理。商务部是全国进出口许可证的归口管理部门，负责制定进出口许可证管理办法及规章制度，监督、检查进出口许可证管理办法的执行情况，处罚违规行为。商务部会同海关总署制定、调整和发布年度《进口许可证管理货物目录》及《出口许可证管理货物目录》。

进出口许可证管理属于国家限制进出口管理范畴，分为进口许可证管理和出口许可证管理。商务部统一管理、指导全国各发证机构的进出口许可证签发工作，商务部配额许可证事务局，商务部驻各地特派员办事处和各省、自治区、直辖市、计划单列市，以及商务部授权的其他省会城市商务厅（局）、外经贸委（厅、局）为进出口许可证的发证机构，负责在授权范围内签发“中华人民共和国进口许可证”（以下简称进口许可证）或“中华人民共和国出口许可证”（以下简称出口许可证）。

中华人民共和国进出口许可证是国家管理货物进出口的凭证，不得买卖、转让、涂改、伪造或变造。凡属于进出口许可证管理的货物，除国家另有规定外，对外贸易经营者应当在进口或出口前按规定向指定的发证机构申领进出口许可证，持有关进出口许可证向海关办理申报和验放手续。

(二) 进出口许可证的适用范围和报关规范

我国对进出口许可证的适用范围和报关规范作了严格限制。

1. 进出口许可证的适用范围

进出口许可证的适用范围以商务部发布的年度《进口许可证管理货物目录》和《出口许可证管理货物目录》为准。例如，2011 年实施进口许可管理的货物有重点旧机电产品和消耗臭氧层物质。其中重点旧机电产品包括化工设备、金属冶炼设备、工程机械类、造纸设备、电力电气设备、食品加工及包装设备、农业机械类、印刷机械类、纺织机械类、船舶类和矽鼓等 11 类商品；消耗臭氧层物质包括一氯二氟甲烷、二氯一氟乙烷等商品。

2012 年实行出口许可证管理的货物共 49 种，包括大米、玉米粉、小麦粉、大米粉、锯材、活牛、活猪、活鸡、焦炭、稀土、锑及锑制品、钨及钨制品、锌矿砂、锡及锡制品、白银、铟及铟制品、钼、磷矿石、蔺草及蔺草制品、碳化硅、滑石块（粉）、镁砂、矾土、甘草及甘草制品、铂金（以加工贸易方式出口）、天然砂（含标准砂）等商品。

2. 进出口许可证的报关规范

进口许可证的有效期为 1 年，当年有效；特殊情况下跨年度使用时，有效期最长不超过次年的 3 月 31 日。出口许可证的有效期为 6 个月，如果需要跨年度使用时，出口许可证有效期截止时间不得超过次年 12 月 31 日。商务部可视具体情况，调整某些货物出口许可证的有效期。出口许可证应当在有效期内使用，逾期自行失效。

进出口许可证一经签发，不得擅自更改证面内容。若需要修改，则应当在有效期内交旧换新。

进出口许可证管理实行“一证一关”（指进出口许可证只能在一个海关报关，下同）管理。一般情况下，进出口许可证实行“一批一证”（指进出口许可证在有效期内一次报关使用，下同）。特殊情况可以申报“非一批一证”。“非一批一证”的进出口许可证在有效期内可以使用 12 次，同时应当在进出口许可证备注栏内打印“非一批一证”的字样。

二、两用物项和技术进出口许可证管理

两用物项和技术是指《中华人民共和国核出口管制条例》、《中华人民共和国核两用品及相关技术出口管制条例》、《中华人民共和国导弹及其相关技术和技术出口管制条例》、《中华人民共和国生物两用及其相关设备和技术出口管制条例》、《中华人民共和国监控化学品管理条例》、《中华人民共和国易制毒化学品管理条例》及《有关化学及相关设备和技术出口管理办法》所规定的相关物项及技术。

（一）主管部门和管理范围

两用物项和技术的主管部门是商务部。商务部和海关总署依据上述法规联合颁布了《两用物项和技术进出口许可证管理办法》，并发布了《两用物项和技术进出口许可证管理目录》，规定对列入该目录的物项及技术的进出口统一实行两用物项和技术进出口许可证管理。

2012 年实施两用物项和技术进口许可证管理的商品包括：监控化学品管理条例名录所列物项、易制毒化学品、放射性同位素。实施两用物项和技术出口许可证管理的商品包括：核出口管制清单所列物项和技术、核两用品及相关技术出口管制清单所列物项和技术、生物两用品及相关设备和技术出口管制清单所列物项和技术、监控化学品管理条例名录所列物项、有关化学品及相关设备和技术出口管制清单所列物项和技术、导弹及相关物项和技术出口管制清单所列物项和技术、易制毒化学品和计算机。

（二）报关规范

对以任何方式进口或出口，以及过境、转运、通运列入《两用物项和技术进出口许可证管理目录》的商品，进出口经营者应当主动向海关出具有效的两用物项和技术进出口许可证。

两用物项和技术进口许可证实行“非一批一证”制和“一证一关”制，并在备注栏内打印“非一批一证”字样；两用物项和技术出口许可证实行“一批一证”制和“一证一关”制。

两用物项和技术进出口许可证有效期一般不超过 1 年。跨年度使用时，在有效期内只能使用到次年 3 月 31 日。

三、密码产品和含有密码技术的设备进口许可证管理

密码技术属于国家机密。为了保护公民和组织的合法权益，维护国家的安全和利益，

国家对密码产品和含有密码技术的设备实行限制进口管理。国家密码局是密码产品和含有密码技术的设备进口的国家主管部门。国家密码局会同海关总署研究制定、调整并公布《密码产品和含有密码技术的设备进口管理目录》，签发“密码产品和含有密码技术设备进口许可证”。

（一）管理范围

列入目录内以及虽暂未列入目录但含有密码技术的进口商品主要包括6类：加密传真机、加密电话机、加密路由器、非光通信加密以太网络交换机、密码机、密码卡。

（二）报关规范

对外贸易经营者进口列入《密码产品和含有密码技术的设备进口管理目录》（第一批）的商品，以及含有密码技术但暂未列入管理目录的商品，在进口前应当事先向国家密码管理局申领密码进口许可证，凭此向海关办理通关手续。

（1）免于提交密码进口许可证的情形：

1）加工贸易项下为复出口而进口的；

2）由海关监管，暂时进口后复出口的；

3）从境外进入特殊监管区域和保税监管场所的，或特殊区域保税监管场所之间进出的。

（2）从海关特殊监管区域、保税监管场所进入境内区外，需交验密码进口许可证。

（3）进口单位知道或者应当知道其所进口商品含有密码技术，但暂未列入目录的，也应当申领密码进口许可证。

（4）在进口环节发现应当提交而未提交密码进口许可证的，海关按有关规定进行处理。

四、自动进口许可证管理

商务部根据监测货物进口情况的需要，对部分自由进口货物实行自动许可管理。商务部将公布《自动进口许可管理货物目录》，签发“中华人民共和国自动进口许可证”。

（一）管理范围

1. 自动进口许可证管理的商品范围

2012年实施自动进口许可管理的商品包括：非机电类产品、机电类产品（包括旧机电产品）两大类。机电类产品分为3个管理目录，具体如下：

（1）目录一（机电类产品），主要包括光盘生产设备，烟草机械，移动通信产品，卫星广播、电视设备及关键部件、汽车产品、飞机及船舶。

（2）目录二，主要包括锅炉、汽轮机、发动机、其他动力装置、化工装置、食品机械、工程机械、造纸及印刷机械、纺织机械、金属冶炼及加工设备、金属加工机床、电气设备、铁路机车、汽车产品、飞机、船舶及医疗设备。

（3）目录三（旧机电产品），只涉及旧胶印机一类。

2. 免交自动进口许可证的情形

进口列入《自动进口许可管理货物目录》的商品，在办理报关手续时须向海关提交自动进口许可证，但下列情形免交：

（1）加工贸易项下进口并复出口的（原油、成品油除外）；

（2）外商投资企业作为投资进口或者投资额内生产自用的（旧机电产品除外）；

（3）货样广告品、实验品进口，每批次价值不超过 5 000 元人民币的；

（4）暂时进口的海关监管货物；

（5）进入保税区、出口加工区等海关特殊监管区域及进入保税仓库、保税物流中心的属自动进口许可管理的货物；

（6）加工贸易项下进口的不作价设备监管期满后留在原企业使用的；

（7）国家法律法规规定其他免领进口许可证的。

（二）报关规范

（1）自动进口许可证有效期为 6 个月，但仅限公历年度内有效。

（2）自动进口许可证实行“一批一证”管理，对部分货物可实行“非一批一证”管理。对实行“非一批一证”管理的，在有效期内可以分批次累计报关使用，但累计使用不得超过 6 次。

（3）对实行“一批一证”的自动进口许可证管理的大宗、散装货物，溢装数量在货物总量 5%内予以免证；原油、成品油、化肥、钢材为 3%予以免证。“非一批一证”的，在最后一批货物进口时，应按该自动进口许可证实际剩余数量的允许溢装上限即 5%（原油、成品油、化肥、钢材在溢装上限 3%）以内计算免证数额。

参考案例

进口设备未申领自动进口许可证被处罚

2006 年 1 月 12 日，天盛机电进出口有限公司（以下简称“天盛公司”）以一般贸易方式向 A 海关申报进口机床设备一批，所报货物不属于国家许可证管理商品，价值人民币 50 万元，经 A 海关查验发现，天盛公司实际进口货物为某型号多功能机床仪器设备，实际进口货物与申报商品虽然税率相同，但前者属于自动进口许可管理商品。因天盛公司进口申报行为涉嫌违法，A 海关遂对此立案调查。海关经调查认定，天盛公司实际进口货物与申报不符系业务人员工作疏忽所致，并无逃避海关监管的主观故意，但该公司涉案行为构成影响国家许可证件管理的申报不实行为，违反海关监管规定，应承担相应法律责任。2006 年 4 月 17 日，A 海关对天盛公司作出行政处罚决定，根据《海关行政处罚实施条例》（以下简称“《处罚条例》”）第十五条第（三）项的规定，对该公司处罚款人民币 5 万元；同时，因天盛公司进口国家自动进口许可管理货物，但申报时不能提交自动进口许可证明，A 海关根据《处罚条例》第十四条的规定，决定不予放行涉案货物。

行政复议情况是，天盛公司对 A 海关认定其申报不实并无异议，但不服海关的行政处罚决定，于是向 A 海关的上一级海关申请行政复议。

复议机关经审理认为，本案涉案货物属于自动进口许可管理商品。根据《中华人民共和国货物进出口管理条例》的有关规定，自动进口许可证是进口属于自动进口许可管理货物的收货人在办理海关报关手续前须向国务院商务主管部门或国务院有关经济管理部门申领的许可证件，该类证件属于《处罚条例》第六十四条所规定的“许可证件”范畴，进出口货物申报不实涉及自动进口许可证明的，该申报不实行为应按影响国家许可证件管理处置。2006 年 6 月 3 日，复议机关作出行政复议决定，维持 A 海关对天盛公司作出的行政处罚决定。

五、固体废物进口管理

废物是指《中华人民共和国固体废物污染环境防治法》管理范围内的废物，即在生产建设、日常生活和其他活动中产生的污染环境的固态、半固态废弃物质。包括：工业固体废物、城市生活垃圾、危险废物、液态废物和置于容器中的气态废物。

(一) 办理程序

(1) 向环境保护部提出废物进口申请获取“废物进口许可证”后才能组织进口；

(2) 进口废物运抵口岸后，口岸检验检疫机构凭环保部签发的废物进口许可证受理报检，合格的，向报检人出具“入境货物通关单”；

(3) 海关凭废物进口许可证、入境货物通关单办理通关手续。

入境货物通关单如表 2—1 所示。

表 2—1

中华人民共和国出入境检验检疫入境货物通关单

编号：

<table>
<tr><td colspan="3">1. 收货人</td><td rowspan="3">5. 标记及号码</td></tr>
<tr><td colspan="3">2. 发货人</td></tr>
<tr><td>3. 合同/提（运）单号</td><td colspan="2">4. 输出国家或地区</td></tr>
<tr><td>6. 运输工具名称及号码</td><td colspan="2">7. 目的地</td><td>8. 集装箱规格及数量</td></tr>
<tr><td>9. 货物名称及规格</td><td>10. H.S. 编码</td><td>11. 申报总值</td><td>12. 数/重量，包装数量及种类</td></tr>
<tr><td colspan="4">13. 证明
上述货物业已报检/申报，请海关予以放行。
签字：　　　　日期：　　年　　月　　日</td></tr>
<tr><td colspan="4">14. 备注</td></tr>
</table>

（二）报关规范

不论以何种方式进口上述管理范围的废物，均须事先申领废物进口许可证。

（1）向海关申报进口列入国家《限制进口类可用作原料的废物目录》和《自动进口许可管理类可用作原料的废物目录》的废物，报关单位应提交有效的废物进口许可证、口岸检验检疫机构出具的入境货物通关单及其他有关单据。

（2）对未列入上述目录内的或虽列入上述目录内但未取得有效“废物进口许可证”的废物，一律不得进口和存入保税仓库。

（3）废物进口许可证实行“非一批一证”管理。

（4）进口废物不能转关，只能在口岸海关办理申报进境手续。（废纸除外）

（5）对废金属、废塑料、废纸进口实施分类装运管理。进口时不得与其他非重点固体废物及不属于固体废物的货物混合装运于同一集装箱内；对未按上述规定进口的废物，如无走私或违反海关监管规定嫌疑，进口企业可申请办理直接退运。

六、野生动植物种进出口管理

我国是《濒危野生动植物种国际贸易公约》的成员国，对此，我国制定了《中华人民共和国野生动物保护法》等有关法规，以加强对濒危野生动植物的保护。

（一）濒危野生动植物种进出口管理的范围

列入《濒危野生动植物种国际贸易公约》附录一和附录二文件中的全部物种，列入《国家重点保护动物名录》和《国家珍贵树种名录》的全部物种，均是珍贵稀有野生动植物种。上述物种是指：（1）活的或死的动物、植物；（2）任何可辨认的部分；（3）物种的衍生物；（4）人工培养的野生物种；（5）野生动物的皮毛、羽毛、掌骨、器官等。另外，凡含有珍贵稀有野生动植物成分的中药材，也属于濒危野生动植物种进出口管理的范围。

（二）管理规范

凡进出口列入《进出口野生动植物种商品目录》的野生动植物或其产品，必须严格按照有关法律、行政法规的程序进行申报和审批，并在进出口报关前取得中华人民共和国濒危物种进出口管理办公室或其授权的办事处签发的公约证明、非公约证明或物种证明后，向海关办理进出口手续。

对列入《进出口野生动植物种商品目录》中属于《濒危野生动植物种国际贸易公约》中的物种，不论以何种方式进出口，均须事先申领“公约证明”。

对列入《进出口野生动植物种商品目录》中属于我国自主规定管理的野生动植物及其产品，不论以何种方式进出口，均须事先申领“非公约证明”。

以上允许进出口证明实行“一批一证”制度。

对于进出口列入《进出口野生动植物种商品目录》中适用“公约证明”、“非公约证明”管理的《濒危野生动植物种国际贸易公约》附录及国家重点保护野生动植物以外的其他列入商品目录的野生动植物及相关货物或物品和含野生动植物成分的纺织品，均须事先申领“物种证明”。该证明分为“一次使用”和“多次使用”两种，前者有效期自签发之日起不得超过6个月；后者有效期截止发证当年12月31日，适用于同一物种、同一类型、同一报关口岸多次进出口的野生动植物。

参考案例

大连海关空港截获37枚整麝香

2008年3月19日，大连海关对外公布，该关近日在空港旅检渠道查获37枚未经加工的整麝香。

据了解，欲携带这批麝香出境的是一名韩国籍旅客。当天，这名旅客将物品藏匿于随身行李中，未向海关申报出口。海关查获后，这名旅客也没有出具相关文件证明。

麝香是我国国家一级保护动物麝的分泌物。可以制成香料，也可以入药。由于供不应求，麝香的市场价格非常昂贵。目前，国际市场的麝香价格约为黄金价格的6～8倍。

海关人员介绍，由于麝目前已成为濒危物种，属于《国家重点保护野生动物名录》中列名的国家一级保护动物，对麝及其制品（无论野生还是驯养繁殖）进出口海关均按照《中华人民共和国濒危野生动植物进出口管理条例》进行管理。

海关在此提醒，进口或出口在《国家重点保护野生动物名录》中的国家一级、二级保护野生动物，《国家重点保护野生动植物名录》中的国家一级、二级野生植物和《濒危野生动植物种国际贸易公约》列名的濒危野生动植物及其产品的，在向海关申报进口或出口时，应提交国务院林业、农业（渔业）主管部门允许进出口证明书，接受海关监管，并自海关放行之日起30日内，将海关验讫进出口证明书副本交国家濒危物种进出口管理机构备案。过境、转运和通运的濒危野生动植物及其产品，自入境起至出境前由海关监管。非法进口、出口或者以其他方式走私濒危野生动植物及其产品的，由海关依照《海关法》的有关规定予以处罚；情节严重，构成犯罪的，依法追究刑事责任。

七、进出口药品管理

进出口药品管理是指为加强对药品的监督管理，保证药品质量，保障人体用药安全，维护人民身体健康和用药合法权益，国家食品药品监督管理局依照《中华人民共和国药品管理法》和有关国际公约以及国家其他法规，对进出口药品实施监督管理的行政行为。

目前我国公布的药品进出口管理目录有：《精神药品管制品种目录》、《麻醉药品管制品种目录》、《进口药品目录》和《生物制品目录》。

（一）精神药品进出口管理范围及报关规范

精神药品是指直接作用于神经中枢，能使之兴奋或抑制，产生依赖性的产品，如咖啡因、去氧麻黄碱等，在《精神药品管制品种目录》中所列药品进出口时，均须取得国家食品药品监督管理局核发的“精神药品进出口准许证”，凭以向海关办理报关手续。“精神药品的进出口准许证”仅限在该注明的口岸海关使用，并实行“一批一证”制度。

（二）麻醉药品进出口管理范围及报关规范

麻醉药品是指连续使用易使身体产生依赖性、能成瘾的产品，如大麻、海洛因、可卡因等。任何单位在办理进出口报关手续前，均须取得“麻醉药品进出口准许证”，凭此办理报关手续。该证实行“一批一证”制度。

（三）一般药品进口管理范围及报关规范

一般药品是指除上述特殊药品外的其他药品。国家对一般药品的进口实行目录管理。

国家食品药品监督管理局授权的口岸药品检验使用签发“进口药品通关单”的形式对列入目录管理的商品实行进口限制管理。进口药品通关单仅限在该单注明的口岸海关使用，并实行“一批一证”制度。

（四）兴奋剂进出口管理范围及报关规范

为了防止在体育运动中使用兴奋剂，保护体育运动者的身心健康，维护体育竞赛的公平竞争，我国颁布了《反兴奋剂条例》。依据该条例，国家体育总局会同商务部、卫生部、海关总署、国家食品药品监督管理局制定了《兴奋剂目录》。进出口列入《兴奋剂目录》的精神药品、麻醉药品、易制毒化学品、医疗用毒性药品，应当按现行规定向海关办理相关验放手续。

进口准许证有效期为1年。出口准许证有效期不超过3个月。进口准许证、出口准许证实行“一证一关”制，证面内容不得修改。

八、美术品进出口管理

为了加强对美术品进出口检验活动、商业性美术展览活动的管理。文化部对美术品进出口经营活动进行审批管理，海关负责对美术品进出境环节进行监管。对美术品进出口实行专营、经营美术品进出口的企业必须是在商务部门备案登记，取得进出口资质的企业。

进出口美术作品时，进出口经营者应该向海关申报，应主动提交有效的进出口批准文件及其他有关单据。对于同一批已经批准进口或出口的美术品复出口或复进口，进出口单位可持原批准文件正本到原进口或出口口岸海关办理相关手续，文化行政部门不再重复审批。

九、音像制品进口管理

为了加强对音像制品进口的管理，促进国际文化交流，丰富人民群众的文化生活，我国颁布了《音像制品管理条例》、《音像制品进口管理办法》及其他有关规定，对音像制品实行进口许可管制。新闻出版总署设立音像制品内容审查委员会，负责审查进口音像制品的内容。音像制品应在进口前报新闻出版总署进行内容审查，审查批准取得“进口音像制品批准单”后方可进口。

音像制品成品进口业务由新闻出版总署指定的音像制品经营单位经营；未经新闻出版总署指定，任何单位或者个人不得从事音像制品成品进口业务。图书馆、音像资料馆、科研机构、学校等单位进口供研究、教学参考用的音像制品成品，应当委托新闻出版总署指定的音像制品成品进口经营单位办理有关进口审批手续。

（一）办理程序

（1）进口音像制品实行许可管理制度，应在进口前报新闻出版总署进行内容审查。

（2）进口单位不得擅自更改报送新闻出版总署进行内容审查样片原有的名称和内容。

（3）新闻出版总署自受理进口音像制品申请之日起30日内作出批准或者不批准的决定。批准的，发给“进口音像制品批准单”；不批准的，应当说明理由。

（4）图书馆、音像资料馆、科研机构、学校等单位进口供研究、教学参考的音像制品成品，应当委托新闻出版总署批准的音像制品成品进口经营单位办理进口审批手续。

（二）报关规范

（1）向海关申报进口音像制品，报关单位应主动向海关提交有效的“进口音像制品批准单”及其他有关单据。

（2）“进口音像制品批准单”内容不得更改，如需修改，应重新办理。“进口音像制品批准单”一次报关使用有效，不得累计使用。其中，属于音像制品成品的，批准单当年有效；属于用于出版的音像制品的，批准单有效期限为1年。

（3）在经批准进口出版的音像制品版权授权期限内，音像制品进口经营单位不得进口该音像制品成品。

（4）随机器设备同时进口以及进口后随机器设备复出口的记录操作系统、设备说明、专用软件等内容的音像制品，无须申领“进口音像制品批准单”，海关凭进口单位提供的合同、发票等有效单证验放。

十、其他货物进出口管理

（一）黄金及其制品进出口管理

进出口黄金管理是指中国人民银行、商务部依据《中华人民共和国金银管理条例》等有关规定，对进出口黄金及其制品实施监督管理的行政行为。

实施进出口管理的黄金，包括黄金条、块、锭、粉，黄金铸币，黄金制品，黄金及合金制品，含黄金化工产品，含黄金废渣、废液、废料，包括制品，镶嵌金制品等。

1. 黄金产品出口准许证

“黄金产品出口准许证”是我国进出口许可管理制度中具有法律效力，用来证明对外贸易经营者经营黄金及其制品合法出口的证明文件，是海关验放该类货物的重要依据。

出口黄金及其制品，出口企业应事先向中国人民银行申领“黄金产品出口准许证”（加工贸易除外）。报关时，应主动向海关提交有效的“黄金产品出口准许证”。

2. 中国人民银行授权书

“中国人民银行授权书”是我国进出口许可管理制度中具有法律效力，用来证明对外贸易经营者经营黄金及其制品合法进口的证明文件，是海关验放该类货物的重要依据。

进口黄金及其制品，进口企业应事先向中国人民银行申领批件，即“中国人民银行授权书”（加工贸易除外）。报关时，应主动向海关提交有效的中国人民银行授权书。该授权书当年有效，跨年度作废。

（二）有毒化学品管理

国家环境保护部是有毒化学品管理的主管部门。

环境保护部在审批有毒化学品进出口申请时，符合规定准予进出口的，签发“有毒化学品环境管理放行通知单”。经营单位凭此单向海关办理进出口报关手续。

（三）农药进出口管理

由农业部会同海关总署制定《农药名录》，进出口列入上述目录的农药，应事先向农业部农药检定所申领“农药进出口登记管理放行通知单”，凭以向海关办理进出口报关手续。进出口农药登记证明，实行“一批一证”制。

（四）兽药进口管理

进口兽药实行目录管理，《进口兽药管理目录》由农业部会同海关总署制定、调整并公布。列入目录内的兽药，应向进口口岸所在地省级人民政府兽医行政管理部门申请办理"进口兽药通关单"，凭此向海关办理报关手续。进口兽药通关单实行"一单一关"制，在30日有效期内只能一次性使用。

教学互动

1. 多选题：下列废物中，属于我国《固体废物污染环境防治法》管理范围的有（　　）。

A. 城市生活垃圾　　B. 工业固体废物

C. 液态废物　　D. 置于容器中的气态废物

2. 判断题：我国固体废物管理范围中不包括液态废物。（　　）

能力训练

一、单选题

1. 我国出入境检验检疫的主管部门是（　　）。

A. 国家质量监督检验检疫总局　　B. 海关

C. 工商局　　D. 税务局

2. 对于限制出口货物管理，国家规定有数量限制的出口货物，实行（　　）。

A. 许可证件管理　　B. 配额管理　　C. 自动出口管理　　D. 禁止出口管理

3. 保障措施是对外贸易救济措施的一种方式，其实施期限最长不得超过（　　）。

A. 200天　　B. 4个月　　C. 4年　　D. 10年

4. 进口许可证有效期为（　　），特殊情况需要跨年度使用的，有效期最长不得超过次年（　　）。

A. 1年；3月31日　　B. 6个月；2月底

C. 3个月；1月31日　　D. 9个月；3月31日

5. 出口许可证有效期为（　　），特殊情况需要跨年度使用的，有效期最长不得超过（　　）。

A. 1年；当年12月31日　　B. 6个月；次年2月底

C. 1年；3月31日　　D. 6个月；当年12月31日

6. 进口许可证和出口许可证如实行"非一批一证"，应在许可证的备注栏打印"非一批一证"字样，有效期内多次使用，但最多不超过（　　）。

A. 6次　　B. 8次　　C. 10次　　D. 12次

7. 自动进口许可证有效期为（　　）。原则上实行"一批一证"管理，对"非一批一证"管理，在有效期内，可以分批次累计报关使用，但累计使用不得超过（　　）。

A. 1年；12次　　B. 6个月；6次　　C. 6个月；12次　　D. 9个月；6次

8. 无论以何种方式进口列入《进出口野生动植物商品目录》属于我国自主规定管理的野生动植物及其产品，均须事先申领（　　）。

A. 公约证明　　B. 非公约证明　　C. 非物种证明　　D. 进口许可证

9. 向海关申报出口列入《法检目录》属出境管理的商品，报关单位应主动向海关提交有效的（　　）及有关单据。

A. 进境货物通关单　　B. 出境货物通关单

C. 出口许可证　　D. 进口许可证

10.（　　）负责全国音像制品的进口管理，省、自治区、直辖市人民政府音像制品行政管理部门负责管理本行政区域内的音像制品进口工作。

A. 商务部　　B. 中宣部

C. 出入境检验检疫局　　D. 新闻出版总署

11. 下列进口的废物中，可以申请转关运输的是（　　）。

A. 木制品废料　　B. 废纸

C. 废电机、电器产品　　D. 旧服装

12. 下列进出口许可证中实行“非一批一证”管理的是（　　）。

A. 濒危野生动植物国际贸易公约允许进出口证明书

B. 精神药品进口准许证

C. 两用物项和技术出口许可证

D. 进口废物批准证书

二、多选题

1. 下列属于对外贸易管制目的的是（　　）。

A. 保护本国经济利益　　B. 推行本国的外交政策

C. 实现其国家职能　　D. 发展本国经济

2. 下列属于国家禁止出口的是（　　）。

A. 犀牛角、虎骨、麝香　　B. 硅砂、石英砂

C. 劳改产品、木炭　　D. 商业性出口的红豆杉

3. 下列属于国家禁止进口的是（　　）。

A. 四氯化碳　　B. 犀牛角、虎骨　　C. 氯酸钾、硝酸铵　　D. 旧衣服

4. 目前，我国限制进口货物管理按照其限制方式划分为（　　）。

A. 许可证件管理　　B. 关税配额管理

C. 绝对配额管理　　D. 货物自动进口许可管理

5. 我国出入境检验检疫制度内容包括（　　）。

A. 进出口商品检验制度　　B. 进出境动植物检疫制度

C. 国境卫生检疫制度　　D. 法定检验商品

6. 2012 年实行进口许可证管理的货物是（　　）。

A. 监控化学品　　B. 易制毒化学品

C. 消耗臭氧层物质　　D. 重点旧机电产品

7. 2012 年，我国进出口许可证的发证机构是（　　）。

A. 商务部配额许可证事务局

B. 商务部驻各地特派员办事处

C. 各省级商务厅（局）、外经贸委（厅、局）

D. 商务部授权的省会城市商务厅（局）、外经贸委（厅、局）

8. 对于未列入（　　）内的固体废物禁止进口。

A.《限制进口类可用作原料的废物目录》

B.《废物进口环境保护管理暂行规定》

C.《自动进口许可管理类可用作原料的废物目录》

D.《中华人民共和国废物污染环境防治法》

9. 下列选项实行"非一批一证"的是（　　）。

A. 两用物项和技术进口许可证　　B. 两用物项和技术出口许可证

C. 非公约证明　　D. 废物进口许可证

10. 2012 年实行出口配额许可证管理的农产品有（　　）。

A. 小麦、大米、玉米　　B. 棉花

C. 食糖　　D. 羊毛、毛条

11. 入境货物通关单适用于（　　）。

A. 列入《法检目录》的商品　　B. 进口可用作原料的废物

C. 进口旧机电产品　　D. 进口捐赠的医疗器械

三、判断题

1. 我国对于旧衣服采取的管理是限制进口。（　　）

2. 限制进出口技术实行目录管理，对于目录范围内的限制进出口技术，实行许可证管理，未经国家许可，不得进出口。（　　）

3. 关税配额管理是一种相对数量的限制。（　　）

4. 国家规定有数量限制的出口货物，实行许可证件管理。（　　）

5. 自动进口许可管理是在任何情况下对进口申请一律予以批准的进口许可制度。（　　）

6. 自动进口许可证管理，有效期为 1 年，特殊情况需要跨年度使用的，有效期最长不得超过次年 3 月 31 日。（　　）

7. 进出口许可证的签发统一由海关总署负责，实行分级管理。（　　）

8. 进口废物不能转关（废纸除外），只能在口岸海关办理申报进境手续。（　　）

9. 目前，我国限制进口货物管理按照其限制方式划分为许可证件管理和关税配额管理，其中关税配额管理是指在一定时期内，国家对部分商品的进口指定关税配额税率并规定该商品进口数量总额，在限额内经国家批准后允许按照关税配额税率征税进口，如超出限额则以国家主管部门签发许可证件方式来实现限制进口。（　　）

10. 非物种证明按时效分为"当年使用"和"一次性使用"。（　　）

11. 进出口《黄金及其制品进出口管理目录》中的货物，海关凭中国银行或其授权的中国银行分支机构签发的"黄金及其制品进出口准许证"办理验放手续。（　　）

12. 国家环境保护总局在审批有毒化学品进出口申请时，对符合规定准予进出口的，签发"化学品进口环境管理登记证"。（　　）

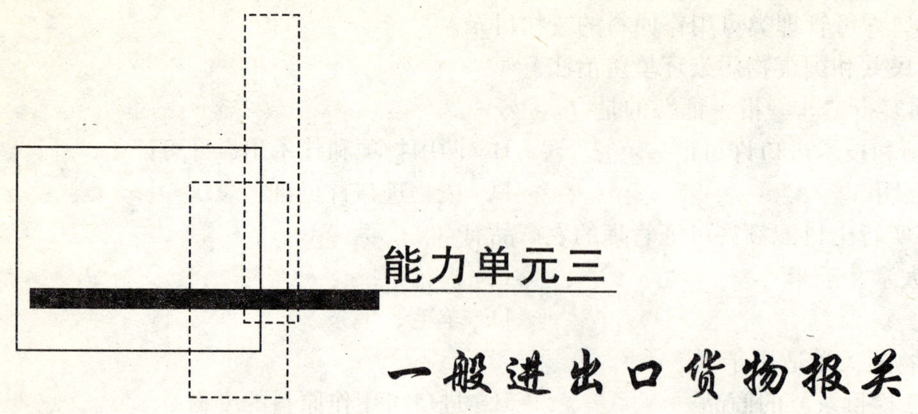

能力单元三

一般进出口货物报关

学习目标

掌握一般进出口货物的特征、范围、报关程序、报关期限和单证；学会根据发票、装箱单和提单等单据资料填写进出口报关单，办理报关事宜。

引导案例

2007年1月，某厂通过外贸公司向×国A商人订购了100吨卷钢、50吨PVC粒子、10吨盐酸，并委托B货运报关公司办理报关手续。卷钢进口后，经检验只到货96吨，而且其中有7吨与合同规定的质量不符。与A商人协商后，A商人答应退还11吨卷钢的货款，并没有要求退运7吨质量不符的卷钢。

作为B公司的报关员，应当办理哪些海关手续？（注：国家临时决定×国产的PVC粒子不准进口）。

能力一　认识一般进出口货物报关

一、报关程序概述

报关程序是指进出口货物收发货人、运输工具负责人、物品所有人或其代理人按照海关的规定，办理货物、物品、运输工具进出境及相关海关事务的手续和步骤。

在我国，不同的海关监管货物有不同的报关程序。比如，加工贸易原材料进口，海关要求事先备案，因此不能通过再申报和审单这一环节完成上述工作，必须有一个前期办理手续的阶段；而且上述原材料加工成成品出口，在放行和装运货物离境的环节也不能完成所有的海关手续，必须有一个后期办理核销结案的阶段。因此，从海关对进出境货物进行监管的全过程来看，报关程序按时间先后可以分为 3 个阶段：前期阶段、进出境阶段、后续阶段。如表 3—1 所示。

表 3—1　　进出口货物报关程序

<table>
<tr><th>报关程序
货物类别</th><th>前期阶段
（货物在进境前办理）</th><th>进出境阶段（货物在进出境时办理的 4 个环节）</th><th>后续阶段（进出关境后需要办理才能结关）</th></tr>
<tr><td>一般进出口货物</td><td>不需要办理</td><td rowspan="5">申报（海关审单）
↓
配合查验（查验）
↓
缴纳税费（征税）
↓
提取、装运货物（放行）</td><td>不需要办理</td></tr>
<tr><td>保税进出口货物</td><td>备案、申请登记手册</td><td>办理申请核销手续</td></tr>
<tr><td>特定减免税货物</td><td>特定减免税申请和申领免税证明</td><td>办理解除海关监管手续</td></tr>
<tr><td>暂准进出境货物</td><td>展览品备案申请</td><td>办理销案手续</td></tr>
<tr><td>其他进出境货物</td><td>出料加工货物的备案
加工贸易不作价设备备案等</td><td>办理销案手续</td></tr>
</table>

从中我们可以看出，一般进出口货物只需要在进出境阶段办理进出口申报、配合海关查验、缴纳税费和提取或装运货物，就完结所有通关程序，海关不再监管，即结关。

二、一般进出口货物概述

（一）一般进出口货物的含义

如前所述，一般进出口货物是指在货物进出境环节缴纳了应征的进出口税费，并办结所有必要的海关手续，海关放行后不再进行监管的进出口货物。

这里的“一般进出口货物”是指按照海关一般进出口监管制度监管的进出口货物，相对于保税货物、暂准进出境货物、特定减免税货物而言。其交易方式与作为国际贸易中交易方式之一的“一般贸易”是不同的。一般贸易是指中国境内有进出口经营权的企业单边进口或单边出口的贸易，按一般贸易方式进出口的货物即为一般贸易货物。一般贸易货物范畴更广，它可以是一般进出口的货物，也可以是特定减免税货物，还可以是保税货物。一般贸易货物在进口时如果按一般进出口监管制度办理海关手续，这时它就是一般进出口货物；符合条件可以享受特定减免税优惠的，如果按特定减免税监管制度办理海关手续，它就是特定减免税货物；也可以经海关批准保税，按保税监管制度办理海关手续，这时它就是保税货物。

思考

一般进出口货物与一般贸易货物有何差异？

（二）一般进出口货物的特征

（1）在进出境时缴纳进出口税费。一般进出口货物的收发货人应当按照《海关法》和其他有关法律、行政法规的规定，在货物进出境时向海关缴纳应当缴纳的税费。

（2）进出口时提交相关的许可证件。货物进出口应受到国家法律、行政法规管制的，进出口货物收发货人或其代理人应当向海关提交相关的进出口许可证件。

(3) 海关放行即办理结关手续。海关征收了全额的税费，审核了相关的进出口许可证件，并对货物进行实际查验（或做出了不予查验的决定）以后，按规定签章放行。这时，进出口货物收发货人或其代理人才能办理提取进口货物或者装运出口货物的手续。对一般进出口货物来说，海关放行就意味着海关手续已经全部办结，海关不再监管，可以直接进入生产和消费领域流通。

(三) 一般进出口货物的范围

实际进出口的货物（进、出境后不再复运出境、复运进境的货物），除特定减免税货物外，都属于一般进出口货物的范围。

三、一般进出口货物的报关程序

上文我们已经介绍了一般进出口货物报关的程序，一般进出口货物报关不需要经过前期阶段、后续阶段，只需要经过进出境阶段，包括四个环节：进出口申报、配合查验、缴纳税费、提取或装运货物。

(一) 进出口申报

1. 进出口申报概述

(1) 申报的含义。申报是指报关单位在规定的期限、地点，采用电子数据报关单和纸质报关单形式，向海关报告实际进出口货物的情况，并接受海关审核的行为。

(2) 申报的地点。进口货物应当由收货人或其代理人在货物的进境地向海关申报；出口货物应当由发货人或其代理人在货物的出境地向海关申报。

由于进出口货物的批量、性质、内在包装或其他一些原因，经收发货人或其代理人申请，海关同意，进口货物也可以在设有海关的指运地、出口货物也可以在设有海关的起运地向海关申报。

保税货物、特定减免税货物、暂准进境货物，因故改变使用目的从而改变货物的性质为一般进口货物时，向货物所在地主管海关申报。

以电缆、管道及其他特殊方式输送进出境的货物，输送线路长，往往需要跨越几个海关甚至几个省份；输送方式特殊，一般不会流失；有固定的计量工具，如电表、油表等，由上一级海关的综合管理部门协商指定其中一个海关管理，经营单位或其代理人直接与这一海关联系报关即可。

思考

北京的A公司，要从天津口岸出口一批货物。经过申请人的申请，海关同意后，这批货物可以在起运地北京申报，并且在北京办理完整个出口海关手续后，运到天津，由天津海关监管出口。天津就属于出境地，北京是起运地。

这个做法可行吗？

(3) 申报的期限。

根据《海关法》的有关规定，进口货物的报关期限为自装载货物运输工具申报进境之日起14天内（期限的最后一天是法定节假日或星期日的，顺延到节假日或星期日后的第一个工作日）。超期 3 个月仍然未向海关申报的，由海关变卖处理。不宜长期保存的货物，根据实际情况随时处理。

《海关法》同时规定，出口货物的发货人除海关特准外，应当在装货的 24 小时以前向海关申报。

经电缆、管道或其他特殊方式进出境的货物，进出口货物收发货人或其代理人按照海关规定定期申报。

（4）申报日期。

申报日期是指申报数据被海关接受的日期。无论以电子数据报关单方式申报，还是以纸质报关单申报，海关接受申报数据的日期即为申报日期。

进出口货物收发货人或其代理人的申报数据自被海关接受之日起，其申报数据就产生法律效力，即进出口货物收发货人或其代理人应当向海关承担“如实申报”、“如期申报”等法律责任。因此，海关接受申报数据的日期非常重要。

采用先电子数据报关单申报，后提交纸质报关单，或仅以电子数据报关单方式申报的，申报日期为海关计算机系统接受申报数据时记录的日期。电子数据报关单经过海关计算机检查被退回的，视为海关不接受申报，报关单位应当按照要求修改后重新申报，申报日期为海关接受重新申报的日期。海关接受申报的电子数据，送人工审核后，需要对部分内容进行修改的，进出口货物收发货人或其代理人应当按照海关规定进行修改并重新发送，申报日期仍为海关原接受申报的日期。

先纸质报关单申报，后补报电子数据，或只提供纸质报关单申报的，海关工作人员在报关单上做登记处理的日期为海关接受申报的日期。

（5）滞报金。

进口货物的收货人或其代理人超过 14 天期限未向海关申报的，由海关征收滞报金。进口货物滞报金期限的起算日期为运输工具申报进境之日起第 15 日；截止日为海关接受申报的日期。

进出口货物收发货人申报并经海关审核，必须撤销原电子数据报关单重新申报产生滞报的，滞报金的征收，以撤销原电子数据报关单之日起 15 日为起始日，以海关重新接受申报之日为截止日。

进口货物自运输工具申报进境之日起超过 3 个月还没有向海关申报的，货物由海关提取并依法变卖处理。如果属于不宜长期保持的，海关可根据实际情况提前处理，变卖后所得价款在扣除运输、装卸、储存等费用和税费后尚有余款的，自货物变卖之日起 1 年内，经收发货人申请，予以发还，逾期无人申领，上缴国库。

滞报金的日征收金额为进口货物到岸价格的 0.5‰。以人民币元为单位，不足 1 元的部分免征。

征收滞报金的计算公式为：

滞报金金额＝进口货物完税价格×0.5‰×滞报天数

滞报金的起征点为人民币 50 元。

2. 申报步骤

（1）准备申报单证。

在接到进口提货通知或出口备齐货物后，进出口货物收发货人或其代理人需要准备申报单证。准备申报单证是报关员开始进行申报工作的第一步，在整个报关工作中起到了很重要的作用。

申报单证可以分为报关单（证）和随附单证两大类，其中随附单证包括基本单证和特殊单证。

报关单（证）是由报关员按照海关规定格式填制的申报单，包括进出口货物报关单和带有进出口货物报关性质的单证，如保税区、出口加工区进出境备案清单，ATA单证册，过境货物报关单，转关运输申报单，快件报关单等。任何货物的申报，都必须有报关单（证）。报关单填制必须真实、准确、完整。

基本单证是指进出口货物的货运单据和商业单据，主要有进口提货单据、出口装货单据、商业发票、装箱单等。一般来说，任何货物的申报，都必须有基本单证。

特殊单证主要是指进出口许可证件、加工贸易登记手册（包括纸质手册、电子手册和电子账册）、征免税证明、作为有些货物进出境证明的原进出口货物报关单证、出口收汇核销单、原产地证明书、贸易合同（如租赁贸易货物进口申报，必须有租赁合同）等。特殊单证必须齐全、有效、合法。

报关单（证）与随附单证数据必须一致。

（2）申报前看货取样。

由于进口货物通常要等到货物到港后才能查看，所以收货人为了准确确定进口货物的品名、规格、型号，了解货物的状况，便于正确申报，可以向海关提出查看货物或者提取货样的书面申请，海关审核同意的，派员到现场监督，查看货物或提取货样，海关开具取样记录和取样清单。取样后，到场监督的海关人员与进口货物的收货人在取样记录和取样清单上签字确认。

涉及动植物及其产品和其他依法须提供检疫证明的货物，如需提取货样，应当按照国家的有关法律规定，事先取得主管部门签发的书面批准证明。

（3）申报。

所谓申报，也可理解为狭义上的报关，是指货物、运输工具和物品的所有人或其代理人在货物、运输工具、物品进出境时，向海关呈送规定的单证并申请查验、放行的手续。根据《海关法》的规定，报关企业向海关申报时应采用电子数据报关单形式和纸质报关单形式。目前，随着技术的不断发展和更新，主要以电子数据报关单形式向海关申报，在尚未使用海关信息化管理系统作业的海关申报时，报关企业可以采用纸质报关单申报形式。

1）电子数据申报。

进出口货物收发货人或其代理人可以选择终端申报方式、委托EDI方式、自行EDI方式、网上申报方式4种电子方式中的一种，将报关单内容录入海关电子计算机系统，生成电子数据报关单。

进出口货物收发货人或其代理人在委托录入或自行录入报关单数据的计算机上接收到海关发送的“接受申报”的报文和“现场交单”或“放行交单”通知，表示申报成功；接收到海关发送的不接受申报信息后，则应根据报文提示的问题进行修改，并重新申报。

2）提交纸质报关单及随附单证。

海关审结电子数据报关单后，进出口货物收发货人或其代理人应当自接到海关“现场交单”或“放行交单”信息之日起10日内，持打印的纸质报关单及随附单证并签名盖章，到货物所在地海关提交书面单证并办理相关海关手续。

海关审单的主要任务有以下几项：

A. 确认报关企业及报关员是否具备报关资格，有关证件是否合法有效；

B. 报关时限是否符合海关规定，是否需征收滞报金；

C. 货物的进出口是否合法，即是否符合国家有关对外贸易法律、法规的规定；

D. 报关单证填制是否完整、准确，单证是否相符、齐全、有效；

E. 在《加工贸易登记手册》上核对并登记加工贸易合同的进出口数据；

F. 确定进出口货物的征、免税性质。

3）修改申报内容或撤销申报。

海关接受进出口货物申报后，电子数据和纸质的进出口货物报关单不得修改或者撤销；确有正当理由，经海关批准，可以修改或撤销。

进出口货物收发货人或其代理人确有如下理由的，可以向原接受申报的海关申请修改或者撤销进出口货物报关单：

A. 报关人员操作或书写失误造成申报差错，但未发现有走私违规或者其他违法嫌疑的；

B. 出口货物放行后，由于装配、装运等原因造成原申报货物全部或部分退关；

C. 进出口货物在装载、运输、存储过程中因溢短装、不可抗力的灭失、短损等原因造成原申报数据与实际货物不符的；

D. 根据国际惯例先行采用暂时价格成交、实际结算时按商检品质认定或国际市场实际价格付款方式需要修改原申报单据的；

E. 由于计算机、网络系统等方面的原因导致电子数据申报错误的；

F. 其他特殊情况经海关核准同意的。

海关已经决定布控、查验的进出口货物，以及涉案的进出口货物的报关单在“办结”前不得修改或撤销。

收发货人或其代理人要求修改或者撤销报关单的，应当提交“进出口货物报关单修改/撤销申请表”（见表3—2），并提交以下单证：

A. 可以证明货物实际情况的合同、发票、装箱单；

B. 外汇管理、国税、检验检疫、银行等有关部门出具的单证；

C. 应税货物的“海关专用缴款书”，用于办理收付汇和出口退税的进出口货物报关单证明联等海关出具的相关单证。

表3—2　　进出口货物报关单修改/撤销申请表

编号：××海关〔××××年〕　　××××号

报关单编号		报关单类别	□进口　□出口
经营单位名称		申请事项	□修改　□撤销
报关单位名称			

<table>
<tr><td colspan="4">修改/撤销内容</td></tr>
<tr><td colspan="2">报关单数据项（进口/出口）</td><td>原填报内容</td><td>应当填报内容</td></tr>
<tr><td rowspan="8">需按审查程序办理的项目</td><td>商品编号</td><td></td><td></td></tr>
<tr><td>商品名称及规格型号</td><td></td><td></td></tr>
<tr><td>币　　制</td><td></td><td></td></tr>
<tr><td>单　　价</td><td></td><td></td></tr>
<tr><td>总　　价</td><td></td><td></td></tr>
<tr><td>原产国（地区）/最终目的国（地区）</td><td></td><td></td></tr>
<tr><td>贸易方式（监管方式）</td><td></td><td></td></tr>
<tr><td>成交方式</td><td></td><td></td></tr>
<tr><td rowspan="4">其他项目</td><td></td><td></td><td></td></tr>
<tr><td></td><td></td><td></td></tr>
<tr><td></td><td></td><td></td></tr>
<tr><td></td><td></td><td></td></tr>
<tr><td colspan="4">修改或者撤销原因：

兹声明以上申请理由和申请内容无讹，随附证明资料真实有效，如有虚假，愿承担法律责任。
申请人签字：　　　　申请日期：　　　　申请单位（公章）：</td></tr>
<tr><td colspan="4">海关批注：
经审查，上述申请符合/不符合《中华人民共和国海关进出口货物报关单修改和撤销管理办法》第　条第　款的规定，我关同意/不同意修改/撤销。

海关印章：　　　　年　　月　　日</td></tr>
</table>

海关发现进出口货物报关单需要进行修改或者撤销的，海关通知进出口货物收发货人或其代理人。收发货人或其代理人应当提交“进出口货物报关单修改/撤销确认书”（见表3—3），对进出口货物报关单修改或者撤销的内容进行确认，确认后海关完成对进出口货物报关单的修改或者撤销。

表 3—3　　进出口货物报关单修改/撤销确认书

编号：××海关〔××××年〕××××号

<table>
<tr><td>报关单编号</td><td></td><td>申报日期</td><td></td></tr>
<tr><td>经营单位名称</td><td></td><td>报关单位名称</td><td></td></tr>
<tr><td>修改或撤销原因</td><td colspan="3"></td></tr>
<tr><td>原填报内容</td><td colspan="3"></td></tr>
<tr><td>修改内容</td><td colspan="3"></td></tr>
</table>

<table>
<tr><td>经营单位或报关单位确认：
同意××　海关对上述报关单内容进行修改/撤销。

报关员卡号：　　　　　　　　报关人员签名：

经营单位或报关单位：(公章)

日期：</td></tr>
<tr><td>现场海关受理部门批注：

经办关员：　　　　　　　　科长：
年　月　日</td></tr>
<tr><td>现场海关处理情况：

经办关员：　　　　　　　　科长：　　　　　　关长（主任）：
年　月　日</td></tr>
</table>

同时，因修改或者撤销进出口货物报关单导致需要变更、补办进出口许可证件的，进出口货物收发货人或其代理人应当向海关提交相应的进出口许可证件。

（二）配合查验

1. 海关查验

海关查验即验关，是指海关接受报关员的申报后，对进口或出口的货物进行实际的核对和检查，以确定货物的自然属性，货物的编码、数量、规格、金额以及原产地等是否与报关单所列一致。

海关通过查验，检查报关单位是否伪报、瞒报、申报不实，同时也为海关的征税、统计、后续管理提供可靠的资料。如某市外运公司申报进口制冷机，应归入税号 8415，但该税号有 2 个子目，子目 84158210 税率为 130％，子目 84158220 税率为 90％，所附单据看不出制冷机的制冷温度和容量。通过实际查验，确定该机应归入税号 84158220，按税率 90％计征关税，从而避免了进口厂商负担其不应负担的关税额。

2. 查验地点和时间

查验应当在海关监管区域内实施。

因货物易受温度、静电、粉尘等自然因素影响，不宜在海关监管区内实施查验，或者其他特殊原因，需要在海关监管区外查验的，经进出口货物收发货人或其代理人书面申请，海关可以派员到海关监管区域以外的地点进行查验，就地查验放行货物。但申请单位应按规定缴费，并提供往返交通工具、住宿等方便条件。

海关在接受进出口货物收发货人的申请后，一般会以书面通知的形式通知进出口货物收发货人或其代理人，约定查验的时间。查验时间一般安排在海关正常工作时间内，对于危险品或者鲜活易腐、易失效、易变质等不宜长期保持的货物，以及因其他特殊情况需要“紧急放行”的货物，经收发货人申请，海关可优先安排查验。

3. 查验方法

海关实施查验可以是彻底查验，也可以是抽查。彻底查验，是指对货物逐件开箱

（包）查验，对货物品种、规格、数量、重量、原产地状况等逐一与货物申报单具体核对。抽查，即按一定比例对货物有选择地开箱抽查，必须卸货，卸货程度和开箱（包）比例以能够确定货物的品名、规格、数量、重量等查验指标的要求为准。

查验操作可以分为人工查验和设备查验。

人工查验包括外形查验、开箱查验。外形查验是指对外部特征直观、易于判定基本属性的货物的包装、运输标志和商标等状况进行验核，如核对货名、规格、生成国别和收发货单位等标志是否与报关单相符，检查外包装是否有开拆、破损痕迹。外形查验只适用于大型机器、大宗原材料等不易搬运、移动的货物。开箱查验是指将货物从集装箱、货柜车箱等箱体中取出并拆除外包装后对货物实际状况进行验核。

设备查验是指利用技术检查设备对货物实际状况进行验核。如海关充分利用科技手段（如地磅和X光机等查验设施和设备）配合查验。

4. 复验

海关对已查验货物，发现有下列情况之一的，可以复验：

（1）经初次查验未能查明货物的真实属性，需要对已查验货物的某些性状作进一步确认；

（2）货物涉嫌走私违规，需要重新查验的；

（3）进出口货物收发货人对海关查验结论有异议，提出复验要求并经海关同意的；

（4）其他海关认为必要的情形。

已经参加过查验的人员不得参加对同一票货物的复验。

5. 径行开验

如果货物有违法嫌疑的，或通知查验的进出口货物收发货人届时没有到场的，海关可以在进出口货物收发货人或其代理人不在场的情况下，自行开拆货物进行查验。

海关行使“径行开验”的权利是，应当通知货物存放场所的管理人员、运输工具负责人到场协助，并由其在海关的查验记录上签字确认。

6. 报关员的配合查验

《海关法》规定，海关查验货物时，进出口货物收发货人或其代理人有配合海关查验的义务，其具体经办业务的报关员应到场做如下工作：

（1）负责搬运货物、开箱、封箱；

（2）回答提问，提供有关单证；

（3）协助海关提取需要作进一步检验、化验或鉴定的货样，收取海关开具的取样清单；

（4）确认查验结果，在《海关进出境货物查验记录单》上签字。

7. 货物损坏及赔偿

在实施查验过程中，由于海关关员的责任造成被查验货物损坏的，进出口货物收发货人或其代理人可以要求海关予以赔偿。

在下述情况下，海关对被查验货物造成的损失不予赔偿：

（1）搬运货物、开箱、封箱不慎造成损坏的；

（2）易腐、易失效货物在海关正常工作时间内变质失效的；

（3）正常磨损；

（4）在海关查验之前已经损坏的或海关查验之后发生的损坏；

（5）由于不可抗力的原因造成的货物损失等。

（三）缴纳税费

海关在审核报关单证和查验货物后，根据《中华人民共和国关税条例》和《中华人民共和国进出口税则条例》规定的税率，对实际货物征收进口或出口关税。

进出口货物收发货人或其代理人在限定的时间内（收到缴款书后 15 日内）持海关签发的缴税通知书和收费单据到指定银行或在网上进行电子支付，缴纳税费。

有关税费缴纳的具体内容将在本教材能力单元七中详细介绍。

（四）提取或装运货物

海关放行进出口货物是整个通关程序的最后一个环节。进出口货物收发货人或其代理人在办完向海关申报、接受查验、完税等手续以后，凭海关签印放行的货运单据去提取进口货物或装运出口货物。未经海关放行的海关监管货物，任何单位和个人不得提取或装运。

1. 海关放行和货物结关

海关放行是指海关接受进出口货物的申报，经过审核报关数据、检查货物、征收税费或接受担保以后，对进出口货物做出结束海关进出境现场监督决定，允许进出口货物离开海关监管现场的工作环节。

货物结关是进出境货物办结海关手续的简称。进出境货物由收发货人或其代理人向海关办理所有的海关手续，履行了法律规定的与进出口有关的一切义务，就办结了海关手续，海关不再进行监管。

海关放行有两种情况：一种情况是货物已经结关，对于一般进出口货物，放行时进出口货物收发货人或其代理人已经办理了所有海关手续，因此，放行表示解除海关监管，进境货物可以由收货人自由处置，出境货物可以由发货人装船出运。另一种情况是货物尚未结关，对于保税货物、特定减免税货物、暂准进出境货物、部分其他进出境货物，放行时进出境货物的收发货人或其代理人并未全部办完所有的海关手续，海关在一定期限内还需进行监管，只有在办理核销、结案或者补办进出口和纳税手续后，才能结关。所以该类货物的海关放行不等于结关。

思考

在哪种情况下，“海关放行”意味着“货物结关”？

2. 提取或装运货物

进口货物收货人或其代理人签收海关加盖“海关放行章”的进口提货凭证（提单、运单、提货单等），凭以到货物进境地的港区、机场、车站、邮局等地的海关监管仓库办理提取进口货物的手续。出口货物发货人或其代理人签收海关加盖“海关放行章”的出口装货凭证（运单、装货单、场站收据等），凭以到货物出境地的港区、机场、车站、邮局等地的海关监管仓库办理将货物装上运输工具离境的手续。

在实行“无纸通关”申报方式的海关，海关作出放行决定时，通过计算机将海关决定放行的信息发送给进出口货物收发货人或其代理人和海关监督货物保管人。进出口货物收发货人或其代理人自行打印放行的凭证，凭此提取或装运货物。

3. 申请签发证明联

进出口货物收发货人或其代理人，办理完提取进口货物或装运出口货物的手续以后，如需要海关签发有关的货物进口、出口证明联的，均可向海关提出申请。常见的证明主要有下列几种：

（1）进口付汇证明。对需要在银行或国家外汇管理部门办理进口付汇核销的进口货物，报关员应当向海关申请签发“进口货物报关单”付汇证明联。海关经审核，对符合条件的，即在“进口货物报关单”上签名、加盖海关验讫章，作为进口付汇证明联签发给报关员。同时，通过电子口岸执法系统向银行和国家外汇管理部门发送证明联电子数据。

（2）出口收汇证明。对需要在银行或国家外汇管理部门办理出口收汇核销的出口货物，报关员应当向海关申请签发“出口货物报关单”收汇证明联。海关经审核，对符合条件的，即在“出口货物报关单”上签名、加盖海关验讫章，作为出口收汇证明联签发给报关员。同时，通过电子口岸执法系统向银行和国家外汇管理部门发送证明联电子数据。

（3）出口收汇核销单。对需要办理出口收汇核销的出口货物，报关员应当在申报时向海关提交由国家外汇管理部门核发的“出口收汇核销单”。海关放行货物后，由海关工作人员在出口收汇核销单上签字、加盖海关验证章。出口货物发货人凭“出口报关单”、“收汇证明联”和“出口收汇核销单”办理出口收汇核销手续。

（4）出口退税证明联。对需要在国家税务机构办理出口退税的出口货物，报关员应当向海关申请签发“出口货物报关单”退税证明联。海关经审核，对符合条件的，予以签发并在证明联上签名、加盖海关验讫章，交给报关员。同时，通过电子口岸执法系统向国家税务机构发送证明联电子数据。

（5）进口货物证明联。对进口汽车、摩托车等，报关员应当向海关申请签发“进口货物证明书”，进口货物收货人凭以向国家交通管理部门办理汽车、摩托车的牌照申领手续。海关放行汽车、摩托车后，向报关员签发“进口货物证明书”。同时，将“进口货物证明书”上的内容通过计算机发送给海关总署，再传输给国家交通管理部门。

知识链接

电子报关概述

《海关法》规定：办理进出口货物的海关申报手续，应当采用纸质报关单和电子数据报关单的形式。这一规定确定了电子报关的法律地位，使电子数据报关单和纸质报关单具有同等的法律效力。

那么，什么是电子报关呢？它是指进出口货物收发货人或其代理人通过计算机系统，按照《中华人民共和国海关进出口货物报关单填制规范》的有关要求，向海关传送报关单电子数据，并备齐随附单证的申报方式。

在一般情况下，进出口货物收发货人或其代理人应当采用纸质报关单形式和电子数据报关单形式向海关申报，即进出口货物收发货人或其代理人先向海关计算机系统发送电子数据报关单，接收到海关计算机系统发送的“接受申报”电子报文后，凭以打印纸质报关单，附必需的其他单证，提交给海关。

特殊情况下经海关同意，允许先采用纸质报关单形式申报，电子数据事后补报。在尚未使用海关信息化管理系统作业的海关申报时，可以单独使用纸质报关单向海关申报；在特定条件下，进出口货物收发货人或其代理人可以单独使用电子数据报关单向海关申报，保存纸质报关单证。

我国海关已经在进出境货物通关作业中全面使用计算机进行信息化管理，成功地开发运用了多个电子通关系统。

1. 海关 H883/EDI 电子通关系统

H883/EDI 电子通关系统是我国海关报关自动化系统的简称，是我国海关利用计算机对进出口货物进行全面信息化管理，实现监管、征税、统计三大海关业务一体化管理的综合性信息利用项目。

2. 海关 H2000 电子通关系统

H2000 电子通关系统是对 H883/EDI 电子通关系统的全面更新换代项目。该通关系统在集中式数据库的基础上建立了全国统一的海关信息作业平台，不但提高了海关管理的整体效能，而且使进出口企业真正享受到了简化报关手续的便利。进出口企业可以在其办公场所办理加工贸易登记备案、特定减免税证明申领、进出境报关等各种海关手续。

3. 中国电子口岸系统

中国电子口岸系统又称口岸电子执法系统，简称电子口岸，是与进出口贸易管理有关的国家 12 个部委利用现代计算机信息技术，将各部委分别管理的进出口业务信息电子底账数据集中存放在公共数据中心，为政府管理机关提供跨部门、跨行业联网数据核查，为企业提供网上办理各种进出口业务的国家信息系统。

电子口岸和海关电子通关系统，尤其是和 H2000 电子通关系统连接起来，构成了覆盖全国的进出口贸易服务和管理的信息网络系统。进出口企业在其办公室就可以上网向海关申报，同时国家其他有关部委也能在网上对进出口贸易进行有效管理。

教学互动

1. 运载进口货物的运输工具 5 月 9 日申报进境，收货人 5 月 15 日向海关传送报关单电子数据，海关当天受理申报并发出现场交单通知。收货人于 5 月 27 日提交纸质报关单时，发现海关已于 5 月 26 日撤销电子数据报关单，遂于 5 月 30 日重新向海关申报，海关当天受理申报并发出现场交单通知，收货人 5 月 31 日提交纸质单证。如以上日期均不涉及法定节假日，滞报天数应为多少天？

2. 某公司按暂定价格申报进口完税价格为 270 000 元人民币的货物，滞报 3 天，支付滞报金后，完税价格调整为 300 000 元人民币，申请修改申报被海关接受。该公司应补交滞报金多少元？

能力二　填制一般进出口货物报关单

进出口货物报关单是报关单位按照《中华人民共和国海关进出口货物报关单填制规

范》的要求，对所申报货物的实际状况做出书面声明，凭此要求海关对其申报货物办理通关手续的法律文书。报关单位应该严格按照“单单相符、单证相符”的原则，依法如实填写报关单。

纸质报关单共有47个栏目，其中“税费征收情况”、“海关审单、批注及放行日期签字”栏目由海关负责填写外，其他均由报关单位根据外贸合同、发票、装箱单和提单等单证填写。

报关单中各栏目填写规范请参照本教材附录三的相关内容。

一般来说，报关从业人员可以根据业务背景、合同、发票、装箱单和提（运）单填制报关单相应的栏目。

一、根据业务背景填制的栏目

（一）备案号

本栏目填报进出口货物收发货人在海关办理加工贸易合同备案或征、减、免税备案审批等手续，海关核发的“中华人民共和国海关加工贸易手册”、电子账册及其分册（以下统称“加工贸易手册”），“进出口货物征免税证明”（以下简称“征免税证明”）或其他备案审批文件的编号。

“加工贸易手册”或“征免税证明”编号共12位。第1位为大写字母，第2～12位为数字。第1位字母是“B”的表示《来料加工登记手册》编号；第1位字母是“C”的表示《进料加工登记手册》编号；字母是“Z”的表示《征免税证明》编号。

一般进出口货物，此栏免于填报。

（二）贸易方式

贸易方式指以国际贸易中进出口的交易方式为基础，结合海关对进出口货物监督管理综合设定的，反映进出口货物的状态和海关对进出口货物的管理方式（也就是海关监管方式）。

本栏目应根据实际对外贸易情况，按海关规定的“监管方式代码表”选择填报相应的监管方式简称及代码。一份报关单只允许填报一种监管方式。

一般进出口货物，此栏填报为“一般贸易”或“0110”。

1. 一般贸易监管方式

（1）以正常交易方式成交的进出口货物。

（2）来料养殖、来料种植进出口货物。

（3）保税仓库进口供应中国籍国际航行运输工具使用的燃料、物料等保税货物。

（4）境内企业在境外投资，作为实物投资运出的设备、物资。

（5）外商投资企业进口供加工内销产品的料件。

（6）贷款援助的进出口货物。

（7）外商投资企业用国产原材料加工成品出口或采购产品出口。

（8）供应外籍船舶、飞机等运输工具在我国境内添加的国产燃料、物料及零配件。

（9）国有公益性收藏单位通过合法途径从境外购入的藏品。

2. 外商投资企业进口自用设备、物品

（1）投资总额内进口设备、物品。

中外合资、合作企业进口设备、物品，代码“2025”，简称“合资合作设备”；外商独资企业（以下简称外资企业）进口设备、物品，代码“2225”，简称“外资设备物品”。

(2) 投资总额外自有资金免税进口设备。

进口报关单监管方式应为“一般贸易”(0110),对应征免性质为“自有资金”(799)。

知识链接

外商投资企业进口自用设备、物品

外商投资企业作为投资进口的设备、物品,是指外商投资企业投资总额内的资金(包括中方投资)进口的机器设备、零部件和其他建厂(场)物料,安装、加固机器所需材料,以及进口本企业自用合理数量的交通工具、生产用车辆、办公用品(设备)。

鼓励类和限制类外商投资企业、外商投资研究中心、先进技术型和产品出口型外商投资企业,以及符合中西部利用外资优势产业和优势项目目录的项目,利用企业投资总额以外的自有资金,在原批准的生产经营范围内,对设备进行更新维修,进口国内不能生产或性能不能满足需要的自用设备及其配套的技术、配件、备件。

其他贸易方式见表 3—4。

表 3—4　贸易方式代码表(节选)

贸易方式代码	贸易方式简称	贸易方式代码全称
0255	来料深加工	来料深加工结转货物
0654	进料深加工	进料深加工结转货物
0845	来料边角料内销	来料加工项下边角料内销
0864	进料边角料内销	进料加工项下边角料内销
0245	来料料件内销	来料加工料件转内销
0644	进料料件内销	进料加工料件内销
0258	来料余料结转	来料加工余料结转
0657	进料余料结转	进料加工余料结转
0265	来料料件复出	来料加工复运出境的原进口料件
0664	进料料件复出	进料加工复运出境的原进口料件
4400	来料成品退换	来料加工成品退换
4600	进料成品退换	进料成品退换
3010	货样广告品 A	有经营权单位进出口的货样广告品
4561	退运货物	因质量不符、延误交货等原因退运进出境货物
0815	低值辅料	低值辅料
1300	修理物品	进出境修理物品
2700	展览品	进出境展览品

(三) 征免性质

征免性质是指海关根据《海关法》、《中华人民共和国进出口关税条例》(以下简称《关税条例》)及国家有关政策对进出口货物实施的征、减、免税管理的性质类别。

本栏目应根据海关合法的“征免税证明”中批注的征免性质填报,或根据实际情况按海关规定的“征免税性质代码表”选择填报相应的征免性质简称及代码。一份报关单只允许填报一种征免性质。

一般进出口货物，此栏填报“一般征税”或“101”。

(四) 用途（进口报关单）/生产厂家（出口报关单）

用途是指进口货物在境内的使用目的，本栏目应根据进口货物的实际用途按海关规定的“用途代码表”选择填报相应的用途代码。一般进口货物，此栏填报为“外贸自营内销”或“01”，或者“企业自用”或“04”。

出口货物填报生产厂家，指出口货物的境内生产企业的名称。

知识链接

外贸自营内销是指有外贸进出口经营权的企业，在其经营范围内以正常方式成交的进口货物。

企业自用是指进口供本单位（企业）自用的货物，如外商投资企业及特殊区域内的企业、事业和机关单位进口自用的机器设备等。

(五) 征免

征免是海关依照《海关法》、《关税条例》及其他法律、行政法规，对进出口货物进行征税、减税、免税或特案处理的实际操作方式。

同一份报关单上可以有不同的征减免税方式。

一般进出口货物，本栏目填报为“照章征税”或“1”。

本栏目应按照海关核发的“征免税证明”或有关政策规定，对报关单所列每项商品选择海关规定的“征免税方式代码表”（见表3—5）中相应的征免税方式填报。

表3—5 贸易方式、征免性质、用途及征免各栏目的逻辑关系

<table>
<tr><th>贸易方式</th><th>征免性质</th><th>用途</th><th>征免（代码）</th><th>备注</th></tr>
<tr><td rowspan="4">一般贸易</td><td>一般征税</td><td>外贸自营内销
其他内销
企业自用</td><td>照章征税（1）</td><td>企业自用为三资企业进口自用物品</td></tr>
<tr><td>鼓励项目</td><td rowspan="3">企业自用</td><td rowspan="3">全免（3）</td><td rowspan="3">国有企业用征免税表进口设备物品</td></tr>
<tr><td>科教用品</td></tr>
<tr><td>重大项目</td></tr>
<tr><td>来料加工</td><td>来料加工</td><td>加工返销</td><td>全免（3）</td><td></td></tr>
<tr><td>进料加工</td><td>进料加工</td><td>加工返销</td><td>全免（3）</td><td></td></tr>
<tr><td>低值辅料</td><td>进料加工</td><td>加工返销</td><td>全免（3）</td><td>客户需提供辅料申请表</td></tr>
<tr><td rowspan="2">合资合作设备</td><td>中外合作
中外合资
鼓励项目</td><td rowspan="2">企业自用</td><td>全免（3）</td><td>在投资免税额度以内</td></tr>
<tr><td>一般征税</td><td>照章征税（1）</td><td>在投资免税额度以内</td></tr>
<tr><td rowspan="2">外资设备物品</td><td>外资企业
鼓励项目</td><td rowspan="2">企业自用</td><td>全免（3）</td><td>在投资免税额度以内</td></tr>
<tr><td>一般征税</td><td>照章征税（1）</td><td>在投资免税额度以内</td></tr>
</table>

（六）申报日期

申报日期指海关接受进出口货物收发货人或其代理人申报数据的日期。以电子数据报关单方式申报的，申报日期为海关计算机系统接受申报数据时记录的日期。以纸质报关单方式申报的，申报日期为海关接受纸质报关单并对报关单进行登记处理的日期。

申报日期为8位数字，顺序为年（4位）、月（2位）、日（2位）。本栏目在申报时免于填报。

二、根据合同填制的栏目

（一）收（发）货单位

收货单位填报已知的进口货物在境内的最终消费、使用单位的名称，包括自行从境外进口货物的单位和委托进出口企业进口货物的单位。如北京新潮服装厂（××××××××××）委托北京某进出口公司进口一批服装面料，收货单位填写为“北京新潮服装厂××××××××××”。

发货单位填报出口货物在境内的生产或销售单位的名称，包括自行出口货物的单位和委托进出口企业出口货物的单位。如北京新奇服装公司（××××××××××）委托北京某进出口公司出口一批西装，发货单位填报“北京新奇服装公司”。

通常情况下是与经营单位签订代理进口协议（俗称“内贸合同”）的委托方或加工贸易手册加工单位。无委托关系的收发货单位与经营单位相同。

对于海关注册编码或加工企业编码的收发货单位，本栏目填报其中文名称及编码；没有编码的填报中文名称。加工贸易报关单的收发货单位应与加工贸易手册的货主单位一致。减免税货物报关单的收发货单位应与征免税证明的申请单位一致。

（二）境内目的地/境内货源地

境内目的地填报已知的进口货物在国内的消费、使用地或最终运抵地，其中最终运抵地为最终使用单位所在的地区。如位于广州高新技术产业开发区的某公司进口一批货物，故“境内目的地”栏填“广州高新技术产业开发区”。

境内货源地填报出口货物在国内的产地或原始发货地。

一般可根据收（发）货单位地址确定，加工贸易可根据加工贸易手册中的单位地址确定。无法预知的，根据货物已知的收货单位所在地和最早发运该出口货物的单位所在地来确定。

本栏目按海关规定的“国内地区代码表”选择填报相应的国内地区名称及代码，代码的含义与经营单位代码前5位定义相同。

（三）许可证号

许可证号是指由商务部及其授权发证机关签发给进出口货物收发货人准许货物进出境的许可证编号，因此本栏目填报以下许可证的编号：进出口许可证、两用物项和技术进出口许可证、纺织品临时出口许可证、出口许可证（加工贸易）、出口许可证（边境小额贸易）。在许可证右上角呈“××—××—××××××”字样的号码即为许可证号。

一份报关单只允许填报一个许可证号。

（四）批准文号

批准文号是指由国家外汇管理部门签发的进出口货物外汇核销单的编号。

进口报关单中本栏目免于填报。出口报关单中本栏目填报出口收汇核销单编号。

一份报关单只允许填报一个核销单号。

(五) 随附单据

本栏目填写海关规定的“监管证件名称及代码表”(见表 3—6) 中除进出口许可证外的其他监管证件代码及号码，格式为：监管证件代码＋“：”＋监管证件号码。所申报货物涉及多个监管证件的，一个监管证件代码和编号填在“随附单据”栏，其余监管证件代码和编号要填报在“标记唛码及备注”栏。

如广州某水产品有限公司向香港出口鲜虾仁一批，该货物属于法定检验商品(出境货物通关单代码为 B)，随附单据栏填写为“B：××××××××××××(出境货物通关单编号)”。

表 3—6 **监管证件代码表**

代码	监管证件名称	代码	监管证件名称
1	进口许可证	E	濒危物种允许出口证明书
4	出口许可证	F	濒危物种允许进口证明书
5	纺织品临时出口许可证	O	自动进口许可证(新旧机电产品)
7	自动进口许可证	P	固体废物进口许可证
A	入境货物通关单	Y	原产地证明
B	出境货物通关单	v	自动进口许可证(加工贸易)

(六) 标记唛码及备注

本栏目填报要求如下：

(1) 填报标记唛码中除图形以外的文字、数字。

(2) 填报受外商投资企业委托代理其进口投资设备、物品的进出口企业名称。

(3) 备注是指填报报关单时需要备注的事项，包括关联备案号、关联报关单号，以及其他需要补充或特别说明的事项。

(七) 合同协议号

本栏目填报进出口合同(包括协议或订单)编号。填报依据是发票、进出口贸易合同上显示在“CONTRACT NO.”或“ORDER NO.”等后面的全部字头和号码。

(八) 项号

项号是指申报货物在报关单中的商品排列序号及该项商品在加工贸易手册、征免税证明等备案单证中的顺序编号。

每种商品的“项号”栏可分为上下两行填写，上一行填写报关单中的商品排列序号，序号为“01”～“05”；下一行专用于填写加工贸易手册、征免税证明和实行原产地证书联网管理的原产地证书中的商品项号。

【例 1】某企业进料加工一批服装，申报时第一项为布料，加工贸易手册第 7 项，项号栏填写为：

01

07

(九) 商品编号

商品编号是指由进出口货物的税则号及符合海关监管要求的附加编号组成的 10 位数

编号。

(十) 商品名称、规格型号

本栏目分两行填报及打印。第一行填报进出口货物规范的中文商品名称，第二行填报规格型号。

具体填报要求如下：

(1) 商品名称及规格型号应据实填报，并与进出口货物收发货人或受委托的报关企业所提交的合同、发票等相关单证相符。

(2) 商品名称应当规范，规格型号应当足够详细，以能满足海关归类、审价及许可证件管理要求为准，可参照《中华人民共和国海关进出口商品规范申报目录》中对商品名称、规格型号的要求进行填报。

(3) 对需要海关签发"货物进口证明书"的车辆，商品名称栏应填报"车辆品牌＋排气量（注明 cc）＋车型(如越野车、小轿车等)"。进口汽车底盘不填报排气量。车辆品牌应按照"进口机动车辆制造厂名称和车辆品牌中英文对照表"中"签注名称"一栏的要求填报。规格型号栏可填报"汽油型"等。

三、根据发票填制的栏目

(一) 经营单位

经营单位是指对外签订并执行进出口贸易合同的中国境内法人、其他组织或个人。本栏目填报单位名称和 10 位数海关注册编码，主要参考进口发票上的抬头人，如"CONSIGNEE"等，或出口发票签发的企业，也可以参考买卖合同。

经营单位编码的结构如下：

(1) 第一至第四位数为进出口单位属地的行政区划代码，其中第一、二位数表示省、自治区、直辖市；第三、四位数表示省辖市（地区、省直辖行政单位）。如第三、四位用"90"的，则表示未列名的省直辖行政单位。

(2) 第五位数为市经济区划代码："1"表示经济特区；"2"表示经济开发区和上海浦东新区、海南洋浦经济开发区；"3"表示高新技术产业开发区；"4"表示保税区；"5"表示出口加工区；"6"表示保税港区；"7"表示物流园区；"9"表示其他。

(3) 第六位数为进出口企业经济类型编码："1"表示有进出口经营权的国有企业；"2"表示中外合作企业；"3"表示中外合资企业；"4"表示外商独资企业；"5"表示有进出口经营权的集体企业；"6"表示有进出口经营权的私营企业；"7"表示有进出口经营权的个体工商户；"8"表示有报关权而没有进出口经营权的企业；"9"表示其他，包括外国驻华企事业机构、外国驻华使领馆和临时有进出口经营权的单位。

企业编码第六位为"8"的企业不能填入此栏。

(4) 第七至第十位数为顺序编号。

经营单位填写要求如下：外商投资企业委托外贸企业进口投资设备、物品的，"经营单位"栏填报外商投资企业的中文名称及编码，并在"标记唛码及备注"栏注明"委托××公司进口"。如上海机械进出口公司委托香港华润公司进口货物，经营单位栏填写"上海机械进出口公司××××××××××"，因为境外企业不能作为经营单位。

【例2】上海协通针织有限公司（3101935039）委托上海机械进出口（集团）公司（3105913429）进口圆形针织机。

则经营单位栏填：上海协通针织有限公司 3101935039。并且在备注栏填：委托上海机械进出口（集团）公司进口。

【例3】中外合资沈阳贝沈钢帘线有限公司（2101232999）使用自有资金，委托上海新元五矿贸易公司（3105913429）持 2100-2003-WZ-00717 号自动进口许可证（代码 7）进口镀黄铜钢丝。

则进口报关单“经营单位”填：上海新元五矿贸易公司 3105913429。

（二）原产国（地区）/最终目的国（地区）

原产国（地区）指进口货物的生产、开采或加工制造国家（地区）。原产国（地区）应依据《中华人民共和国进出口货物原产地条例》、《中华人民共和国海关关于执行〈非优惠原产地规则中实质性改变标准〉的规定》及海关总署关于各项优惠贸易协定原产地管理规章规定的原产地确定标准填报。同一批进口货物的原产地不同的，应分别填报原产国（地区）。进口货物原产国（地区）无法确定的，应分别填报原产国（地区）。进口货物原产国（地区）无法确定的，填报“国别不详”（代码 701）。

在原始单据（发票或原产地证明书）上原产国（地区）一般表示为“Made in”或“Origin/Country of Origin”或“Manufacture”。

最终目的国（地区）指出口货物的最终实际消费、使用或进一步加工制造的国家（地区）。

不经过第三国（地区）转运的直接运输货物，以运抵国（地区）为最终目的国（地区）；经过第三国（地区）装运的货物，以最后运往国（地区）为最终目的国（地区）。同一批出口货物的最终目的国（地区）不同的，应分别填报最终目的国（地区）。

出口货物不能确定最终目的国（地区）时，以尽可能预知的最后运往国（地区）为最终目的国（地区）。

本栏目应按海关规定的“国别（地区）代码表”（见表 3—7）选择填报相应的国家（地区）名称及代码。

表 3—7　主要国别（地区）代码表

代码	中文名称	代码	中文名称
110	中国香港	305	法国
116	日本	344	俄罗斯联邦
133	韩国	502	美国
142	中国大陆	601	澳大利亚
143	中国台澎金马关税区	701	国（地区）别不详的
303	英国	702	联合国及其机构和国际组织
304	德国		

（三）征税比例/结汇方式

征税比例用于原“进料非对口”贸易方式下进口料件的进口报关单。出口报关单填报结汇方式，按海关规定的“结汇方式代码表”（见表 3—8）选择填报相应的结汇方式名称或代码。

进口报关单本栏目免予填报。

表 3—8　　**结汇方式代码表**

代码	结汇方式	英文缩写	英文名称
1	信汇	M/T	mail transfer
2	电汇	T/T	telegraphic transfer
3	票汇	D/D	remittance by banker's demand draft
4	付款交单	D/P	documents against payment
5	承兑交单	D/A	documents against acceptance
6	信用证	L/C	letter of credit

(四) 成交方式、运费、保费、杂费

(1) 成交方式指在进出口贸易中进出口商品的价格构成和买卖双方货物交接应承担的责任、费用以及风险转移的界限。成交方式栏根据发票和合同中的价格条款填报。

发票和合同上显示的成交方式与海关规定的成交方式有些差异。

《2010 年国际贸易术语解释通则》11 种贸易术语与报关单“成交方式及代码表”栏一般对应关系见表 3—9。

表 3—9　　**成交方式及代码表**

组别	E组	F组			C组				D组		
术语	EXW	FCA	FAS	FOB	CFR	CPT	CIF	CIP	DAT	DAP	DDP
成交方式	FOB				CFR(C&F/CNF)		CIF				
成交方式代码	3				2		1				

本栏目应根据进出口货物实际成交价格条款，按海关规定的“成交方式代码表”选择填报相应的成交方式及代码。

无实际进出境的报关单，进口填报 CIF，出口填报 FOB。

(2) 运费。本栏目填报进口货物运抵我国境内输入地点起卸前的运输费用，出口货物运至我国境内输出地点装卸后的运输费用。进口货物成交价格包含前述运输费用或者出口货物成交价格不包含前述运输费用的，本栏目免予填报。

运费可按运费单价、总价或运费率三种方式之一填报，注明运费标记（运费标记“1”表示运费率，“2”表示每吨货物的运费单价，“3”表示运费总价），并按海关规定的“货币代码表”（见表 3—10）选择填报相应的币种代码。

运保费合并计算的，填报在本栏目。

表 3—10　　**主要币制代码表**

币制代码	币制符号	币制名称	币制代码	币制符号	币制名称	币制代码	币制符号	币制名称
110	HKD	港币	116	JPY	日元	132	SGD	新加坡元
142	CNY	人民币	133	KRW	韩元	300	EUR	欧元
302	DKK	丹麦克朗	303	GBP	英镑	330	SEK	瑞典克朗
331	CHF	瑞士法郎	344	SUR	俄罗斯卢布	501	CAD	加拿大元
502	USD	美元	601	AUD	澳大利亚元	609	NZD	新西兰元

【例 4】某批进口申报货物，成交方式为 FOB，每吨运费为 20 美元。

填报为“502/20/2”。

（3）保费。本栏目填报成交价格中不包括保险费的进口货物或成交价格中含有保险费的出口货物。填报依据是发票上显示的保费金额和保险单显示的金额。

保费可按保险费总价或保险费率两种方式之一填报，注明保险费标记（保险费标记“1”表示保险费率，“3”表示保险费总价），并按海关规定的“货币代码表”选择填报相应的币种代码。

运保费合并计算的，本栏目免予填报。

【例 5】某批进口申报货物，成交方式为 CFR，保险费为 1 000 港币。

填报为“110/1 000/3”。

进口报关单中，成交方式栏与运费栏、保费栏的关系见表 3—11。

表 3—11　进口报关单中成交方式与运费、保费的关系

成交方式	运费	保费
CIF	此栏为空	此栏为空
CFR	此栏为空	填报
FOB	填报	填报

出口报关单中，成交方式栏与运费栏、保费栏的关系见表 3—12。

表 3—12　出口报关单中成交方式与运费、保费的关系

成交方式	运费	保费
CIF	填报	填报
CFR	填报	此栏为空
FOB	此栏为空	此栏为空

【例 6】某批进口申报货物，成交方式为 CIF，运保费合计为 1 540.56 美元。

运费、保费栏均为“空”，即无须填写。

（4）杂费。本栏目填报成交价格以外的、按照《关税条例》相关规定应计入完税价格或应从完税价格中扣除的费用。可按杂费总价或杂费率两种方式之一填报，注明杂费标记（杂费标记“1”表示杂费率，“3”表示杂费总价），并按海关规定的“货币代码表”选择填报相应的币种代码。

应计入完税价格的杂费填报为正值或正率，应从完税价格中扣除的杂费填报为负值或负率。填写方法见表 3—13。

表 3—13　杂费填写方法示例

	杂费率 1	单价 2	总价 3
计入完税价格的杂费	2.4%→2.4		USD300→502/300/3
从完税价格中扣除的杂费	2.4%→−2.4		USD300→502/−300/3

无杂费的，本栏免填。

（五）数量及单位

本栏目填写进出口商品实际成交数量及计量单位，分三行填报。具体填报要求如下：

（1）第一行应按进出口货物的法定第一计量单位填报数量及单位。

（2）凡列明有法定第二计量单位的，应在第二行按照法定第二计量单位填报数量及单位。无法定第二计量单位的，本栏目第二行为空。

（3）成交计量单位与海关统计计量单位不一致时，还需填报成交计量单位及数量，填报在本栏目第三行，成交计量单位与海关统计法定计量单位一致时，本栏目第三行为空。

【例7】某公司出口男式服装一批，法定第一计量单位为“件”，法定第二计量单位为“千克”，成交单位为“打”。

填报为：××××件（第一行）

××××千克（第二行）

××××打（第三行）

（六）单价、总价、币制

1. 单价

本栏目填报同一项号下进出口货物实际成交的商品单位价格。无实际成交价格的，本栏目填报单位货值。如发票中显示“UNIT PRICE：USD430/MT FOB SHANGHAI”。单价栏填写为“430”。

2. 总价

本栏目填报同一项号下进出口货物实际成交的商品总价格。无实际成交价格的，本栏目填报货值。如发票中显示“TOTAL AMOUNT：USD45 000.00”，总价栏填写为“45 000.00”。

3. 币制

本栏目应按海关规定的“货币代码表”选择相应的货币名称及代码填报，如“货币代码表”中无实际成交货币，按申报日外汇折算率折算成“货币代码表”列明的货币填报。

四、根据装箱单填制的栏目

（一）件数

本栏目填报有外包装的进出口货物的实际件数。不得填报为0，应与电子舱单一致。主要数据来源是海运提单和装箱单上的“NO. OF PKGS”字样，其后数字表示填报的件数。填报方法如下：

（1）如海运提单上“NO. OF PKGS”下显示“2 CASES”，再核对装箱单和提货单上的相关内容，若无误，件数填报为“2”。

（2）如海运提单上和装箱单显示“2 UNITS&4 CARTONS”，再核对装箱单和提单上的相关内容，如果没有差异，则件数填为“6”。

（3）如舱单件数为集装箱的，填报集装箱个数。

（4）如舱单件数为托盘的，填报托盘数。

（5）如钢材、木材等无外包装货物，非集装箱运输，可视其为裸装货，件数填报为“1”。

（二）包装种类

本栏目应根据进出口货物的实际外包装种类，以装箱单或提运单据所反映的货物处于运输状态时的最外层包装或运输包装作为“包装种类”向海关申报，并相应计算件数。常见的包装种类有桶（DRUMS）、木箱（WOOD CASES）、纸箱（CARTONS）、托盘（PALLETS）、捆（BUNDLES）、袋（BAGS）、包（BALES、BLS）、裸装（NUDE）、散装（BULK）等。

(三) 毛重、净重

1. 毛重

本栏目填报进出口货物及包装材料的重量之和，计量单位为千克，不足1千克的填报为“1”。

2. 净重

本栏目填报进出口货物的毛重减去外包装材料后的重量，即货物本身的实际重量，计量单位为千克，不足1千克的填报为“1”。

这两个栏目根据海运提单、提货单、装箱单上“GROSS WEIGHT”（毛重）、“NET WEIGHT”（净重）显示的数字填报。

五、根据提（运）单填制的栏目

(一) 进（出）口口岸

进（出）口口岸是指货物实际进（出）我国关境口岸海关的名称。本栏目应根据货物实际进（出）境的口岸海关选择填报海关规定的“关区代码表”中相应口岸海关的名称及代码。

进口：根据正本海运提单（Original Bill of Lading）或船公司换回的提货单（Delivery Order），俗称“小提单”，以卸货地点栏目内注明的港务装卸区来确定对应监管海关的名称及代码。

出口：根据装货单（Shipping Order）和集装箱运输的场站收据（Dock Receipt）注明的船舶停靠的港务装卸区所属监管海关确定。

在不同海关特殊监管区域或保税监管场所之间调拨、转让的货物，填报对方特殊监管区域或保税监管场所所在的海关名称或代码。

其他无实际进出境的货物，填报接受申报的海关名称及代码。

(二) 进（出）口日期

进口日期填报运载进口货物的运输工具申报进境的日期。出口日期指运载出口货物的运输工具办结出境手续的日期，本栏目供海关签发打印报关单证明联用，在申报时免予填报。

本栏目数据来源于船公司，进口货物从船公司换回的正本提货单显示在右上角“船舶预计到港时间”栏的年月日；分拨提单显示在右上角“到船日期”栏的年月日；出口货物在向船公司订舱时获得开船日期。

无实际进出境的报关单填报海关接受申报的日期。

本栏目为8位数字，顺序为年（4位）、月（2位）、日（2位）。

(三) 起运国（地区）/运抵国（地区）

1. 起运国（地区）

填报进口货物起始发出直接运抵我国或者在运输中转国（地区）未发生任何商业性交易的情况下运抵我国的国家（地区）。

2. 运抵国（地区）

填报出口货物离开我国关境直接运抵或者在运输中转国（地区）未发生任何商业性交易的情况下最后运抵的国家（地区）。

本栏目填列海运提单或运单上的“PORT OF LOADING”装货港或“PORT OF DISCHARGE”卸货港所属国家（地区）的中文名称及代码。

不经过第三国（地区）转运的直接运输进出口货物，以进口货物的装货港所在国（地区）为起运国（地区），以出口货物的指运港所在国（地区）为运抵国（地区）。

经过第三国（地区）转运的进出口货物，如在中转国（地区）发生商业性交易，则以中转国（地区）作为起运/运抵国（地区）。是否发生商业性交易，从发票的出票人来判断，看由谁开出的发票。

【例 8】我国某公司进口一批货物，货物从伦敦起运途经香港转运至上海。

如果在香港中转时没有发生买卖关系，则起运国仍为英国；如果在香港发生了买卖关系，那么起运国（地区）为中国香港。

在本例中，如果是由英国公司开出的发票，则在中国香港中转时没有发生买卖关系，货物仍然是由英国公司卖给我国企业的，起运国仍为英国。如果是由中国香港公司开出的发票，则说明货物是在中国香港中转时发生了买卖关系，货物是由中国香港公司卖给我国企业的，起运国（地区）为中国香港。

本栏目应按海关规定的“国别（地区）代码表”选择填报相应的起运国（地区）或运抵国（地区）中文名称及代码。

无实际进出境的，填报“中国”（代码 142）。

（四）装货港/指运港

1. 装货港

填报进口货物在运抵我国关境的最后一个境外装运港的中文名称或代码。根据提货单或海运提单上的“Port of Loading”后的港口进行填写。

【例 9】中国某企业与德国某企业签约进口一批货物。该货物从法国伦敦港起运，在新加坡中转，后经停中国香港，最后运抵我国上海港。

装货港栏填报为“新加坡”。

知识链接

中转与经停

中转，是指载货运输工具从装运港将货物转运后，不直接开往目的港，而是在中途某个港口卸下，换装至另外的运输工具继续运往目的港。货物是否中转可根据随附单据中的有关信息进行判断，如随附单据中出现“VIA”或“IN TRANSIT TO”字样，则可判断货物发生了中转。

经停，是指载货运输工具从装运港将货物装运后，在中途某一港口停靠，装卸其他货物或补充船舶物料等，而申报货物并未卸下，完成上述操作后，运输工具继续驶往目的港。

【例 10】提单给出的条件是承运船舶在帕腊纳瓜港装货起运，航经大阪，又停泊釜山港转“HANSA STAVANGER”号轮 HV300W 航次（提单号：HS03D8765）于 2011 年 7 月 30 日抵吴淞口岸申报进境。

从已知条件可以知道最后一个中转港是釜山，釜山港是最后一个装运货物进口的境外装卸港，因此“装货港”栏应填“釜山”。

2. 指运港

本栏填报出口货物运往境外的最终目的港。最终目的港不可预知的，按尽可能预知的目的港填报。根据实际情况填报相应的港口中文名称及代码。无港口中文名称及代码的，可选择填报相应的国家中文名称或代码。

本栏目根据提单上“Port of Discharge”后的港口中文名称进行填写。与装货港不同的是，指运港不受中转的影响。

无实际进出境的，本栏目填报“中国境内”（代码 142）。

（五）运输方式

运输方式包括实际运输方式和海关规定的特殊运输方式。前者指货物实际进出境的运输方式，按进出境所使用的运输工具分类；后者指货物无实际进出境的运输方式，按货物在境内的流向分类。

本栏目应根据货物实际进出境的运输方式或货物在境内流向的类别，按照海关规定的“运输方式代码表”（见表 3—14）选择填报相应的运输方式。

表 3—14　　主要运输方式代码表

代码	名称	运输方式说明
2	水路运输	
5	航空运输	
7	保税区	保税区运往境内非保税区
8	保税仓库	保税仓库转内销
Z	出口加工	出口加工区运到加工区外和区外运入出口加工区（区外企业填报）

（六）运输工具名称

本栏目填报载运货物进出境所使用的运输工具名称或编号。填报内容应与运输部门向海关申报的舱单（载货清单）所列相应内容一致。进口依据提货单，出口依据装货单、场站收据或运单。具体填报要求如下：

（1）直接在进出境地，或采用“属地申报，口岸验放”通关模式办理报关手续的，报关单填报要求如下：

1）水路运输：填报船舶编号（来往港澳小型船舶为监管簿编号）或者船舶英文名称。

2）公路运输：填报该跨境运输车辆的国内行驶车牌号，提前报关模式的报关单填报国内行驶车牌号＋“/”＋“提前报关”（4 个汉字）。

3）铁路运输：填报车厢编号或交接单号。

4）航空运输：填报航班号。

5）邮件运输：填报邮政包裹单号。

6）其他运输：填报具体运输方式名称，如管道、驮畜等。

(2) 无实际进出境报关的，本栏目免予填报。

(七) 航次号

航次号是载运货物进出境的运输工具的航次编号。本栏目的填报依据和运输工具名称相同。

(八) 提运单号

本栏目填报进出口货物提单或运单的编号。

一份报关单只允许填报一个提单或运单号，一票货物对应多个提单或运单时，应分单填报。提运单号一般在提单右上角显示，即“B/L NO.：×××××××××”，也可以按提货单的提运单号栏目中的编号填列。

具体填报要求如下：

(1) 直接在进出境地，采用“属地申报，口岸验放”通关模式办理有关手续的：

1) 水路运输：填报进出口提单号。如有分提单的，填报进出口提单号＋“*”＋分提单号。

2) 公路运输：免予填报。

3) 铁路运输：填报运单号。

4) 航空运输：填报总运单号＋“_”＋分运单号，如“MAWB：CA0 12345678”(前3位为航空公司数字代号，后面8位数为货运单序列号)，分运单号一般在空运单的右上角显示，如“HAWB：12345678”。

5) 邮件运输：填报邮件包裹单号。

(2) 无实际进出境的，本栏目免予填报。

(九) 集装箱号

本栏目填报装载进出口货物（包括拼箱货物）集装箱的箱体信息。一个集装箱填一条记录，分别填报集装箱号（在集装箱箱体上标示的全球统一编号）、集装箱的规格和集装箱的自重。根据海运提单和提货单上“CONTAINER NO.”栏显示的内容，其结构为大写英文字母（4位)＋数字（7位)。字母前3位为箱主代码，第4位“U”为海洋运输集装箱标志码，数字为流水号。

【例 11】 在原始单据上找到集装箱号 Container No. 所对应的号是：1×20 TGMU1234567，集装箱的重量一般在中文的补充说明中找，自重是2376。所以集装箱号应填制为：TGMU1234567/20/2376。

多个集装箱的，第一个集装箱号填报在“集装箱号”栏，其余的依次填报在“备注栏”。非集装箱和拼箱货填报“0”。

教学互动

1. 中国矿产钢铁有限责任公司（110891××××）进口一批无缝锅炉管，委托辽宁龙信国际货运公司（210298××××）持经营单位手册和相关单证向大连大窑湾海关申报货物进口。则经营单位栏填写什么？

2. 某外资企业公司委托某国营外贸公司购买进口投资设备及用做生产原料的钢材一批，货物由某物流公司承接进口运输相关事宜，并委托某报关公司向海关办理进口报关手续。该批钢材报关时报关单经营单位应填报为（　　）。

A. 该外资企业　　B. 某国营外贸公司　C. 某物流公司　　D. 某报关公司

3. 下列进口或者出口货物，申报时应当在报关单“贸易方式”栏填报“一般贸易”的是（　　）。

A. 个体工商业者经批准临时进口的小型生产工具

B. 外商投资企业进口供加工内销产品的料件

C. 国内经营租赁业务的企业进口自用的设备

D. 补偿贸易业务中收取外汇的出口产品

能力训练

一、单选题

1. 货物进出境阶段，进出口货物收发货人或其代理人应当按照哪些步骤完成报关工作？（　　）

A. 进出口的申报—配合查验—缴纳税费—提取或装运货物

B. 提取或装运货物—进出口的申报—配合查验—缴纳税费

C. 进出口的申报—配合查验—提取或装运货物—缴纳税费

D. 提取或装运货物—配合查验—进出口的申报—缴纳税费

2. 进口货物的收货人自运输工具申报进境之日起，超过（　　）未向海关申报的，其进口货物由海关提取依法变卖处理。

A. 1个月　　B. 3个月　　C. 6个月　　D. 1年

3. 出口货物的发货人或其代理人除海关特准的外，根据规定应当在货物运抵监管区后，（　　）向海关申报。

A. 装货前24小时

B. 装货的24小时以前

C. 货物运抵口岸24小时内

D. 承载的运输工具起运（或起航）的24小时前

4. 下列有关进出口货物的报关时限，说法正确的是（　　）。

A. 进口货物自运输工具申报进境之日起7日内

B. 进口货物自运输工具申报进境之日起14日内

C. 出口货物运抵口岸24小时内

D. 出口货物运抵口岸48小时内

5. 一般情况下，进口货物应当在（　　）申报。

A. 进境地海关　　B. 起运地海关　　C. 目的地海关　　D. 附近海关

6. 申报日期是指（　　）。

A. 向海关提交电子数据报关单的日期

B. 向海关提交纸质报关单的日期

C. 申报数据被海关接受的日期

D. 海关放行日期

7. 滞报金计征起始日为运输工具申报进境之日起第（　　）日为起始日，海关接受申报之日为截止日。

A. 7　　B. 10　　C. 14　　D. 15

8. 滞报金按日征收，为进口货物完税价格的（　　）。

A. 1‰　　B. 0.5‰　　C. 3‰　　D. 5‰

9. 滞报金的起征点为人民币（　　）元。

A. 10　　B. 50　　C. 100　　D. 500

10. 海关在决定放行进出口货物后，需在有关报关单上加盖（　　），进出口货物收发货人凭此办理提取进口货物或装运出口货物手续。

A. 海关验讫章　　B. 海关监管章　　C. 海关放行章　　D. 海关结算章

11. 对需要在国家税务机构办理出口退税的货物，报关员应向海关申请签发（　　）。

A. 出口货物证明书　　B. 出口收汇证明联

C. 出口退税证明联　　D. 出口收汇核销单

12. 下列关于申报地点的表述，错误的是（　　）。

A. 进口货物应当在进境地海关申报

B. 出口货物应当在出境地海关申报

C. 经海关同意，进口货物可以在指运地海关申报，出口货物可以在起运地海关申报

D. 特定减免税货物改变性质转为一般进出口时，应当在货物原进境地海关申报

二、多选题

1.（　　）属于一般进出口货物。

A. 暂准进境的货物

B. 转为实际进口的保税料件

C. 转为实际出口的暂准出境货物

D. 加工贸易外商免费提供的进境试车材料

2. 下列关于进、出口货物申报期限的表述，正确的是（　　）。

A. 进口货物收货人应当自货物进境之日起 14 日内向海关申报

B. 进口货物收货人应当自装载货物的运输工具申报进境之日起 14 日内向海关申报

C. 出口货物发货人除海关特准的外，应当在货物运抵海关监管区后、装货的 24 小时以前向海关申报

D. 出口货物发货人除海关特准的外，应在货物运抵海关监管区装货后、装货的前 24 小时向海关申报

3. 下列属于一般进出口货物的特征的是（　　）。

A. 在进出境时按有关法律法规的规定向海关缴纳应当缴纳的税费

B. 进出口时如需提交许可证的，提交相关的许可证

C. 海关放行即办结了海关手续

D. 暂不纳税

4. 一般进出口货物在向海关申报时，应提交的单据有（　　）。

A. 贸易合同　　B. 商业发票　　C. 装箱单　　D. 加工贸易手册

5. 下列属于一般进出口货物的是（　　）。

A. 转为实际进口的保税进口货物

B. 在展览会中展示或示范用的进口货物、物品

C. 转为实际进出口的暂准进出境货物

D. 随展览品进境的小卖品

6. 下列单证中，属于基本单证的是（　　）。

A. 合同　　B. 提货单　　C. 商业发票　　D. 原产地证明书

7. 关于海关接受申报的时间，下列表述正确的是（　　）。

A. 以电子数据报关单方式申报的，申报日期为海关计算机系统接受申报数据时记录的日期

B. 经海关批准单独以纸质报关单形式向海关申报的，以海关在纸质报关单上进行登记处理的时间为接受申报的时间

C. 在先以电子数据报关单向海关申报，经过海关计算机系统检查被退回的，要重新申报，申报的日期为海关重新接受申报的日期

D. 在采用电子和纸质报关单申报的情况下，海关接受申报的时间以海关接受电子数据报关单申报的日期为准

8. 一般情况下，海关接受申报后，申报内容不得修改或撤销，确有下列正当理由的，经海关批准审核，可以修改或撤销（　　）。

A. 由于计算机、网络系统等方面的原因导致数据申报错误

B. 出口货物放行后，由于装运、配载等原因造成原申报货物全部或部分退关

C. 由于报关人员操作或书写失误造成所申报的报关单内容有误，并且未发现有走私违规或者其他违法嫌疑的

D. 进出口货物在装载、运输、存储过程中因溢短装、不可抗力的灭失、短损等原因造成原申报数据与实际货物不符的

9. 下列属于进出口货物收发货人或其代理人申请修改或撤销进出口货物报关单应提交的单证的是（　　）。

A. 进出口货物报关单修改/撤销确认书

B. 可以证明货物实际情况的合同、发票、装箱单

C. 外汇管理、国税、检验检疫、银行等有关部门出具的单证

D. 海关出具的相关单证

10. 进出口货物收发货人或其代理人配合海关查验的工作主要包括（　　）。

A. 负责搬运货物、开箱、封箱

B. 回答提问，提供有关单证

C. 协助海关提取需要做进一步检验、化验或鉴定的货样，收取海关开具的取样清单

D. 签字确认查验记录

11. 关于进出口货物报关，下列说法正确的是（　　）。

A. 进口货物收货人经海关同意，可以在申报前查看货物或者提取货样

B. 所有的进出口货物必须经过海关彻底查验后才能放行

C. 对于鲜活、易腐、易烂等不宜长期保存的货物，经收发货人或其代理人申请，海关可以优先安排实施查验

D. 海关正常查验时产生的不可避免的磨损，不属于海关的赔偿范围

12. 以下关于海关查验的表达，正确的是（　　）。

A. 进出口货物收发货人对海关查验结论有异议，可以向海关提出复验要求

B. 已经参加过查验的查验人员应当参加对同一票货物的复验

C. 经海关通知查验，进出口货物收发货人或其代理人届时未到场的，海关可以径行开验

D. 进出口货物收发货人或其代理人在海关查验时，对货物是否受损坏未提出异议，事后发现货物有损坏的，海关不负赔偿的责任

三、判断题

1. 报关程序是指进出口货物收发货人、运输负责人、物品的所有人或其专业代理人按照海关的规定，办理货物、物品、运输工具进出境及相关海关事务的手续及步骤。（　）

2. 一般进出口货物也称为一般贸易货物，是指在进出境环节缴纳了应征的进出口税费并办结了所有必要的海关手续，海关放行后不再进行监管，可以直接进入生产和流通领域的进出口货物。（　）

3. 特定减免税货物在进口之前，进口货物收发货人或其代理人应当办理加工贸易备案和登记手册的手续。（　）

4. 货物进出境起到最终办结海关手续止的期限，是海关对监管货物的监管期限。（　）

5. 海关的现场放行即等于结关。（　）

6. 电子数据报关单和纸质报关单具有同等的法律效力。（　）

7. 一般进出口货物报关程序由进出口申报、配合查验、缴纳税费、提取或装运货物四个环节构成。（　）

8. 报关单位收到海关发送的“接受申报”的报文和“现场交单”或“放行交单”通知，表示电子申报成功。（　）

9. 对于经电缆、管道等方式输送进出口的货物，由于是特殊货物，因此无须向海关申报。（　）

10. 滞报金计征起始日为运输工具申报进境之日起第 15 日，截止日为海关接受申报之日（即申报日期），起始日计入滞报期间，但截止日不计入滞报期间。（　）

四、报关单填制题

根据以下资料填制报关单。

资料 1：

STAR TYRE GROUP SHANGHAI CO.，LTD.

13/F，HUBAN BLDG NO. 3，1 250 ZHONGSHAN BEI YI RD，SHANGHAI，CHINA

TEL：86-21-65427246，FAX：86-21-65441599

COMMERCIAL INVOICE

INVOICE NO.：CDEF5618　DATE：NOV. 15，2010

CONSIGNEE：　NOTIFY PARTY：

DALIAN CHEMICALS I/E CORP.　BEIJING YUDU COMMERCIAL&TRADE CO.，LTD

大连化工进出口公司　北京宇都商贸有限公司

NO. 365 DONGSIBEIDAJIE，BEIJING，CHINA

PORT OF LOADING ROTTRERDAM
VESSEL：EAST EXPRESS VOYAGE NO.：151E
PORT OF DISCHARGE：DALIAN PORT，CHING VIA HONGKONG

SHIPPING MARKS	DESCRIPTION	QTY	UNIT PRICE DM	AMMOUNT DM
00XFFFG－78017KR	DELIVERY OF CIF DALIAN CHINA OF 3 UNITS&6PPKGS OF B30S FORKLIFT TRUCK INCLUDING FFT14 730MM S/S BATTERY&SHEET H. S. CODE：8427.1090 DETAILS AS PER THE ATTACHED SHEET MANUFACTURER：GEERLOFS TRUCK B. V，GERMANY CONTRACT NO.：00XFFFG－78017KR			
	B30S-2		17 951.00	53 853.00
	FREIGHT CHARGES			2 050.00
	INSURANCE			1 346.00
	TOTAL			57 249.00

DADAI CORPORATION
P. O. BOX：7955 SEOUL，KOREA
TELPHONE：02－0411－86154987

资料 2：

BILL OF LADING

B/L NO：EEW7865435

CONSIGNOR：DADAI CORPORATION 7955 SEOUL，KOREA

CONSIGNEE：DALIAN CHEMICALS I/E CORP.
大连化工进出口公司 2102911013 NO.61 RENMINLU ROAD，DALIAN，CHINA
NOTIFY PARTY：BEIJING YUDU COMMERCIAL&TEADE CO.，LTD

北京宇都商贸有限公司 1101250756 NO.365 DONGSIBEIDAJIE，BEIJING，CHINA

SHIPMENT FROM ROTTERDAM（鹿特丹）TO DALIAN VIA HONGKONG

VESSEL：EAST EXPRESS　VOYAGE NO.：151E

MARK	NO. OF PKGS	DESCRIPTIONS	GW	NW	MEASUREMENT
	1×20'SCZU7854343/2775（3PPKGS）		15 025kg		18 900CBM
	1×40'SCZU7855234/4665（6PPKGS）				

00XFFFG-78017KR　　SLAD TO CONTAIN：

DALIAN CHINA　　3 UNITS OF

B30S FORKLIFT TRUCK

6'PPKGS OF FFT14 730MM S/S
BATTERY&CHARGER

PACKING：TOB SUTTABLE FOR LONG DISTANCE OCEAN TRANSPORTATION
QUANTITY：3UNITS
MANUFACTURER：GEERLOFS TRUCK B.　V，GERMANY
CONTRACT NO.：00XFFFG-78107KR
TOTAL NUMBER OF CONTAINERS
OR PACKAGES (IN WORDS)

注：(1) "EAST EXPRESS" 进口申报日期为 2010 年 12 月 18 日。

(2) 北京宇都商贸有限公司委托大连化工进出口公司与韩国签约，为长春特钢厂进口电动叉车（型号 B30S），进口次日委托大连外轮代理公司向大连海关报关。

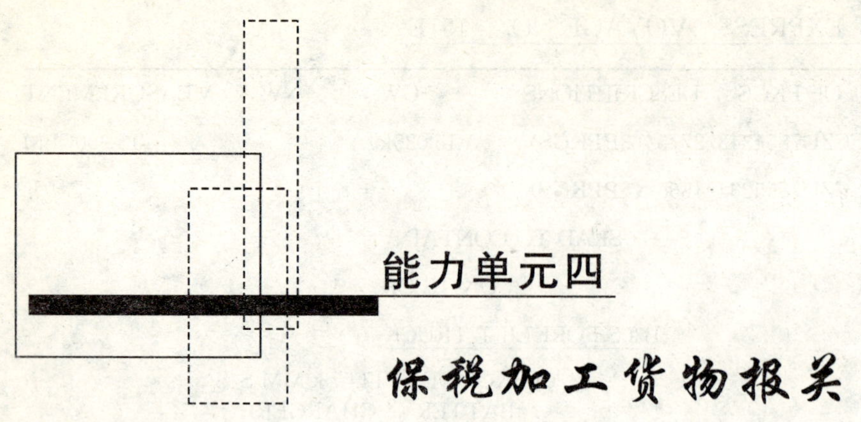

能力单元四

保税加工货物报关

学习目标

熟悉保税货物的特点及分类；掌握保税加工货物的报关程序；学会填制保税加工货物的报关单。

引导案例

2011 年 8 月，上海天梭服装厂（B类）与美国吉利公司签订进口 5 000 美元的棉坯布（加工贸易限制类商品）生产出口服装垫肩的加工贸易合同，后因美国市场不景气，吉利公司只能接受 40%的服装垫肩，剩余 60%经海关批准内销。请问，该笔货物能够按照一般贸易的报关程序来报关吗？如果不能，应该采取什么样的报关程序报关？如何办理？

能力一　认识保税加工货物

一、保税货物概述

（一）保税货物的含义

保税货物是指经海关批准，未办理纳税手续进境，在境内储存、加工、装配后复运出境的货物。该定义从如下四个方面体现了保税货物与一般进出口货物的区别。

1. 经海关批准

海关批准保税是进境货物享受保税优惠的首要条件，任何进境货物未经海关批准都不得成为保税货物。

2. 未缴纳税费

保税货物的收发货人向海关缴纳相当于税款的保证金或提供担保后，可暂时免办纳税手续进境，这不是免税，而是待货物确定最终流向后，海关再决定征税或免税。

3. 受海关监管

保税货物因在进境时并未办理纳税手续，所以从进境之日起，其在境内运输、储存、加工和装配等都必须接受海关的监管，直至其复运出境或正式进口。

4. 应复运出境

复运出境是保税货物的重要特征，保税货物应当在储存或加工装配后复运出境，不复运出境的货物就不再是保税货物，应该按照其留在境内的实际性质办理进口手续。

(二) 保税货物的分类

保税货物可划分为保税加工货物和保税物流货物两大类。

1. 保税加工货物

保税加工货物也称加工贸易保税货物，是指经海关批准未办理纳税手续进境，在境内加工、装配后复运出境的货物。

该类货物包括经海关准予保税且专为加工装配出口产品而进口的原材料、零部件、元器件、包装物料、辅助材料（简称进口料件）及使用该料件生产的半成品、成品；在加工生产过程中产生的副产品、残次品、边角料和剩余料件。

2. 保税物流货物

保税物流货物也称保税仓储货物，是指经海关批准未办理纳税手续进境，在境内储存后复运出境的货物。

该类货物包括保税储存后转口境外的货物；已办理出口报关手续但尚未离境的货物；供给国际运输工具的油料、物料和维修用零部件；供维修外国商品所进口寄售的零配件；外商进境暂存货物以及经海关批准进入海关保税监管场所或特殊监管区域储存的保税加工货物和其他未办结海关手续的进境货物。

鉴于保税货物的相关知识多且难，本教材将分两个能力单元分别对保税加工货物和保税物流货物的内容进行介绍，本能力单元将介绍保税加工货物的报关，而保税物流货物的报关详见能力单元五。

思考

加工贸易保税货物与加工贸易货物的区别有哪些？

二、保税加工货物的监管

加工贸易是指从境外进口原材料、零部件、元器件、辅助材料和包装物料等，经境内企业加工装配后，将制成品运往境外的贸易。加工贸易通常有两种进口料件的形式：一种是来料加工，是指由境外企业提供料件，经营企业不需要使用外汇，并按境外企业的要求进行加工或者装配，只收取加工费，制成品由境外企业销售的经营活动。另一种是进料加工，是指经营企业使用外汇购买国外的料件，在国内制成成品后再销往国外的经营活动。

思考

来料加工和进料加工的区别是什么？

根据前述定义，保税加工货物具有如下特征：

(1) 料件进口时暂缓缴纳进口关税及进口环节海关代征税，成品出口时除另外有规定外无须缴纳关税。

(2) 料件进口时除国家另有规定外免予交验进口许可证件，成品出口时凡是属于许可证件管理的，必须交验出口许可证件。

(3) 进出境海关现场放行并未结关。

(一) 保税加工货物的监管模式

海关对保税加工货物的监管有两类：一类是物理围网监管，采用电子账册管理；另一类是非物理围网监管，采用纸质手册管理或计算机联网监管。

1. 物理围网监管

物理围网监管是指经国家批准，在境内划出一块地方建造围网，企业在围网的封闭区域内专门从事保税加工业务，由海关在卡口进行监管的监管方式，包括境内的出口加工区和在关境线上的跨境工业区。

2. 非物理围网监管

非物理围网是指区内外不用隔离网隔离，海关主要通过对企业的管理账目、单证、手册等审核的方式来对货物进行管理的监管方式，主要有纸质手册管理和计算机联网监管两种。

(1) 纸质手册管理。

纸质手册管理是一种传统的监管方式，主要通过加工贸易纸质手册进行合同内容的备案，凭以进出口，并记录进口料件及出口成品的实际情况，最终凭以办理核销结案手续。随着科技进步，这种监管方式将逐渐被计算机联网监管所替代。

(2) 计算机联网监管。

计算机联网监管是一种高科技的监管方式，主要是应用计算机手段实现海关对加工贸易企业实施联网监管，建立电子账册或电子化手册，合同备案、料件进口、成品出口及手册核销全部通过计算机进行的监管方式。该监管方式快捷高效，必将成为海关对保税加工货物监管的主要模式。这种监管方式可分为两种管理单元：一种是针对大型企业的，以建立电子账册为标志，以企业为单元进行管理；另一种是针对中小企业的，以建立电子化手册为标志，以合同为单元进行管理。

(二) 保税加工货物监管的特征

1. 商务审批

加工贸易业务必须经商务主管部门审批才能进入海关备案程序，其包括商务主管部门对加工贸易合同和加工贸易经营范围的审批，企业凭商务主管部门出具的“加工贸易业务或者经营范围批准证书”和“加工贸易企业经营状况和生产能力证明”及经审批的加工贸易合同到海关备案或申请联网监管并建立电子账册、电子化手册。

2. 备案保税

加工贸易料件需经海关批准才能保税进口，海关批准保税是通过受理加工贸易合同备案来实现的，凡经海关备案的料件进口时可暂不办理纳税手续即保税进口；对于海关特殊监管区域内保税加工货物的报关也有备案程序，体现在建立加工贸易电子账册。

海关受理加工贸易料件备案的三原则是合法经营、复运出境和可以监管。

3. 纳税暂缓

国家规定专为加工出口产品而进口的料件，海关先准予保税即暂缓纳税，等最终确认复运出口成品的进口料件使用数量后再确定征免税范围，即用于出口成品的料件免征税，而没有用于出口成品的料件照章征税。这样就引发了两个问题：

(1) 保税加工货物经批准不复运出境的，在征收进口关税和进口环节代征税时要征收缓税利息（边角料和特殊监管区域的保税加工货物除外）。

(2) 加工贸易料件进境时未办理纳税手续，应适用海关事务担保，具体担保手续按加工贸易银行保证金台账制度执行。

加工贸易银行保证金台账制度是在对不同地区的加工贸易企业和加工贸易涉及的进出口商品实行分类管理的基础上，对部分企业进口的部分料件，由银行按照海关规定计算的金额征收保证金。其分类管理（见表4—1）的内容如下：

1) 任何企业都不得开展禁止类商品的加工贸易；

2) D类管理的企业不得开展加工贸易；

3) C类管理的企业，不管在什么地区开展加工贸易，进口限制类、允许类商品都要设台账，按全部进口料件应征税款金额全额收取保证金；

4) 东部地区B类管理的企业开展加工贸易，进口限制类、允许类商品均设台账，进口限制类商品按进口的限制类商品应征税款的50%征收保证金，进口允许类商品不征收保证金；

5) 东部地区A类管理的企业，中西部地区A类、B类管理的企业，开展加工贸易，进口限制类、允许类商品均设台账，但实行保证金台账空转；

6) AA类管理的企业，不管在什么地区开展加工贸易，进口允许类商品不设台账，进口限制类商品设台账，但实行保证金台账空转；

7) 特殊监管区域企业，不管在什么地区，进口料件金额在1万美元及以下的，可以不设台账，也不征收保证金；

8) 东部地区B类管理的企业从事限制类商品加工贸易，其台账保证金计算公式如下：

进口料件属限制类商品或进口料件、出口成品均属限制类商品：

$$\text{台账保证金}=(\text{进口限制类料件的关税}+\text{进口限制类料件的增值税})\times 50\%$$

出口成品属限制类商品：

$$\begin{array}{c}\text{台账}\\\text{保证金}\end{array}=\begin{array}{c}\text{进口料件}\\\text{备案总值}\end{array}\times\frac{\text{限制类成品备案总值}}{\text{全部出口成品备案总值}}\times 22\%\times 50\%$$

C类管理的企业从事限制类商品加工贸易，其台账保证金计算公式如下：

台账保证金=(进口全部料件的进口关税+进口全部料件的进口增值税)×100%

表 4—1　　　　加工贸易银行保证金台账分类管理

<table>
<tr><th rowspan="2">台账分类管理内容</th><th colspan="2">禁止类商品</th><th colspan="2">限制类商品</th><th colspan="2">允许类商品</th></tr>
<tr><th>东部</th><th>中西部</th><th>东部</th><th>中西部</th><th>东部</th><th>中西部</th></tr>
<tr><td>AA类企业</td><td colspan="2" rowspan="6">不准开展加工贸易</td><td rowspan="2">空转</td><td rowspan="3">空转</td><td>不转</td><td>不转</td></tr>
<tr><td>A类企业</td><td>空转</td><td>空转</td></tr>
<tr><td>B类企业</td><td>半实转</td><td>空转</td><td>空转</td></tr>
<tr><td>C类企业</td><td>实转</td><td>实转</td><td>实转</td><td>实转</td></tr>
<tr><td>D类企业</td><td colspan="2">不准开展加工贸易</td><td colspan="2">不准开展加工贸易</td></tr>
<tr><td>特殊监管区域企业</td><td colspan="2">不转</td><td colspan="2">不转</td></tr>
</table>

注：表中"不转"指不设台账，"空转"指设台账不付保证金，"实转"指设台账付保证金，"半实转"指设台账减半支付保证金。

4. 监管延伸

保税加工货物进境时并未结关，因此海关需延伸对保税加工货物的监管。海关的监管地点从进境地口岸海关监管场所一直延伸到料件加工、装配的地点；海关的监管时间从进境地口岸一直延伸到加工、装配后复运出境或办结进口手续最终核销结案为止。这里就涉及准予保税的时间点：

(1) 准予保税的期限是指海关批准保税后在境内加工、装配、复运出境的时间限制。纸质手册和电子化手册管理的保税加工期限，原则上不超过1年，经批准可以延长，延长的最长期限原则上也是1年。

(2) 联网监管模式中纳入电子账册管理的料件保税期限，从企业的电子账册记录第一批料件进口之日起到该电子账册被撤销为止；海关特殊监管区域保税加工期限，原则上是从料件进区到成品出区办结海关手续为止。

5. 核销结关

保税加工货物经海关核销后才能结关。因企业向海关报核时料件已经过加工、装配，改变了原有的形态，所以海关就需要确认料件进出数量是否平衡以及确认成品是否由进口料件生产。同时，企业必须遵守法定的报核期限。

申请核销的期限是指加工贸易经营人向海关申请核销的最后日期。纸质手册和电子化手册管理的保税加工报核期限是在纸质手册或电子化手册有效期到期之日起或最后一批成品出运后30天内；电子账册管理的保税加工报核的期限是从海关批准电子账册建立之日或从上一次的报核日期起算，以180天为1个报核周期，满180天后的30天内报核。

三、保税加工货物报关程序

我们在能力单元三提到，保税加工货物在联网监管和常规监管两种模式下的报关流程与一般进出口货物的报关流程不同，它除了具有申报、查验、征税和放行的进出境报关阶段外，还包括报关前的备案保税阶段和报关后的核销结关阶段。其报关基本流程有如下三个环节：合同备案、进出境报关、核销结关。

(一) 合同备案

加工贸易合同备案是指加工贸易经营企业持合法的加工贸易合同到加工企业所在地

主管海关办理合同备案手续，申请保税并领取加工贸易手册或其他准予备案凭证的行为。

对于符合规定的加工贸易合同，海关在规定的期限内予以备案，并核发手册或其他准予备案的凭证；对于不予备案的合同，海关应当书面告知经营企业。

1. 纸质手册管理下的合同备案

纸质手册管理，是指使用加工贸易纸质手册对合同内容进行备案，凭以进出口，并记录进口料件和出口成品的实际状况，最终凭此办理核销结案的手续。

纸质手册管理下合同备案的程序：

(1) 企业申请与海关审核。

经营企业应持商务主管部门审批的“加工贸易业务批准证”和“加工贸易企业经营状况和生产能力证明”、加工贸易合同或副本、加工贸易合同备案申请表及企业加工贸易合同备案呈报表、需领取的许可证件以及为确定单耗和损耗率所需的资料等单证向生产企业所在地主管海关办理合同备案手续。

1) 将合同相关内容预录入到主管海关联网的计算机。

2) 由海关审核确定是否准予备案。准予备案的，由海关确定是否需开设加工贸易银行保证金台账。

3) 需办理开设台账手续的，凭海关出具的“台账开设联系单”到银行（中行、工行）办理台账保证金专用账户设立手续，再凭银行签发的电子“银行保证金台账登记通知单”向海关办理备案手续。已设立台账保证金专用账户的企业，凭“海关注册登记证明”向银行进行一次性备案登记。

4) 不需要开设台账的，直接向海关领取加工贸易登记手册或其他备案凭证。

海关准予备案后，企业应当领取海关签章的加工贸易手册，在企业多口岸报关周转困难或异地深加工结转需要的情况下，可再申请领取有独立编号的加工贸易手册分册，或其他准予备案的凭证。

合同备案流程图见图 4—1。

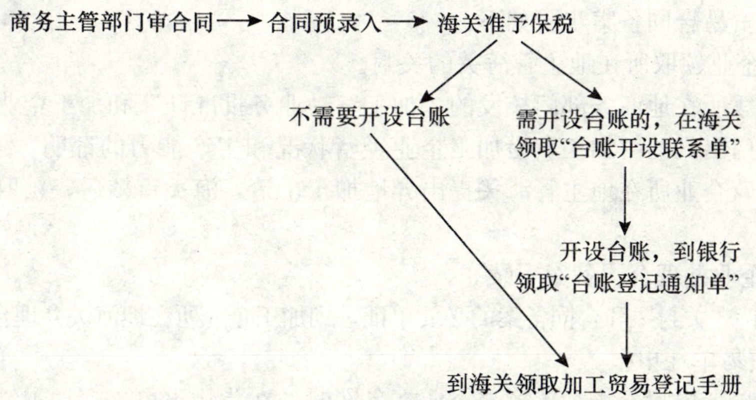

图 4—1　合同备案流程图

(2) 合同备案的变更。

已在海关登记备案的加工贸易合同，其品名、规格、金额、数量、加工期限、单耗、商品编码等发生变化的，须向主管海关办理合同备案变更手续，开设台账的合同还须变更台账。

合同变更应在合同有效期内报原商务主管部门审批。

为简化合同变更手续，对贸易性质不变、商品品种不变、合同变更的金额小于1万美元（含1万美元）和合同延长不超过3个月的合同，企业可直接到海关和银行办理变更手续，不需再经商务主管部门审批。具体变更手续如下：

1）备案合同金额调整：1万美元及以下的备案合同，变更后进口金额超过1万美元的，适用AA类、A类、B类管理的企业，需重新开设台账的应重新开设台账。

2）企业管理类别调整：合同从空转变为实转的，应对原备案合同交付台账保证金。经海关批准，可只对原合同未履行出口部分收取台账保证金；企业管理类别调为D类企业，经海关批准，对已备案合同允许交付全额台账保证金后继续执行，但合同不得变更和延期。

3）商品类别调整：对允许类商品转为限制类商品的，已备案合同不再交付保证金；对原限制类或允许类转为禁止类的，对已备案的合同按国家即时发布的规定办理。

思考

东部地区B类企业的合同金额变更后，若进口料件为限制类商品，是否需要缴纳保证金？

（3）与合同备案相关的事宜。

1）异地加工贸易合同备案。

异地加工贸易是指一个直属海关的关区内加工贸易经营企业，将进口料件委托另一个直属海关的关区内加工生产企业加工，生产成品后回收出口的加工贸易。

开展异地加工贸易应由经营企业向加工企业所在地主管海关办理合同备案手续，如需要设立台账的，也应在加工企业所在地设立台账。海关对开展异地加工贸易的经营企业和加工企业实行分类管理，如果两个企业的管理类别不一样，则按照其中较低的类别管理。

异地加工贸易合同备案步骤如下：

A. 经营企业领取所在地主管海关的关封。

经营企业凭所在地商务部门核发的“加工贸易业务批准证”和加工企业所在地县级以上商务主管部门出具的“加工贸易加工企业经营状况和生产能力的证明”，填制异地加工申请表，向经营企业所在地主管海关提出异地加工申请，海关审核后，领取所在地主管海关的关封。

B. 经营企业办理合同备案手续。

经营企业持“关封”和合同备案的必要单证，到加工企业所在地海关办理合同备案手续。

2）加工贸易单耗申报。

加工贸易单耗申报是指加工贸易企业在备案时，在货物出口、深加工结转、内销或报核前向海关如实申报加工贸易单耗的行为。其计算公式如下：

单耗＝净耗/(1－工艺损耗率)

其中，单耗指加工贸易企业在正常加工条件下加工单位成品所耗用的料件量，包括净耗和工艺损耗。

净耗指在加工后，料件通过物理变化或者化学反应存在或者转化到单位成品中的量。

工艺损耗指因加工工艺原因，料件在正常加工过程中除净耗外所必需耗用，但不能存在或者转化到成品中的量，包括有形损耗、无形损耗。

工艺损耗率指工艺损耗占所耗用料件的百分比。

单耗申报的具体内容包括：

A. 加工贸易项下料件和成品的商品名称、商品编码、计量单位、规格型号和品质；

B. 加工贸易项下成品的单耗；

C. 加工贸易同一料件有保税和非保税料件的，应当申报非保税料件的比例、商品名称、计量单位、规格型号和品质。

3）加工贸易外发加工申请。

外发加工是指经营企业因受自身生产特点和条件限制，经海关批准并办理有关手续，委托承揽企业对加工贸易货物进行加工，在规定期限内将加工后的产品运回本企业并最终复出口的行为。

外发加工的成品、剩余料件及生产过程中产生的边角料、残次品、副产品等加工贸易货物，经经营企业所在地主管海关批准，可以不运回本企业。

经营企业申请开展外发加工业务，经海关审核批准后，方可进行外发加工。在申请时应当如实填写“加工贸易货物外发加工申请审批表”和“加工贸易外发加工货物外发清单”，并提供如下单证：

A. 经营企业签章的“加工贸易货物外发加工申请表”；

B. 经营企业与承揽企业签订的加工合同或协议；

C. 承揽企业营业执照复印件；

D. 经营企业签章的“承揽企业经营状况和生产能力证明”；

E. 海关需收取的其他单证和材料。

经营企业或承揽企业生产经营管理不符合海关监管要求，以及申请外发的货物属于涉案货物且案件未审结的，海关不予批准外发加工业务。

4）加工贸易串料申请。

串料是指因生产需要，将一个出口合同内的料件用于生产另外一个出口合同的产品。

加工贸易货物应当专料专用；因加工出口产品急需，经海关核准，同一经营企业保税料件之间、保税料件与非保税料件之间可以进行串换，但应当遵循同品种、同规格、同数量、不牟利的原则。

5）加工贸易抵押申请。

经经营企业申请，海关批准，加工贸易货物可以抵押。但有下列情形之一的，不予办理抵押手续：

A. 抵押影响加工贸易货物生产正常开展的；

B. 抵押加工贸易货物或其使用的保税料件涉及进出口许可证件管理的；

C. 抵押加工贸易货物属来料加工货物的；

D. 以合同为单元进行管理，抵押期限超过手册有效期限的；

E. 以企业为单元进行管理，抵押期限超过 1 年的；

F. 经营企业或加工企业涉嫌走私、违规，被海关立案调查、侦查，案件未审结的；

G. 经营企业或加工企业因为管理混乱被海关要求整改，在整改期内的；

H. 海关认为不予批准的其他情形。

2. 联网监管管理下的合同备案

联网监管是指加工贸易企业通过数据交换平台或者其他计算机网络方式，向海关报送能满足海关监管需要的物流、生产经营等数据，海关对数据进行核对、核算，并结合实物进行核查的一种海关保税加工监管方式。

海关实施联网监管采用两种方式：一种是针对大型加工贸易企业，以企业的整体加工贸易业务为单元，实施电子账册方式联网监管；另一种是针对中小型加工贸易企业，以企业的单个加工贸易合同为单元，实施电子化手册方式联网监管。

(1) 电子账册管理下的合同备案。

电子账册的建立需三个步骤：

第一步：联网监管的申请和审批。

1) 企业在向海关申请联网监管前，应当先向企业所在地商务主管部门办理前置审批手续，由商务主管部门对加工贸易经营范围依法进行审批；

2) 经商务主管部门审批同意后，加工贸易企业向所在地直属海关提出书面申请，经审核符合联网监管条件的，主管海关制发“海关实施加工贸易联网监管通知书”。

第二步：加工贸易业务的申请和审批。

1) 向商务主管部门提出，商务主管部门总体审定联网企业的加工贸易资格、业务范围和加工生产能力；

2) 符合条件的商务主管部门予以批准，并签发“联网监管企业加工贸易业务批准证”。

第三步：建立商品归并关系和电子账册。

1) 联网企业凭商务主管部门签发的“联网监管企业加工贸易业务批准证”向所在地主管海关申请建立电子账册。

2) 电子账册是在商品归并关系确立的基础上建立起来的，没有商品归并关系就不能建立电子账册。商品归并关系是指海关与联网企业根据监管的需要按照中文品名、HS编码、价格、贸易管制等条件，将联网企业内部管理的“料号级”商品与电子账册备案的“项号级”商品归并或拆分，建立一对多或多对一的对应关系。

3) 电子账册包括“经营范围电子账册”(IT账册) 和“便捷通关电子账册”(E账册)。“经营范围电子账册”不能直接报关，主要用来检查控制“便捷通关电子账册”进出口商品的范围。“便捷通关电子账册”用于加工贸易货物的备案、通关和核销。

A. “经营范围电子账册”备案与备案变更。

a. 企业凭商务主管部门的批准证通过网络向海关办理该账册备案。

b. 备案内容包括：经营单位名称和代码；加工单位名称和代码；批准证件编号；加工生产能力；加工贸易进口料件和成品范围（HS编码前4位）。

c. 企业收到海关的备案信息后，应将商务主管部门的纸质批准文件交海关存档。

若企业的经营范围、加工能力发生变更时，经商务主管部门批准后，企业可通过网络向海关办理申请变更，海关予以审核通过，并收取商务主管部门出具的“联网监管企业加工贸易业务批准证变更证明”等相关材料。

B.“便捷通关电子账册”备案与备案变更。

a. 企业可以通过网络向海关办理账册备案；

b. 备案的内容包括企业基本情况表，料件、成品部分，单耗关系；

c. 料件必须在相关料件进口前备案，成品和单耗关系最迟在相关成品出口前备案，其他部分可同时申请备案，也可分阶段申请备案；

d. 海关将根据企业的加工能力设定电子账册最大周转金额，并对部分高风险或需重点监管的料件设定最大周转数量；

e. 电子账册进口料件的金额、数量和电子账册剩余料件的金额数量不得超过最大周转金额和最大周转数量。

若企业的最大周转金额、核销期限等需要变更时，应向海关提交申请，海关批准后直接变更。账册基本情况表中的内容、料件成品发生改变，只要未超出经营范围和加工能力，不必报商务主管部门审批，可以通过网络直接向海关申请变更。

(2) 电子化手册管理下的合同备案。

1) 电子化手册管理的特点。

A. 以合同为单元进行管理。海关根据合同（订单）建立电子底账，企业根据合同（订单）数量建立多本电子化手册。

B. 企业通过向商务主管部门和海关申请办理合同审批和合同备案、变更等手续。

C. 纳入电子化手册的加工贸易货物进口时予以全额保税。

D. 纳入加工贸易银行保证金台账制度管理。

E. 无须调度手册，凭身份认证卡实现全国口岸的报关。

2) 电子化手册备案的种类。

A. 合同常规备案。

与纸质合同备案相同，可参见纸质手册管理。

B. 分段式备案。

分段式备案，即将电子化手册的相关内容分为合同备案与通关备案两部分分别备案，通关备案的数据建立在合同备案数据基础上。

电子化手册备案时，海关审核的要求和纸质手册的审核要求是一致的。海关审核企业的备案申请内容与商务部门出具的“加工贸易业务批准证”是否相符，备案申请数量是否超出了商务部门确定的加工生产能力，企业的相关申请是否符合法律、行政法规的规定等。电子化手册审核通过后，系统自动生成手册编号。

3) 备案的变更。

A. 合同备案变更。

企业办理合同备案变更手续时，应当通过电子口岸向主管海关发送合同备案的变更数据，并应提供企业的变更申请与商务部门出具的“加工贸易业务批准证变更证明”及其他所需的材料。

B. 通关备案变更。

在合同变更通过后，系统将自动变更通关备案的数据。

(二) 进出境报关

1. 纸质手册管理下的保税加工货物报关

纸质手册管理下的保税加工货物报关包括：进出境货物报关、加工贸易保税货物深加工结转报关和其他保税加工货物报关。

(1) 进出境货物报关。

保税加工货物的加工贸易经营单位或其代理人持加工贸易手册或其他准予合同备案的凭证向海关报关，其进出境的报关程序是：申报—配合查验—保税—提取或装运货物。

1) 关于进出口许可证件管理。

A. 进口料件，除易制毒化学品、监控化学品、消耗臭氧层物质、原油、成品油外，均可免交许可证件。

B. 出口成品，属于国家规定应交验许可证件的，在出口报关时必须交验许可证件。

2) 关于进出口税收征管。

A. 准予保税加工贸易进口料件，进口时暂缓纳税；

B. 加工贸易项下的出口应税商品，如全部使用进口料件生产，不征收出口关税；

C. 加工贸易项下应税商品，如部分使用进口料件，部分使用国产料件加工的产品，则按海关核定的比例征税；

D. 加工贸易出口未锻铝，无论是否有国产料件投入，按一般贸易出口货物从价计征出口关税。

(2) 加工贸易保税货物深加工结转报关。

加工贸易保税货物深加工结转是指加工贸易企业将保税料件加工的产品转至另一个加工贸易企业进一步加工后复出口的经营活动。其程序是：计划备案—收发货登记—结转报关3个环节。

1) 计划备案。

加工贸易企业开展深加工结转，转出企业、转入企业向各自的主管海关提交加工贸易保税货物深加工结转申请表（一式四联），申报结转计划备案，其程序见图4—2。

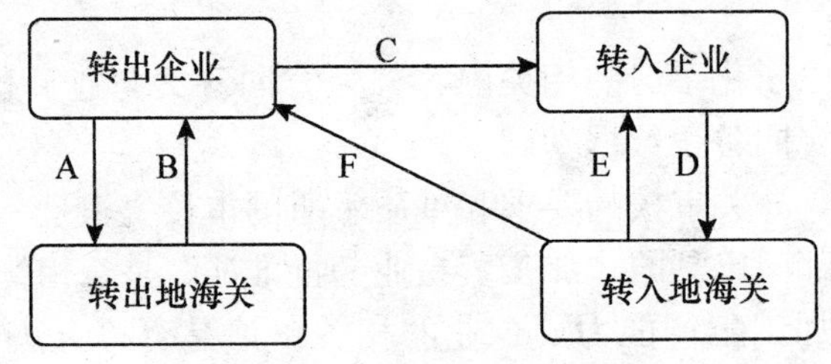

图4—2 计划备案程序图

A. 转出企业填写申请表（一式四联）并签章，凭此向转出地海关备案；

B. 转出地海关备案后，留存申请表第一联，其余三联退转出企业；

C. 转出企业将其余三联交转入企业；

D. 转入企业自转出地海关备案之日起20日内，持申请表的其余三联，填写本企业相关内容后签章，向转入地海关办理备案手续；

E. 转入地海关审核后，将申请表第二联留存，第三联交转入企业凭以办理结转收发货登记及报关手续；

F. 海关将第四联交转出企业凭以办理结转收发货登记及报关手续。

2）收发货登记。

A. 转出、转入企业办理结转计划备案后，应该按照海关核准的计划进行实际收发货；

B. 转出、转入企业每批次收发货记录应当在实际结转情况登记表上如实登记，并加盖企业结转专用名章；

C. 结转货物退货的，两企业应当将实际退货情况在登记表中登记，同时注明“退货”字样，并各自加盖企业结转专用名章。

3）结转报关。

转出、转入企业实际收发货后，应当分别在转出地、转入地海关办理结转报关手续，其程序见图4—3。

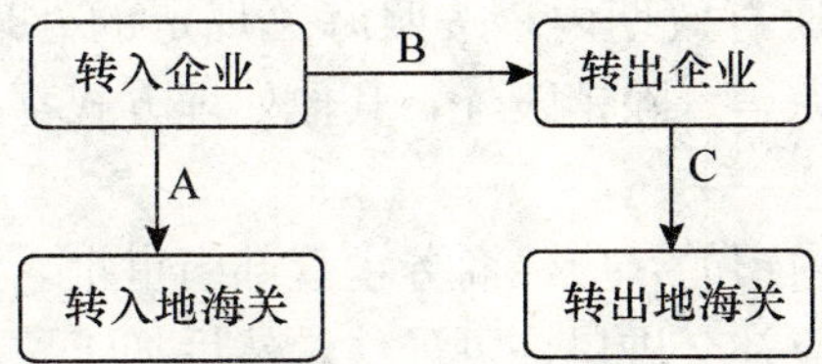

图4—3　加工贸易保税货物深加工结转报关程序图

A. 转入企业凭“申请表”、“登记表”等单证向转入地海关办理结转进口报关手续。

B. 转入企业在结转进口报关后的第二个工作日内将报关情况通知转出企业。

C. 转出企业自接到转入企业通知之日起10日内，凭“申请表”、“登记表”等单证向转出地海关办理结转出口报关手续。

知识链接

保税货物深加工结转

深加工结转，又叫做转厂，其本质是转出企业一定是成品转出，转入企业一定是当做料件转进。任何企业的料件是不能直接转出的。比如，甲企业备案了一个生产布的加工贸易合同，要进口纱线出口布，而另一关区乙企业也在海关备案了一个生产西服的加工贸易合同，要进口布制成西服出口。于是甲企业进口了纱线完成了布的生产，经海关同意后移交给乙企业，乙企业当做料件进口，甲企业将这批布当成出口成品报关。

D. 注意事项：

a. 转出、转入企业每批实际发（收）货后，应当在90日内凭一份申请表分批或者集中办结该批货物的报关手续；

b. 结转进出口报关的申报价格为结转货物的实际成交价格；

c. 一份结转进口报关单对应一份结转出口报关单，两份报关单之间对应的申报序号、商品编号、数量、价格和手册号应当一致；

d. 结转货物分批报关的，企业应当同时提供“申请表”和“登记表”的原件及复印件。

（3）其他保税加工货物报关。

其他保税加工货物是指生产过程中产生的剩余料件、边角料、残次品、副产品和受灾保税货物。

剩余料件是指在加工复出口生产过程中剩余的可以继续用于加工制成品的加工贸易进口料件。

边角料是指在加工复出口生产过程中，在海关核准的单耗内产生的无法再用于该合同项下的数量合理的废料、碎料、下脚料等。

残次品是指在加工复出口生产过程中，产生的有严重缺陷或者不能达到出口标准的成品或半成品。

副产品是指加工出口合同规定的制成品时，同时产生的且出口合同未规定应当复出口的一个或一个以上的其他产品。

受灾保税货物是指加工过程中，因不可抗力或其他海关认可的正当理由造成的损毁、灭失或短少，导致无法复出口的保税进口料件或加工产品。

上述货物必须在登记手册有效期内，按照海关规定的处理方式，即内销、结转、退运、放弃、销毁等方式处理完毕。除销毁外，其他处理方式都要填制报关单报关。

1）内销。

保税加工货物因故需转内销的，应经商务主管部门审批，经批准允许内销的加工贸易保税货物属许可证管理的，应补交进口许可证件，然后加工贸易企业凭“加工贸易保税进口料件内销批准证”和许可证件向主管海关办理内销料件的进口报关手续。申请内销的剩余料件，如果金额占该加工贸易合同项下实际进口料件总额 3%及以下且总值在人民币 1 万元以下（含 1 万元），免予审批，免交许可证。内销征税应遵循如下规定：

A. 关于征税的数量。

剩余料件和边角料内销，直接按申报数量计征进口税；

制成品和残次品内销，根据单耗关系折算出保税进口料件耗用数量计征税款；

副产品内销，按申报时实际状态的数量计征进口税。

B. 关于征税的完税价格。

进料加工料件或其制成品（包括残次品）内销时，以料件的原进口成交价格为基础确定完税价格；来料加工料件或其制成品（包括残次品）内销时，以接受内销申报的同时或大约同时进口的，与料件相同或者类似的货物的进口成交价格为基础确定完税价格；加工企业内销加工过程中产生的副产品或者边角料，以内销价格作为完税价格。

C. 关于征税的税率。

经批准正常的转内销征税，适用海关接受申报办理纳税手续之日实施的税率；

若内销商品属关税配额管理，而在办理纳税手续时又没有配额证的，应当按商品配额外适用的税率缴纳进口税。

D. 关于征税的缓税利息。

保税加工货物经批准内销，凡是依法应征税的，除征税外，均应缴纳缓税利息（除边角料外）。

2）结转。

加工贸易企业可以向海关申请将剩余料件结转到另一个加工贸易合同项下生产出口，但必须在同一经营单位、同一加工厂、同样的进口料件和同一加工贸易方式的情况下结转。

A. 申请剩余料件结转应提交的单证主要有企业申请剩余料件结转的书面材料；企业

拟结转的剩余料件清单；海关按规定需收取的其他单证和材料。

B. 结转申请的审核：

海关将依法对企业结转申请予以审核，对不符合规定的作出不予结转的决定，并告知企业按照规定将不予结转的料件退出境外、征税内销、放弃或销毁；

对符合规定的，海关会作出准予结转的决定，并向企业签发加工贸易剩余料件结转联系单，由企业在转出手册的主管海关办理出口报关手续，在转入手册的主管海关办理进口报关手续；对准予结转企业将剩余料件结转至另一加工厂的，将收取相当于拟结转料件应缴纳税额的保证金或银行保函。

3）退运。

加工贸易企业因故将剩余料件、边角料、残次品、副产品等退运出境的，持登记手册等向口岸海关报关，办理出口手续，留存有关报关单备查。

4）放弃。

企业放弃剩余料件、边角料、残次品、副产品等，交由海关处理，应提交书面申请。对符合规定的，经海关批准并开具放弃加工贸易货物交接单。

企业凭交接单将放弃货物在规定时间内运到海关指定仓库，并办理货物报关手续。

主管海关凭接受放弃货物部门签章的加工贸易企业放弃加工货物交接单及其他有关单证，核销企业的放弃货物。

如果申请放弃的货物属于国家禁止或限制进口的废物；申请放弃的货物属于对环境造成污染的或者法律、行政法规、规章规定不予放弃的其他情形，海关将做出不予放弃的决定。

5）销毁。

对于不予办理结转或不予放弃的货物，或涉及知识产权原因企业要求销毁的加工贸易货物，企业可向海关提出销毁申请，海关经核实同意销毁，由企业按规定销毁，必要时海关可以派员监督销毁。货物销毁后，企业收取海关出具的销毁证明材料，准备报核。

6）受灾保税加工货物的处理。

加工贸易企业须在受灾后 7 日内向主管海关书面报告，并提供相关证明材料，海关可派员核查取证。

A. 因不可抗力造成受灾保税加工货物灭失，或失去使用价值，可由海关审定，免税。

B. 因不可抗力造成需销毁处理的受灾货物，同其他保税货物销毁处理一样。

C. 因不可抗力造成受灾保税加工货物失去原使用价值，但可再利用的，按照海关审定的保税货物价格及对应的税率缴纳进口税和缓税利息。

D. 对非不可抗力因素造成的受灾保税加工货物，海关按照原进口货物成交价格审定完税价格，照章征税。

E. 因不可抗力造成的受灾保税货物对应的原进口料件内销征税时，属于许可证管理的，免交许可证；反之，因非不可抗力造成的，则应当交验进口许可证。

2. 联网监管下保税加工货物的报关

（1）电子账册管理下的保税加工货物报关。

电子账册模式下联网监管企业的保税加工货物报关与纸质手册模式一样，也有进出境货物报关、深加工结转货物报关和其他保税加工货物报关 3 种情形。

1）进出境货物报关。

A. 报关清单的生成。

使用电子账册报关的企业应先根据实际进出口情况，从企业系统导出料号级数据生成归并前的报关清单，通过网络发送到电子口岸。

B. 报关单的生成。

联网企业应使用企业内部计算机，采用计算机原始数据形成报关清单，报送中国电子口岸；电子口岸将企业报送的报关清单根据归并原则进行归并，并拆分成报关单后发送回企业，由企业填报完整的报关单内容，然后通过网络向海关正式申报。

C. 报关单的修改与撤销。

不涉及报关清单的报关单内容可直接进行修改，涉及报关清单的报关单内容必须先修改报关清单，再重新进行归并；报关单经海关审核通过后，一律不得修改，必须进行撤销重报，带报关清单的报关单撤销后，报关清单一并撤销，不得重复使用。

D. 申报方式选择。

联网企业可根据需要及海关的规定分别选择有纸报关或无纸报关方式申报。

2）深加工结转货物报关。（可参照纸质手册的内容。）

3）其他保税加工货物报关。（可参照纸质手册的内容。）

经主管海关批准，联网监管企业可按月度集中办理内销征税手续。

按月度集中办理内销征税手续的联网企业，在每个核销周期结束前，必须办结本期所有的内销征税手续。

联网企业以内销、结转、退运、放弃、销毁等方式处理的报关手续，参照纸质手册管理。后续缴纳税款时，缓税利息计息日为电子账册上期核销之日（未核销过的为“便捷通关电子账册”记录首次进口料件之日）的次日至海关开具税款缴纳证之日止。

（2）电子化手册管理下的保税加工货物报关。

电子化手册的报关程序与纸质手册相同，也包括进出境货物报关、深加工结转货物报关和其他保税加工货物报关3种情形。

1）报关清单的生成。

企业在加工贸易货物进出境报关前，应从企业管理系统导出料号级数据生成归并前的报关清单，或通过电子口岸电子化手册系统按规定格式录入当次进出境的料号级清单数据，并向电子口岸数据中心报送。

2）报关单的生成。

数据中心按归并关系和其他合并条件，将企业申报的清单生成报关单。企业通过联网监管系统的报关申报系统调出清单所生成的报关单信息后，将报关单上剩余各项填写完毕，即可生成完整的报关单，向海关进行申报。如属异地报关的，本地企业将报关单补充完整后，将报关单上传，由异地报关企业下载报关单数据进行修改或补充后向海关申报。

3）报关单的修改与撤销。

异地报关的报关单被退回，并且涉及修改表体商品信息的，应由本地企业从清单开始修改，并重新上传报关单，异地下载后重新申报；若仅需修改表头数据的，则可由异地直接修改报关单表头信息后，直接向海关申报。

（三）核销结关

1. 纸质手册管理下的合同核销

加工贸易合同的核销包括加工贸易企业向主管海关申请核销结案的行为和海关对符合规定的货物依法核查并解除监管的行为。

（1）报核的期限。

1）经营企业应在规定的时间内将料件加工复出口，并自加工贸易手册项下最后一批成品出口或者加工贸易手册到期之日起 30 日内向海关申请报核；

2）因故提前终止的合同，应自合同终止之日起 30 日内向海关报核。

（2）报核的单证。

1）企业合同核销申请表；

2）加工贸易登记手册；

3）进出口货物报关单；

4）核销核算表；

5）其他海关需要的材料。

（3）报核步骤。

1）合同履约后，及时将登记手册和进出口报关单进行收集、整理、核对；

2）根据有关账册记录、仓库记录和生产工艺资料等计算此合同的实际单耗，并据此填写核销核算表；

3）填写核销预录入申请单，办理预录入手续；

4）携带相关报核单证到主管海关报核，填写报核签收“回联单”。

（4）特殊情况的报核。

1）遗失登记手册的合同报核。

企业遗失手册要及时向主管海关报告，主管海关及时移交缉私部门按规定进行处理。缉私部门处理后，企业应该持以下单证向主管海关报核：

A. 遗失的书面报告；

B. 申请核销的书面材料；

C. 加工贸易货物进出口报关单；

D. 缉私部门出具的“行政处罚决定书”；

E. 海关规定需要收取的其他单证和材料。

2）遗失报关单的合同报核。

可以凭报关单复印件向原报关地海关申请加盖海关印章后报核。

3）不申请登记手册的辅料合同的报核。

企业直接持进出口报关单、合同、核销核算表报核。

4）撤销合同的报核。

合同备案后因故未发生进出口而申请核销的，应报商务主管部门审批，企业凭审批件和手册报核。

5）有违规行为的加工贸易合同的核销。

凭相关证明材料（如“行政处罚决定书”、“判决书”、“裁决书”等）向海关报核。

（5）海关受理报核和核销。

1）海关审核报核企业申请，对不符合规定的，书面告知并要求重新报核；符合规定的，受理。

2）核销时限：海关受理之日起20个工作日内核销完毕，特殊情况，经批准可延长10个工作日。

3）经过核销情况正常的：

A. 未开设台账的，海关立即签发“核销结案通知书”；

B. 开设台账的，海关签发“银行保证金台账核销联系单”，企业凭以到银行销台账，并领取“银行保证金台账核销通知单”，凭以向海关领取核销结案通知书。

2. 联网监管下的合同核销

（1）电子账册管理下的合同核销。

电子账册模式的核销实行滚动核销的形式，企业必须在规定的期限内完成报核手续，确有正当理由不能按期报核的，经主管海关批准，最长可延期60天。

1）企业报核。

A. 预报核。

预报核是加工贸易联网企业报核的组成部分。企业在向海关正式申请核销前，在电子账册本次核销周期到期之日起30天内，将本核销期限内申报的所有电子账册进出口报关数据，按海关要求的内容以电子报文形式向海关申请报核；企业预报核，海关的计算机反馈“同意报核”的，企业应提交相关单据进入正式报核。

B. 正式报核。

即企业预报通过海关审核后，以预报核海关核准的报关数据为基础，填报本期保税进口料件应当留存数量、实际留存数量等内容，以电子报文形式向海关正式申请报核。

2）海关核销。

海关通过对书面数据进行核算，确定是否平衡，另外还会根据实际情况盘库。

A. 报核数据与海关底账数据及盘点数据相符的，海关通过正式报核审核，系统自动将本期的结余数作为下一期期初数。

B. 企业实际库存量多于电子底账核算结果的，海关会按实际库存量调整电子底账的当期结余数量。

C. 企业实际库存量少于电子底账核算结果，且可以提供正当理由的，对短缺部分按内销处理；若不能提供正当理由的，对短缺部分，移交缉私部门处理。

（2）电子化手册管理下的合同核销。

企业通过电子口岸数据中心向主管海关报送报核表头、报关单、进口料件、出口成品和单耗等五方面的报核数据；海关则对电子化手册按照对应的合同或订单项下的加工贸易进出口情况进行平衡核算。

教学互动

1. 单选题：北京某企业实行海关B类管理，对外签订进口3万美元棉坯布（加工贸易限制类商品）生产出口服装垫肩的加工贸易合同，合同备案的手续应当是（　　）。

A. 不转　　　　B. 空转　　　　C. 半实转　　　　D. 实转

2. 单选题：保税加工货物内销，海关按规定免征缓税利息的是（　　）。

A. 副产品　　　　　　　　B. 残次品

C. 边角料　　　　　　　　D. 不可抗力受灾保税货物

3. 多选题：以下有关加工贸易单耗、净耗、工艺损耗，以及损耗率的含义，表述正确的是（　　）。

A. 单耗是指加工贸易企业在正常加工条件下加工单位成品所耗用的料件量，单耗包括净耗和工艺损耗，单耗＝净耗/（1－工艺损耗率）

B. 净耗是指在加工后，料件通过物理变化或者化学反应存在或者转化到单位成品中的量

C. 工艺损耗是指因加工工艺原因，料件在正常加工过程中除净耗外所必需耗用、不能存在或者转化到成品中的量，但不包括无形损耗

D. 工艺损耗率是指工艺损耗占所耗用料件的百分比

4. 单选题：公司生产A型号的显示器外壳，每个显示器外壳中所含的ABS塑料粒子的重量为1千克，在生产过程中的工艺损耗率为20%。该公司向海关申报A型号显示器的ABS塑料粒子单耗时，其单耗值应报为（　　）。

A. 0.80千克/个　　　　　　B. 1.00千克/个

C. 1.20千克/个　　　　　　D. 1.25千克/个

5. 判断题：加工贸易工艺损耗是指因加工工艺原因，料件在正常加工过程中除净耗外所必需耗用但不能存在或者转化到成品中的无形损耗的量。（　　）

能力二　制作保税加工货物报关单

保税加工货物应该使用相应的报关单，如来料加工货物应使用来料加工专用货物报关单；进料加工货物应使用进料加工专用货物报关单。这些特殊报关单部分栏目的填制与一般进出口货物报关单的填制有区别，鉴于能力单元三对一般进出口货物报关的项目填制进行了详细的介绍，本单元仅介绍保税加工货物报关单与一般进出口货物报关单栏目中不同的填制规范，其他相同的栏目可参见一般进出口货物报关单的填制部分。

一、进（出）口口岸

（1）加工贸易货物：填报货物限定或指定进出口岸的口岸海关名称及代码，限定或指定口岸与货物实际进出口口岸不符合的，应向合同备案主管海关办理变更手续。

（2）转关运输货物：

1）进口转关：填报货物进境地海关名称及代码。

2）出口转关：填报货物出境地海关名称及代码。

（3）按转关运输方式监管的跨关区深加工结转货物，进口报关单填写转入地海关名称及代码，出口报关单填写转出地海关名称及代码。

思考

厦门某外商投资企业利用自有资金进口零件（法定计量单位千克）用于本企业设备维修，货物于2011年6月28日运抵上海浦东国际机场（机场代码PVG），办理相关手续后，于6月29日运至厦门高崎机场向海关办理进口报关纳税手续，请问进口口岸栏应填报哪个海关？

二、备案号

（1）加工贸易项下除少量低值辅料按照规定不使用加工贸易手册及其后续退补税监管方式办理内销征税外的货物，本栏目应该填写加工贸易登记手册编号，不得为空。

（2）使用异地直接报关分册和异地深加工结转出口分册在异地口岸报关的，本栏目填分册号；本地直接报关分册和本地深加工结转分册限制在本地报关，本栏目填总册号。

（3）加工贸易设备之间结转，转入和转出企业分别填制进出口报关单，在本栏目填加工贸易手册编号。

（4）加工贸易成品凭“征免税证明”转为减免税进口货物的，进口报关单填报征免税证明编号，出口报关单填报加工贸易手册编号。

部分备案号代码如表4—2所示。

表4—2 部分备案号代码表

首位代码	备案审批文件
B	加工贸易手册（来料加工）
C	加工贸易手册（进料加工）
E	加工贸易电子账册
F	加工贸易异地报关分册
G	加工贸易深加工结转异地报关分册
H	出口加工区电子账册

三、运输方式

特殊运输方式指没有实际进出境的运输方式，其填报要求与实际进出境货物的运输方式不同：

（1）出口加工区、珠海园区与境内区外之间进出的，区外企业填报“出口加工区”（代码Z），区内企业填报“其他运输”（代码9）；

（2）其他没有实际进出境而是在境内流转的货物，填报“其他运输”（代码9），如特殊监管区域间的流转货物，特殊监管区域外的加工贸易余料结转、深加工结转、内销等货物。

四、收货单位/发货单位

（1）有海关注册编码或加工贸易企业编码的收、发货单位，进口货物报关单的“收货单位”栏或出口货物报关单的“发货单位”栏必须填报中文名称及编码；没有编码的，填报中文名称。

(2) 加工贸易报关单的收、发货单位应与加工贸易手册的"经营单位"或"加工企业"一致。

五、贸易方式（监管方式）

此栏应根据实际情况按海关规定的"监管方式代码表"选择相应的监管方式简称及代码进行填写，具体填写要求如下。

(一) 加工贸易项下的进口料件和出口成品

1. 来料加工

适用于来料加工项下进口的料件和加工出口的成品。其监管方式代码"0214"，简称"来料加工"。

2. 进料加工

适用于进料加工项下进口的料件和加工出口的成品。监管方式代码"0615"，简称"进料对口"。

(二) 加工贸易项下的其他货物

1. 结转

加工贸易料件深加工结转货物，转入、转出企业分别填制进、出口报关单，监管方式填报"来料深加工"(0255) 或"进料深加工"(0654)。

加工贸易中，将余料结转到本企业同一加工监管方式下的另一个加工贸易合同，继续加工为制成品后复出口的，应分别填制进、出口报关单，监管方式填报"来料余料结转"(0258) 或"进料余料结转"(0657)。

2. 内销

加工贸易加工过程产生的剩余料件、制成品、半成品、残次品及受灾保税货物，经批准转为国内销售，应填制进口报关单，监管方式填报"来料料件内销"(0245) 或"进料料件内销"(0644)。

加工贸易边角料内销和副产品内销的，应填制进口报关单，填报"来料边角料内销"(0845) 或"进料边角料内销"(0844)。

加工贸易成品凭"征免税证明"转为减免税进口货物的，应分别填制进/出口报关单，出口报关单本栏目填报"来料成品减免"(0345) 或"进料成品减免"(0744)，进口报关单本栏目则按照实际监管方式填报。

3. 退运

加工贸易进口料件因品质、规格等原因退运出境，且不再更换同类货物进口的，或加工过程中产生的剩余料件、边角料退运出境的，分别填报"来料料件复出"(0265)、"来料边角料复出"(0865)、"进料料件复出"(0664)、"进料边角料复出"(0864)。

4. 退换

加工贸易保税料件因品质、规格等原因退运出境，更换料件后复进口的，退运出境报关单和复运进境报关单的监管方式应填报为"来料料件退换"(0300) 或"进料料件退换"(0700)。

加工贸易出口成品因品质、规格等原因退运进境，经加工、维修或更换同类商品复出口的，退运进境报关单和复运出境报关单的监管方式应填报为"来料成品退换"(4400) 或"进料成品退换"(4600)。

5. 放弃

加工贸易进口料件不再用于加工成品出口，或生产的半成品、成品因故不再出口，主动放弃交由海关处理时，应填制进口报关单，填报“料件放弃”（0200）或“成品放弃”（0400）。

六、征免性质

加工贸易货物报关单应按照海关核发的“加工贸易手册”中批注的征免性质简称及代码填报。特殊情况填报要求如下：

（1）加工贸易转内销的货物，按照实际情况填报，如“一般征税”（101）、“科教用品”（401）、“其他法定”（299）等。

（2）料件退运出口、成品退运进口的货物，本栏目填报“其他法定”（299）。

（3）加工贸易结转货物，本栏目免予填报。

七、随附单据

加工贸易内销征税报关单，随附单据代码栏填写“C”，随附单证编号栏填写海关审核通过的内销征税联系单号。

八、标记唛头及备注

（1）加工贸易结转货物及凭征免税证明转内销的货物，其对应的备案号应填报在“备注”项，如“转至（自）×××××××手册”。

（2）加工贸易结转类的报关单，应先办理进口报关，并将进口报关单号填入出口报关单“标记唛头及备注”栏的“备注”项。

（3）其他申报时必须说明的事项。如来料加工出口成品报关单须在“标记唛码及备注”栏注明料件费和工缴费金额。

九、项号

加工贸易项下进出口货物的报关单，第一行填报报关单中的商品顺序编号，第二行专用于加工贸易、减免税和实行原产地证书联网管理等已备案的审批货物，填报该项商品在“加工贸易手册”中的商品项号、减免税证明或对应的原产地证书上的商品项号，用于核销对应项号下的料件或成品数量。

十、商品名称、规格型号

加工贸易等已备案的货物，填报的内容必须与备案登记中同项号下货物的商品名称与规格型号一致。

加工贸易边角料和副产品内销、边角料复出口的，应填报其报验状态的名称和规格型号，属边角料、副产品、残次品、受灾保税货物且按规定需加以说明的，填注规定的字样。

十一、数量及单位

加工贸易等已备案的货物，成交计量单位必须与“加工贸易手册”中同项号下货物的计量单位一致，加工贸易边角料和副产品内销、边角料复出口的，本栏目填报其报验状态的计量单位。

十二、征免

加工贸易货物报关单应根据“加工贸易手册”中备案的征免规定填报；“加工贸易手册”中备案的征免规定为“保金”或“保函”的，应填写“全免”。

总结

保税加工货物报关单填制规范

报关单相关栏目	进料加工货物报关单填制规范		来料加工货物报关单填制规范		深加工结转货物报关单填制规范	
	料件进口	成品出口	料件进口	成品出口	形式进口	形式出口
进/出口岸	指定范围内实际进/出口口岸海关		指定范围内实际进/出口口岸海关		接受申报的海关	
备案号	加工贸易手册编号		加工贸易手册编号		转入手册编号	转出手册编号
贸易方式	进料对口		来料加工		来/进料深加工	
征免性质	进料加工		来料加工		免予填报	
用途	加工返销	……	加工返销	……	加工返销	……
征免	全免	全免，但应征出口税的填“照章征税”	全免	全免，但应征出口税的填“照章征税”	全免	
运输方式	实际进/出境运输方式		实际进/出境运输方式		其他运输	
运输工具名称	实际进/出境运输工具名称		实际进/出境运输工具名称		免予填报	
起运国/抵运国	实际起运国	实际运抵国	实际起运国	实际运抵国	中国	
备注				料件费；工缴费	转出手册编号	转入进口报关单号；转入手册编号
项号（第2行）	手册对应进口料件项号	手册出口成品项号	手册对应进口料件项号	手册出口成品项号	转入手册对应进口料件项号	转出手册出口成品项号
原产国/最终目的国	料件进口原产国	成品出口最终目的国	料件进口原产国	成品出口最终目的国	中国	

教学互动

重庆圆梦电子有限公司使用C801234567891进口铝电解电容器（手册第3项进口料件，法定计量单位：千克/千个），请完成下列进口报关单相关项目。

备案号（　　　　）；贸易方式（　　　　）；征免性质（　　　　）；用途（　　　　）；征免（　　　　）。

能力三　出口加工区进出货物报关

物理围网的监管是海关对保税加工货物采用的封闭式的监管模式，其中最具代表性的监管区域就是出口加工区，以下就对出口加工区的进出货物报关程序进行介绍。

一、出口加工区简介

出口加工区指经国务院批准在我国境内设立的，由海关对保税加工进出口货物进行封闭式监管的特定区域。该区的主要功能是开展保税加工业务，在此基础上可以拓展物流及研发、检测和维修等业务。

出口加工区与境内区外的其他地区间设置符合海关监管要求的隔离设施及闭路电视监控系统，在进出区通道设立卡口；区内不得经营商业零售、一般贸易、转口贸易及其他与加工区无关的业务，不得建立营业性的生活消费设施，除安全人员和企业值班人员外，其他人员不得在区内居住；海关则在加工区内设立机构，并依法对进出区货物及区内场所实行24小时监管。

出口加工区企业在进出货物前，应向主管海关申请建立电子账册，包括“加工贸易电子账册（H账册）”和“企业设备电子账册”。出口加工区企业通过电子账册向海关办理进出境货物和境内进出区货物的报关手续。

二、出口加工区报关程序

出口加工区与境外之间进出的货物，除国家另有规定外，不实行进出口许可证件管理；因国内技术无法达到产品要求，须将国家禁止出口商品运至出口加工区内进行某项工序加工的，应报商务主管部门审批，海关比照出料加工管理办法进行监管，运入出口加工区的货物，不予签发出口退税报关单。

（一）出口加工区与境外间进出货物的报关程序

出口加工区与境外间进出货物，由收发货人或其代理人填写“进出境货物备案清单”向出口加工区海关报关。对于同一直属海关关区的出口加工区进出境货物，可按直通式报关；对于跨关区进出境的出口加工区货物，可按转关运输中的直转转关方式办理转关。由于各关区实行直通式监管模式不同，因此，以下仅介绍直转转关方式的报关手续。

1. 境外货物运入出口加工区的报关程序

境外货物运入出口加工区直转转关报关流程如图4—4所示。

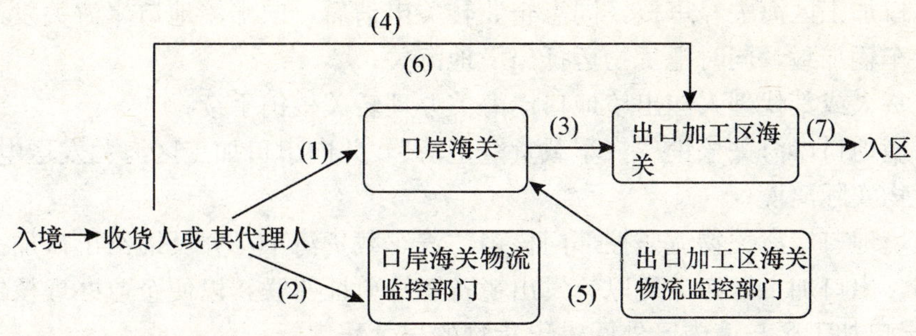

图 4—4 境外货物运入出口加工区直转转关报关流程

(1) 货物到港后，收货人或其代理人向口岸海关录入转关申报数据。

(2) 收货人或其代理人持“进口转关货物申报单”和“汽车载货登记簿”向口岸海关物流监控部门办理转关手续。

(3) 口岸海关审核同意企业的转关申请后，向出口加工区海关发送转关申报电子数据，并对转关运输车辆加封。

(4) 货物运抵出口加工区后，收货人或其代理人向出口加工区海关办理转关核销手续。

(5) 出口加工区海关物流监控部门核销“汽车载货登记簿”，并向口岸海关发送转关核销电子回执。

(6) 同时，收货人或其代理人录入“出口加工区进境货物备案清单”，并向出口加工区海关提交运单、发票、装箱单、电子账册编号及相应许可证件，申请办理进境报关手续。

(7) 出口加工区海关审核有关报关单证，对不需要查验的货物予以放行；对需要查验的货物，由海关实施查验后办理放行，并向申报企业签发进境备案清单证明联，以便企业办理核销手续。

2. 出口加工区货物运往境外的报关程序

出口加工区货物出境直转转关报关流程如图 4—5 所示。

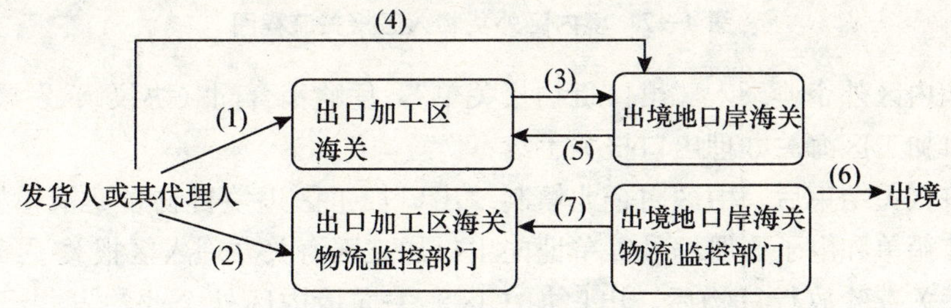

图 4—5 出口加工区货物出境直转转关报关流程

(1) 发货人或其代理人录入“出口加工区出境货物备案清单”，凭运单、发票、装箱单和电子账册编号等单证，向出口加工区海关办理出境申报，同时，向出口加工区海关录入转关申报数据；

(2) 发货人或其代理人持“出口加工区出境货物备案清单”和“汽车载货登记簿”，

向出口加工区海关物流监控部门办理出口转关手续；

(3) 出口加工区海关经审核，同意企业转关申请后，向出境地口岸海关发送转关申报数据，并对车辆加封，同时把货物运抵出境地海关；

(4) 发货人或其代理人向出境地口岸海关办理转关核销手续；

(5) 出境地口岸海关核销“汽车载货登记簿”，并向出口加工区海关发送电子回执；

(6) 货物实际离境；

(7) 出境地口岸海关物流监控部门核销“汽车载货清单”并反馈给出口加工区海关物流监控部门，出口加工区海关凭以签发出境备案清单证明联，以便企业办理核销手续。

(二) 出口加工区与境内区外间进出货物的报关程序

1. 出口加工区货物运往境内区外的报关程序

出口加工区货物运往境内区外的报关流程图如图 4—6 所示。

图 4—6 出口加工区货物运往境内区外的报关流程图

(1) 先由境内区外企业录入“进口货物报关单”，凭发票、装箱单及相应的许可单证向出口加工区海关办理进口报关手续；

(2) 进口报关结束后，由出口加工区区内企业填制“出口加工区出境货物备案清单”，凭发票、装箱单和电子账册编号等单证向出口加工区海关办理出区报关手续；

(3) 出口加工区海关放行货物后，再向境内区外企业签发“进口货物报关单”进口付汇证明联；

(4) 出口加工区海关同时向区内企业签发“出口货物备案清单”出境收汇证明联。

2. 境内区外货物运入出口加工区的报关程序

境内区外货物入区报关流程如图 4—7 所示。

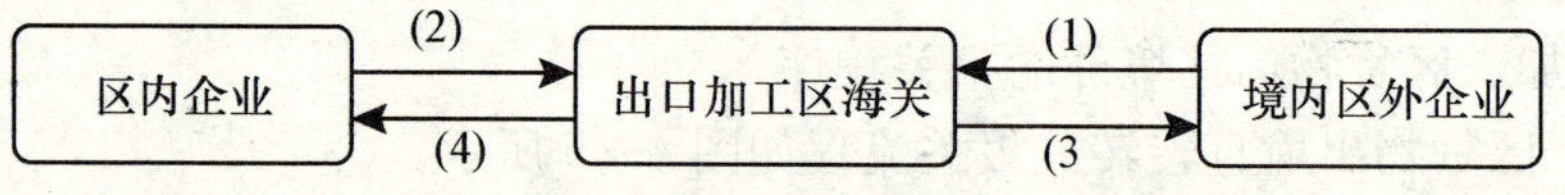

图 4—7 境内区外货物入区报关流程图

(1) 由境内区外企业录入“出口货物报关单”，凭购销合同（协议）、发票、装箱单等单证，向出口加工区海关办理出口报关手续；

(2) 出口报关结束后，由区内企业填制“出口加工区进境货物备案清单”，凭购销合同、发票、装箱单和电子账册编号等单证向出口加工区海关办理入区报关手续；

(3) 经海关查验放行货物后，出口加工区海关向境内区外企业签发“出口货物报关单”收汇证明联；

(4) 同时，出口加工区海关向区内企业签发“出口加工区进境货物备案清单”进境付汇证明联。

3. 出口加工货物出区深加工结转报关程序

出口加工区货物出区深加工结转是指区内企业按照有关规定，将本企业加工生产的产品直接或通过保税仓库，转入其他出口加工区、保税区等海关特殊监管区域内及区外加工贸易企业进一步加工后复出口的经营活动。

出口加工区企业开展深加工结转时，转出企业凭出口加工区管委会的批复，向所在地出口加工区海关办理备案手续后，才可开展货物的实际结转；其中对转入其他出口加工区、保税区等海关特殊监管区域的，转入企业凭其所在区管委会的批复，向主管海关办理结转手续；对转入特殊区域外加工贸易企业的，转入企业凭商务主管部门的批复，向转出地海关办理结转手续。

以下介绍出口加工区货物转入非特殊监管区内加工贸易企业的深加工结转报关程序。

第一步，计划备案。

出口加工区深加工结转计划备案流程如图 4—8 所示。

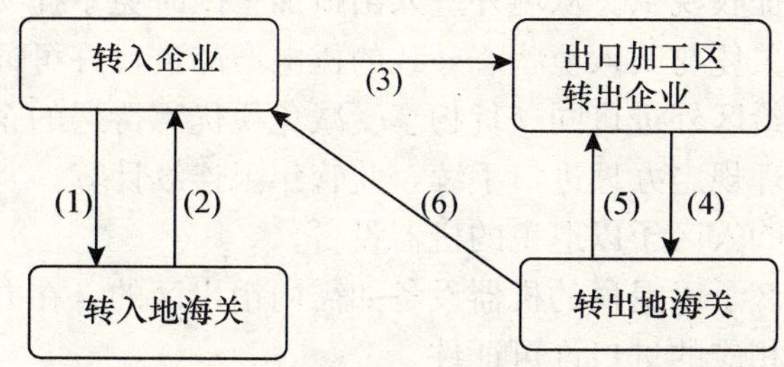

图 4—8 出口加工区深加工结转计划备案流程图

(1) 转入企业在“中华人民共和国海关出口加工区出区深加工结转申请表”（一式四联）中填写本企业的转入计划，凭申请表向转入地海关备案；

(2) 转入地海关备案后，留存申请表第一联，其余三联退还转入企业；

(3) 转入企业将申请表其余三联送交出口加工区转出企业；

(4) 出口加工区转出企业自转入地海关备案之日起 30 天内，将申请表其余三联填写本企业的相关内容后，向转出地海关办理备案手续；

(5) 转出地海关审核后，留存申请表的第二联，将第三联交给出口加工区转出企业；

(6) 同时，转出地海关将第四联交给转入企业。

第二步：实际收发货。

(1) 转入、转出企业办理结转备案手续后，凭双方海关核准的申请表进行实际收发货；

(2) 转出企业每批次发货记录应当如实登记在一式三联的“出口加工区货物实际结转情况登记表”上，转出地海关在卡口签注登记后，货物出区，由转入企业收货。

第三步：结转报关。

(1) 转出、转入企业每批实际发货、收货之日起 30 天内，可凭申请表和转出地卡口海关签注的登记表分批或集中办理报关手续；

(2) 转入企业填报结转进口货物报关单，转出企业填报结转出境货物备案清单，一份结转进口报关单对应一份结转出境备案清单；

(3) 区内转出的货物因质量不符等原因发生退运、退换的，转入企业为非特殊监管区域内的企业，则按退运货物或退换货物办理相关手续。

思考

出口加工区转入非特殊监管区域的深加工结转报关程序和纸质手册加工结转报关程序的区别和联系是什么？

4. 出口加工区机器设备出区处理

(1) 从境外进入出口加工区的特定减免税设备。

从境外进入出口加工区按规定予以免税的机器设备，海关按规定的监管年限内实施监管。监管年限自货物进境放行之日起计算，期限5年。使用完毕，原则上应退运出境。

需在监管年限内出区内销的，海关按照特定减免税货物的管理规定征收税款。监管年限届满的，出区时不再征收税款。从境外进入出口加工区时免予提交机电产品进口许可证件的，在其出区时，海关凭与其入境状态一致的机电产品进口许可证件验放。

在监管年限内转让给区外进口同一货物享受减免税优惠待遇的企业的，由区外企业按照特定减免税货物的管理规定办理进口手续，监管年限连续计算。

(2) 从境内区外采购入区予以退税的机器设备。

从境内区外采购入区予以退税的机器设备如需内销出区的，在办理进口手续时，按报验状态征税，免予提交相应的进口许可证件。

从境内区外采购入区的海关监管年限内的特定减免税进口的机器设备和加工贸易不作价设备，监管年限连续计算，监管年限届满的，出区时不再征收税款；在海关监管年限内的，出区时海关按照特定减免税货物的管理规定征收税款。

教学互动

1. 单选题：自境内区外运入出口加工区的货物，正确的报关程序应当是（　　）。

A. 区外企业填制出口报关单—区内企业填制进境备案清单—海关向区外企业签发报关单退税、收汇证明联，向区内企业签发进境备案清单付汇证明联

B. 区外企业填制进口报关单—区内企业填制出境备案清单—海关向区外企业签发报关单付汇证明联，向区内企业签发出境备案清单收汇证明联

C. 区外企业填制出口报关单—区内企业填制出境备案清单—海关向区外企业签发报关单退税、收汇证明联，向区内企业签发出境备案清单收汇证明联

D. 区外企业填制出境备案清单—区内企业填制进口报关单—海关向区外企业签发出境备案清单退税、收汇证明联，向区内企业签发报关单付汇证明联

2. 多选题：下列关于出口加工区企业的货物深加工结转至海关特殊监管区域外加工贸易企业的报关程序，表述正确的是（　　）。

A. 转出企业先申请备案，转入企业自转出企业备案之日起30天内申请备案

B. 转出企业每批发货后，在发货之日起30天内办结该批货物的出口报关手续

C. 转入企业先申请备案，转出企业自转入企业备案之日起30天内申请备案

D. 转入企业每批收货后，在收货之日起30天内办结该批货物的进口报关手续

能力训练

一、单选题

1. 适用东部地区 B 类企业从事限制类商品加工贸易，其台账保证金计算公式为(　　)。

A. 台账保证金＝(进口限制类料件的关税＋进口限制类料件的增值税)×50%

B. 台账保证金＝进口料件备案总值×(限制类成品备案总值/全部出口成品备案总值)×22%×50%

C. 台账保证金＝(进口全部料件的进口关税＋进口全部料件的进口增值税)×100%

D. 台账保证金＝(进口限制类料件的关税＋进口限制类料件的增值税)×100%

2. 采用电子账册管理模式的联网企业报核销期限是规定的报核周期满后（　　）内。

A. 30 天　　B. 60 天

C. 90 天　　D. 180 天

3. 为简化合同变更手续，对贸易性质不变、商品品种不变，合同变更金额是（　　）美元及以下和合同延长不超过（　　）个月的合同，企业可直接到海关和银行办理变更手续，不需再经商务主管部门重新审批。

A. 1 万；3　　B. 1 万；6

C. 3 万；3　　D. 3 万；6

4. 北京加工贸易企业 A 进口料件生产半成品后转给南京加工贸易企业 B 继续深加工，最终产品由 B 企业出口，A、B 企业都是纸质手册管理。下列结转报关手续正确的是（　　）。

A. 先由 A 企业报进口，后由 B 企业报出口

B. 先由 A 企业报出口，后由 B 企业报进口

C. 先由 B 企业报进口，后由 A 企业报出口

D. 先由 B 企业报出口，后由 A 企业报进口

5. 天津某加工贸易企业（B 类）进口 10 000 美元的涤纶长丝，委托河北廊坊某加工企业（A 类）加工袜子后返销出口，该异地加工贸易的银行保证金台账应当（　　）。

A. 由经营企业到所在地银行设台账，半实转

B. 由加工企业到所在地银行设台账，实转

C. 由经营企业到加工企业所在地银行设台账，半实转

D. 由加工企业到经营企业所在地银行设台账，空转

6. 某加工贸易企业从事 A 商品的加工贸易，净耗为 2，单耗为 2.5，则 A 商品的工艺损耗率为（　　）。

A. 10%　　B. 20%

C. 30%　　D. 40%

7. 海关对加工贸易联网企业（电子账册模式）进行盘库核对后，发现企业实际库存量少于电子账册核销结果，但企业提供了短缺的正当理由的，对短缺部分，海关应该(　　)。

A. 通过正式报核审核

B. 按照实际库存量调整电子底账的当期结余数量

C. 按照内销处理

D. 移交缉私部门处理

二、多选题

1. 加工贸易银行保证金台账实施分类管理，下列执行"空转"的情况是（　　）。

A. 重庆B类企业纸质手册进口100万美元限制类商品

B. 郑州C类企业纸质手册进口100万美元允许类商品

C. 青岛B类企业电子账册进口100万美元限制类商品

D. 长春A类企业电子账册进口100万美元限制类商品

2. 对加工贸易剩余料件、残次品、边角料、副产品的处理，必须填制报关单的（　　）。

A. 内销　　B. 结转

C. 销毁　　D. 放弃

3. 下列属于保税加工货物的有（　　）。

A. 用进口保税料件生产的成品和半成品

B. 专为加工装配出口产品而从国外进口且海关准予保税的原材料

C. 在保税加工生产过程中产生的剩余料件和残次品

D. 在保税加工生产过程中产生的边角料和副产品

4. 加工贸易剩余料件结转至另一个加工贸易合同出口时，必须符合一定的条件，这些条件有（　　）。

A. 同一加工厂　　B. 同一经营单位

C. 同样的产品　　D. 同样的进口料件

5. 对于遗失加工贸易登记手册的合同，加工贸易企业应持下列哪些单证向海关报核？（　　）

A. 经营企业关于加工贸易手册遗失的书面报告

B. 经营企业申请核销的书面材料

C. 加工贸易进出口报关单

D. 海关缉私部门出具的"行政处罚决定书"

6. 下列关于海关特殊监管区域外加工贸易货物后续征税数量的表述，正确的是（　　）。

A. 剩余料件和边角料内销直接按申报数量计征进口税

B. 制成品内销根据单耗关系折算耗用掉的保税进口料件数量计征进口税

C. 残次品内销根据单耗关系折算耗用掉的保税进口料件数量计征进口税

D. 副产品内销按申报时实际状态的数量计征进口税

三、判断题

1. 在加工贸易银行保证金台账制度中，以加工贸易深加工结转方式转出、转入的商品属于限制类的，按限制类商品管理。（　　）

2. 保税加工货物是指经海关批准未办理纳税手续进境，在境内储存、加工、装配后复运出境的货物。（　　）

3. 加工贸易银行保证金台账制度的核心内容是对不同地区的加工贸易企业和加工贸易涉及的进出口商品实行分类管理，对部分企业进口的部分料件和出口的部分成品征收保证金。（　　）

4. 加工贸易企业可以在备案时，货物出口、深加工结转或内销前向海关申报，经海关批准后，加工贸易企业也可在报核前向海关申报单耗。（　　）

5. 外发加工的成品必须运回本企业。（　　）

6. 联网企业不实行银行保证金台账制度。（　　）

7. 加工贸易边角料，是指加工贸易企业从事加工复出口业务，在海关核定的单耗标准内，加工过程中产生的无法再用于加工该合同项下出口制成品的数量合理的废料及下脚料。（　　）

8. 直接退运货物发生滞报的，应当征收滞报金。（　　）

四、综合实务题

（一）某金属制品有限公司A（加工贸易B类管理企业）经批准从日本购进不锈钢（进口自动许可证管理范围商品、加工贸易限制类商品）5吨，每吨价值1 500美元，加工产品为手表表带。手表表带加工完毕后，由另一关区某钟表制品有限公司B装配手表出口。A公司在加工过程中，由于工艺改进等原因节省进口保税料件若干，另生产过程中产生了不锈钢废料若干。

根据上述案例，解答下列问题：

1. 下列关于A公司办理加工贸易合同备案的表述，正确的是（　　）。

A. A公司在其所在地主管海关备案

B. 应设立加工贸易银行保证金台账，半实转

C. 备案时应向海关提交自动进口许可证

D. 应向海关提交加工贸易外发加工申请表

2. A公司进口料件不锈钢材时，除进口货物报关单外，还应向海关提交的单证有（　　）。

A. 加工贸易手册　　B. 自动进口许可证

C. 发票　　D. 提单

3. A公司将加工完成的表带结转至B公司，双方先后应办理的海关手续为（　　）。

A. 收发货登记—结转报关—计划备案

B. 计划备案—收发货登记—结转报关

C. 计划备案—结转报关—收发货登记

D. 结转报关—收发货登记—计划备案

4. A公司的剩余料件拟结转到另一个加工贸易合同生产出口，其要求的条件是（　　）。

A. 必须是同一经营企业　　B. 必须是同一加工厂

C. 必须是同样进口料件　　D. 必须是同一加工贸易方式

5. A公司生产加工过程中产生的废料，在处理过程中无须填制报关单的情况有（　　）。

A. 内销处理

B. 退运处理

C. 放弃交海关处理

D. 销毁处理

（二）无锡长江电子科技股份有限公司办理加工贸易纸质手册，进口集成电路芯片，加工生产储存集成电路。加工生产完毕后，成品深加工结转至苏州风采电子有限公司，生产过程中产生的存储集成电路残次品经海关批准后作销毁处理。苏州风采电子有限公司是一家经海关批准采用电子账册模式管理的加工贸易联网企业。该企业为承揽该笔加工业务，对“便捷通关电子账册”的最大周转金额以及成品品种进行了变更，但未超出经营范围和加工能力。

根据上述案例，解答下列问题：

1. 长江公司和风采公司办理深加工结转手续的正确程序是（　　）。

A. 计划备案—收发货登记—结转报关

B. 计划备案—结转报关—收发货登记

C. 结转报关—计划备案—收发货登记

D. 收发货登记—计划备案—结转报关

2. 关于长江公司销毁处理存储集成电路残次品，以下表述错误的是（　　）。

A. 销毁的存储集成电路残次品必须办理纳税手续

B. 销毁的存储集成电路残次品应填制报关单报关

C. 由长江公司按规定销毁，海关可派员监督

D. 长江公司应当收取有关部门出具的销毁证明材料，以备报核

3. 下列关于风采公司变更“便捷通关电子账册”的表述，正确的是（　　）。

A. 变更最大周转金额及成品品种都须经商务主管部门审批

B. 变更最大周转金额须经商务主管部门审批，变更成品品种不须经商务主管部门审批

C. 变更最大周转金额不须经商务主管部门审批，变更成品品种须经商务主管部门审批

D. 变更最大周转金额和变更成品品种都不须经商务主管部门审批

五、业务技能实训

请根据所提供的资料，按照报关单填制规范的要求，在报关单相对应的栏目选项中，填写出最合适的答案。

广州电梯有限公司（440193××××）持C51066000019号加工贸易手册向海关申报进口电梯用曳引机一批，该批货物列手册第22项，法定计量单位同成交计量单位。保险费率为0.3%。

托运人 Shipper	粤海运输有限公司 GUANGDONG TRANSPORT LTD. TEL：2815 3398 FAX：2541 9824 船舶代码：5201904008 直运或转船提单 BILL OF LADING DIRECT OR WITH TRANSSHIPMENT
SCHENKER INTL（H. K.）LTD. O/B OMS GETRIEBE UND ZAHNRADFABRIK	
收货人 Consignee	
广州电梯有限公司 GUANGZHOU ELEVATOR CO.，LTD GUANGHUA ROAD GUANGZHOU 510425	
通知地址 Notify address	
SAME AS CONSIGNEE	

Vessel	**Voy No.**	**Number of Original B/L**		**B/L No.**	
SUI DONG FANG	510100607150	THREE		06XF02014	
Port of loading	**Port of discharge**	**Final destination**		**Freight payable at**	
HONG KONG	XIN FENG (GUANG ZHOU)	XIN FENG (GUANG ZHOU)		HONG KONG	
Marks and No.	**Number and kind of packages**	**Description of goods**	**Net weight (kg)**	**Gross weight (kg)**	**Measurement (m^3)**
6005343 6005344 6004843 6005273	13 CASES	电梯零件	7 073	7 640	12. 88

KCRU9912601/40HQ/GDTL05448/04909
TOTAL THIRTEEN（13）CASES（S）ONLY

以上细目由托运人提供
ABOVE PARTICULARS FURNISHED BY SHIPPER

运费和费用 Freight and charges	
运费预付 FREIGHT PREPAID CY/CY	

签单地点和日期　HONG KONG 15 JUL 2006
Place and date of issue

代表承运人签字
Signed for or on behalf of the Carrier

OMS Antriebstechnik OHG Postfach 36219 Cornberg

Guangzhou Elevator Co. Ltd.
Guanghua Road
GD 510425 Guangzhou，China

INVOICE&PACKING LIST-No. 520207

7 cases of ECH3 ESCALATOR MACHINE

4 260kg gross weight
3 980kg net weight

Description of Goods and/or Services
14 000 units of ECH3 11. 0 kW-380/415V-50Hz
Contract No. B7 NU 0945-46
UNIT PRICE：C3 706. 22

EX-WORKS

EUR 51 887. 08

SHIPMENT BY SEAFREIGHT FROM HAMBURG，GERMANY FOR TRANSPORTATION
TO：GUANGZHOU，CHINA

PAYMENT：T/T PAYMENT
COUNTRY OF ORIGIN：FEDERAL REPUBLIC OF GERMANY
02. 06. 2006
AS manufacturer
OMS-ANTRIEBSTECHNIK

SCHENKER
Logistics

TO：GUANGZHOU ELEVATOR CO. LTD.　　SCHENKER（H. K.）LTD.

GUANGZHOU
CHINA 510425
GUANGZHOU

38/F CHINA RESOURCES BLDG.
26 HARBOUR ROAD，WANCHAI
HONG KONG

A/C：10203437　　EC. MTH.：2006/07

****

Freight Note　　4950607778

This serves as the Freight/Charges Note and is not an Invoice.

Please contact us if there is any changes/discrepancies.

****

Marks & Numbers	Pos	Description of Goods	Gross Weight（kg）	m^3
	13		7 640.000	12.880
6005343				
6005344		ESCALATOR MACHINE		
6004843				
6005273	FREIGHT COLLECT			

Charge Description	Factor Base	Cur.	Inv. Amount
INLAND FREIGHT		USD	583.16
OCEAN FREIGHT		USD	1 030.40
OTHER CHARGES		USD	517.51
TOTAL AMOUNT：		USD	2 131.07

Remarks：

All business，whether involving transport or not，is handled subject to our general conditions

CHEQUES SHOULD BE MADE PAYABLE TO "SCHENKER INT'L（HK）LTD." And send to
ADDRESS：Room 3801-5 China Resources bldg.，26 Harbour Road，Hong Kong

中华人民共和国海关进口货物报关单

预录入编号：　　　　　　　　　　　海关编号：

<table>
<tr><td colspan="2">进口口岸</td><td colspan="2">备案号</td><td colspan="2">进口日期</td><td colspan="2">申报日期</td></tr>
<tr><td colspan="2">经营单位</td><td>运输方式</td><td colspan="2">运输工具名称</td><td colspan="3">提运单号</td></tr>
<tr><td colspan="2">收货单位</td><td colspan="2">贸易方式</td><td colspan="2">征免性质</td><td colspan="2">征税比例</td></tr>
<tr><td>许可证号</td><td colspan="2">起运国（地区）</td><td colspan="3">装货港</td><td colspan="2">境内目的地</td></tr>
<tr><td>批准文号</td><td>成交方式</td><td colspan="2">运费</td><td colspan="2">保费</td><td colspan="2">杂费</td></tr>
<tr><td>合同协议号</td><td>件数</td><td colspan="2">包装种类</td><td colspan="2">毛重（千克）</td><td colspan="2">净重（千克）</td></tr>
<tr><td>集装箱号</td><td colspan="4">随附单据</td><td colspan="3">用途</td></tr>
<tr><td colspan="8">标记唛码及备注</td></tr>
<tr><td colspan="8">项号　商品编号　商品名称、规格型号　数量及单位　原产国（地区）　单价　总价　币制　征免</td></tr>
<tr><td colspan="8"></td></tr>
<tr><td colspan="8">税费征收情况</td></tr>
<tr><td colspan="2">录入员　录入单位</td><td colspan="3">兹声明以上申报无讹并承担法律责任</td><td colspan="3">海关审单批注放行日期（签章）</td></tr>
<tr><td colspan="5">报关员
申报单位（签章）</td><td colspan="3">审单　　审价</td></tr>
<tr><td colspan="5">单位地址</td><td colspan="3">征税　　统计</td></tr>
<tr><td colspan="5">邮编　　电话　　填制日期</td><td colspan="3">查验　　放行</td></tr>
</table>

请根据以上资料，填写以下各栏目：

1.“提运单号”栏：（　　　　）　　2.“贸易方式”栏：（　　　　）

3.“征免性质”栏：（　　　　）　　4.“起运国（地区）”栏：（　　　　）

5.“装货港”栏：（　　　　）　　6.“成交方式”栏：（　　　　）

7.“运费”栏：（　　　　）　　8.“保费”栏：（　　　　）

9.“杂费”栏：（　　　　）　　10.“件数”栏：（　　　　）

11.“包装种类”栏：（　　　　）　　12.“毛重”栏：（　　　　）

13.“净重”栏：（　　　　　　）　　14.“集装箱号”栏：（　　　　　　）

15.“项号”栏：（　　　　　　）　　16.“数量及单位”栏：（　　　　　　）

17.“原产国（地区）”栏：（　　　　　　）　　18.“总价”栏：（　　　　　　）

19.“币制”栏：（　　　　　　）　　20.“征免”栏：（　　　　　　）

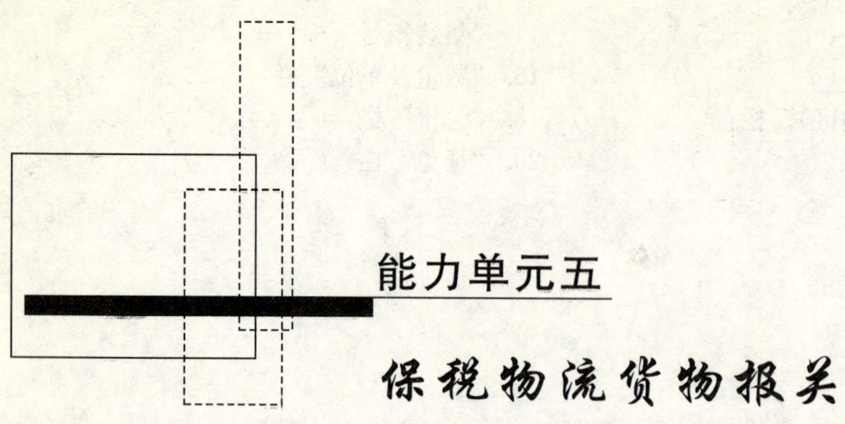

能力单元五

保税物流货物报关

学习目标

掌握保税物流货物的特征；掌握各种不同的监管场所的设立条件、货物的存储范围和功能等内容；掌握保税仓库、出口监管仓库、保税物流中心货物的报关程序；了解保税物流园区、保税港区进出货物的报关程序。

引导案例

美国某大型电脑销售公司分别从广州、深圳、中山、东莞等六家加工工厂购买电脑机箱、显示器、键盘等电脑组件，然后装配并包装为整机后在美国本土销售。由于上述六家工厂均属保税加工企业，所生产产品均受海关监管，因此不能在国内非海关监管区域完成组装工序，以前都是分别出口至中国香港完成组装后再运抵美国或分别直运美国再进行组装，但由于中国香港、美国的人工费很高，这样一来大幅增加了成品的成本。广州保税区设立后，该公司指令这六家工厂全部将产品运抵广州保税区，再以整机出口至美国，大大降低了成本。

什么是保税区？它有哪些功能？为什么能够为该家美国电脑销售公司降低成本？

能力一　认识保税物流货物

保税物流货物是指经海关批准未办理纳税手续进境，在境内进行分拨配送或储存后复运出境的货物，又称作保税仓储货物。

保税物流货物的明显特征之一便是此类保税货物在我国保税监管场所或海关特殊监管区域内存放期间不得进行冶炼、组装整合、锻造、裁剪等改变物质形态的实质性的加工，这是它与保税加工货物最大的一个区别。

保税物流货物进境前可不用向海关备案，但最终要根据货物的实际流向（复运出境、投入保税加工、转为实际进口或其他）办结海关手续。进境海关现场放行不是结关，进境后必须进入海关保税监管场所或特殊监管区域，运离这些场所或区域必须办理结关手续。

一、保税物流货物的范围

（1）经批准进境存入海关保税监管场所，保税存储后转口境外的货物。

（2）已办理海关出口手续尚未离境，海关批准存放在海关保税监管场所或特殊监管区域的货物。

（3）海关批准存放在海关保税监管场所或特殊监管区域的加工贸易货物，供应国际航行船舶和航空器的油料、物料和维修用零部件；供应外国产品所进口寄售的零配件，外商进境暂存货物。

（4）海关批准存放在海关保税监管场所或特殊监管区域的其他未办结海关手续的进境货物。

二、保税物流货物的管理

海关对保税物流货物的监管模式有两类：一类是非物理围网监管模式，包括保税仓库和出口监管仓库；另一类是物理围网监管模式，包括保税物流中心、保税物流园区、保税区、保税港区和综合保税区。对于综合保税区的管理，海关参照保税港区进行监管，在功能上，综合保税区具有与保税港区相同的保税加工、保税物流以及口岸功能，后文不再详述。

对各种监管形式的保税物流货物的管理，主要可以归纳为以下5点。

（一）设立审批

保税物流货物必须存放在经过法定程序审批设立的专用场所或特殊区域。保税仓库、出口监管仓库、保税物流中心由海关进行审批，并核发批准证书，凭批准证书设立存放保税物流货物；保税物流园区、保税区、保税港区则由国务院进行行政审批。

未经法定程序审批同意设立的任何场所或者区域都不得存放保税物流货物。

（二）准入保税

保税物流货物通过准予进入保税监管场所或特殊监管区域来实现保税。海关对保税物流货物的监管，通过对保税监管场所或特殊监管区域的监管来实现，海关应当依法监管这些场所或区域，按批准存放范围准予货物进入监管场所或区域，不符合规定的货物不准存入。

(三) 纳税暂缓

凡进境进入保税物流监管场所或特殊监管区域的保税物流货物在进境时都可以暂时不办理进口纳税手续，等到运离保税监管场所时才办理纳税手续，或者征税，或者免税。这一点与保税加工监管制度是一致的，但是保税物流货物在内销时不需要征收缓税利息，而保税加工货物内销时（特殊监管区域内的加工贸易货物和边角料除外）需要征收缓税利息。

(四) 监管延伸

(1) 监管地点延伸：从海关现场延伸到专用监管场所或特殊监管区域。

(2) 监管时间延伸见表5—1。

表5—1　各种监管模式下的保税物流货物管理要点比较表

监管模式	存放＋延长时间	审批权限	入区退税
保税仓库	1年＋1年	直属海关	否
出口监管仓库	6个月＋6个月	直属海关	否
保税物流中心	2年＋1年	海关总署	是
保税物流园区	没有限制	国务院	是
保税区	没有限制	国务院	否
保税港区	没有限制	国务院	是

(五)“运离”结关

除外发加工和暂准“运离”（维修、测试、展览等）需要继续监管以外，每一批货物“运离”专用监管场所或者特殊监管区域，都必须根据货物的实际流向办结海关手续。

保税物流货物在任何一种监管模式下，都没有备案程序，它是通过准予进入来实现批准保税的。

教学互动

多选题：海关对保税物流货物监管的基本特征，除监管延伸、纳税暂缓外，还有（　　）。

A. 设立审批　　B. 准入保税　　C. 复运出境　　D.“运离”结关

能力二　保税仓库货物的报关

一、保税仓库概述

(一) 保税仓库的含义和分类

保税仓库是指经海关批准设立的专门存放保税货物及其他未办结海关手续货物的仓库。按其用途分为：

(1) 公用型保税仓库：由主营仓储业务的中国境内独立企业法人经营，专门向社会提供保税仓储服务。

（2）自用型保税仓库：由特定的中国境内独立企业法人经营，存储供企业自用的保税货物。

（3）专用型保税仓库：存储具有特定用途或特殊种类商品的保税仓库，又分为液体危险品保税仓库（存储石油、成品油）、备料保税仓库和寄售维修保税仓库。

（二）保税仓库的功能

保税仓库的功能比较单一，就是仓储，而且只能存放进境货物。经海关批准可以存入保税仓库的货物主要包括：

（1）加工贸易进口货物，这类货物在保税仓库内属于保税物流货物，运出保税仓库进入工厂后成为保税加工货物；

（2）转口贸易货物；

（3）供应国际航行船舶和航空器的油料、物料和维修用零部件；

（4）供维修外国产品所进口寄售的零配件；

（5）外商暂存进境货物；

（6）未办结海关手续的一般贸易进口货物，如某企业由于资金周转问题暂不能完税进口某商品，但商品已经到港，此时可以先报关将商品运进保税仓库存放，将来若企业有资金足够支付关税等税费，再办理报关手续作为一般进口货物进口；

（7）经海关批准的其他未办结海关手续的货物。

保税仓库不得存放国家禁止进境货物，不得存放未经批准的影响公共安全、公共卫生或健康、公共道德或秩序的国家限制进境货物以及其他不得存入保税仓库的货物。

（三）保税仓库的设立条件

（1）经工商行政管理部门注册登记，具有企业法人资格。

（2）注册资本最低限额为300万元人民币。

（3）具备向海关缴纳税款的能力。

（4）经营特殊许可商品存储的，应当持有规定的特殊许可证件。

（5）经营备料保税仓库的加工贸易企业，年出口额最低为1 000万美元。

（6）具有专门存储保税货物的营业场所，并达到以下6个条件：

1）符合布局要求。

2）安全隔离设施、监管设施等符合要求。

3）计算机系统符合要求，并与海关联网。

4）管理制度、会计制度符合要求。

5）公用型保税仓库面积最少2 000平方米；专用型寄售维修保税仓库最少2 000平方米；液体危险品保税仓库最少5 000平方米。

6）符合各方面的法律法规。即符合国家土地管理、规划、交通、消防、安全、质检、环保等方面法律规定。

（四）保税仓库的海关监管和报关要点

（1）保税仓库所存货物的储存期限为1年。如因特殊情况需要延长储存期限，应向主管海关申请延期，经海关批准可以延长，延长的期限最长不超过1年，延期后货物存储超过2年的，由直属海关审批。

(2) 保税仓库所存货物是海关监管货物，未经海关批准并按规定办理有关手续，任何人不得出售、转让、抵押、质押、留置、移作他用或者进行其他处置。

(3) 货物在仓库储存期间发生损毁或者灭失，除不可抗力的原因外，保税仓库应当依法向海关缴纳损毁、灭失货物的税款，并承担相应的法律责任。

(4) 保税仓库货物可以进行包装、分级分类、印刷运输标志、分拆、拼装等简单加工，但不得进行实质性加工。

(5) 保税仓库经营企业应于每月前5个工作日内以电子数据和书面形式向主管海关申报上一个月仓库收、付、存情况，并随附有关的单证，由主管海关核销。

(6) 保税仓库货物进境入仓，除易制毒化学品、监控化学品、消耗臭氧层物质以外，可免领许可证件。

二、保税仓库货物报关程序

(一) 进库报关

进库报关只有进口报关一种情形。保税仓储货物进库时，收发货人或其代理人持有关单证向海关办理报关手续，海关审核并进行核准登记，仓库经理人在货物入库后签收报关单。

如果保税仓库主管海关和进境地海关不是同一个直属海关关区内的，则经海关批准，应当按照海关转关的规定办理进口报关手续。

如果保税仓库主管海关和进境地海关是同一直属海关的，经直属海关批准，可以不按转关方式办理，而是在口岸海关办理申报手续，货物放行后直接入库。

(二) 出库报关

保税仓储货物出库复运往境外的（如储存转口贸易货物等，简称出库出口），发货人或其代理人应当填写出口报关单，并随附出库单据等相关单证向保税仓库主管海关申报，保税仓库向海关办理出库手续并凭海关签印放行的报关单发运货物。

保税仓储货物出库运往境内其他普通地区的（简称出库进口），除了放弃出库、海关变卖出库外，发货人或其代理人应当经海关同意，转为正式进口。对于同一批货物，要填制两张报关单，先填制出口报关单，后填制进口报关单。

(三) 流转报关

流转报关其实也是一种出库报关，流转的货物指的是保税仓库与海关特殊监管区域或其他海关保税监管场所间往来流转的货物。一般是按照转关手续办理。

思考

简述保税仓库不同于普通仓库的特点。

参考案例

赖昌星利用保税仓库转口功能走私的犯罪行为

赖昌星走私犯罪集团精心设计了多种走私手法，假转口是其中常用的一种。据一位海关工作人员介绍，所谓转口贸易，就是我的货运到中国的某个港口，但我并不在中国进口，而是要转运到其他国家去，把这个港口作为一个中间跳板。

赖昌星在厦门注册的首个企业是厦门远华电子有限公司，该公司一直都不具有进出口经营权。连进出口权都没有，赖昌星怎能大规模走私？他的手法就是利用厦门多家有进出口权的国有大企业，打着它们的招牌进行走私，然后再将走私所得分成。这样，从所有的海关单据中，也就看不到远华公司的名字。

收购福建九州集团股份有限公司就是一个典型的例子。据九州集团董事长赵裕昌交代：赖昌星让他干的是假转口真走私的勾当。

保税手册是海关向从事加工贸易和转口贸易企业的单证，用于记录保税货物，便于监管。拥有保税手册，企业就可以从境外进口货物，或在保税仓库进行存储和加工，并重新出口到境外。海关对这些货物免征关税，但不允许其在境内流通。赖昌星就是利用九州集团的保税手册，打着转口贸易的招牌，走私了大量的香烟。

赖昌星的香烟走私用的就是转口贸易的方式——他从中国香港或欧洲直接进口来的香烟，先运到厦门。到了厦门后，赖昌星就说，这批货是要转口到菲律宾去的。这样一来，这批香烟在厦门就不用办理正式的进口手续，而是被运到厦门的一个保税区，暂时存储在那里的保税仓库里。

按照转口贸易的正常流程，存储在保税区的货物，将在协议时间内，被重新运到码头，再转口到境外。但就在这个过程中，赖昌星做了手脚。从厦门保税区到码头，开车要开十几分钟。在这段路途中，赖昌星的人把运载香烟的货柜车转个弯，不开到码头，而是开到赖昌星自己的塘边仓库或海鑫堆场里。海鑫堆场实际上就是他走私货物的集散地。

运送香烟的货柜车开到海鑫堆场后，那里的搬运工就把货柜车上的关封剪开，把香烟卸下来，然后将事先准备好的空箱子填进已被掏空的货柜车里，再将关封封上。关封剪了再贴上，照理是很容易被发现的。但由于厦门同益码头有限公司集装箱部经理已被赖昌星收买了，当然是装作不知道，一律放行。

教学互动

1. 单选题：下列货物中，不能存入保税仓库的是（　　）。

A. 加工贸易出口货物　　B. 进境转口货物

C. 供应国际航行船舶的进口油料　　D. 外商进境暂存货物

2. 判断题：对已存入出口监管仓库因质量等原因要求更换的货物，经仓库所在地主管海关批准，可以更换货物。更换货物入仓前，被更换货物应当先行出仓。（　　）

能力三　出口监管仓库货物的报关

一、出口监管仓库概述

（一）出口监管仓库的含义

出口监管仓库是指经海关批准设立，对已办结海关出口手续的货物进行存储、保税货物配送、提供流通性增值服务的海关专用监管仓库。按用途可分为出口配送型仓库和国内结转型仓库。出口配送型仓库指存储以实际离境为目的的出口货物仓库；国内结转型仓库指存储用于国内结转的出口货物仓库。

出口监管仓库主要存储一般贸易出口货物，加工贸易出口货物，从其他海关特殊监管区域、场所转入的出口货物以及其他已办结海关手续的货物。同时，出口配送仓库还可以存放为拼装出口货物而进口的货物。

（二）出口监管仓库的设立

1. 设立条件

（1）具有企业法人的资格；

（2）具有进出口经营权和仓储经营权；

（3）注册资本 300 万元人民币；

（4）具备向海关缴纳税款的能力；

（5）具有专门存储货物的营业场所，其中出口配送型仓库的面积不得低于 5 000 平方米，国内结转型仓库不得低于 1 000 平方米。

2. 申请设立、审批和验收

出口监管仓库所有人持书面的相关材料向所在地主管海关申请设立，由所在地海关审批，并自海关出具批准文件之日起 1 年内申请验收，海关验收合格后，签发出口监管仓库注册登记证书。

3. 出口监管仓库的管理

（1）出口监管仓库必须专库专用，不得转租、转借给他人经营，不得下设分库。

（2）出口监管仓库经营企业应当如实填写有关单证、仓库账册，真实记录并全面反映其业务活动和财务情况，编制仓库月度进、出、转、存情况表和年度财务会计报告，并定期报送主管海关。

（3）出口监管仓库所存货物的储存期限为 6 个月，特殊情况需要延长的，不得超过 6 个月。

（4）出口监管仓库所存货物是海关监管货物，未经海关批准并按规定办理有关手续，任何人不得出售、转让、抵押、质押、留置、移作他用或者进行其他处置。

（5）货物在仓库储存期间发生损毁或者灭失，除不可抗力原因外，出口监管仓库应当依法向海关缴纳损毁、灭失货物的税款，并承担相应的法律责任。

（6）经主管海关同意，可以在出口监管仓库内进行品质检验、分级分类、分拣分装、印刷运输标志、改换包装等流通性增值服务。

二、出口监管仓库货物的报关程序

出口监管仓库货物报关，大体可以分为进仓报关、出仓报关、结转报关和更换报关。

（一）进仓报关

（1）出口货物存入出口监管仓库，发货人或其代理人填制“出口货物报关单”。按国家规定应当提交出口许可证件和缴纳出口关税的，发货人或其代理人必须提交许可证件和缴纳出口关税。

（2）发货人或其代理人按照海关规定提交报关必需单证和仓库经营企业填制的“出口监管仓库货物入仓清单”（见表 5—2）。

表 5—2　　　　**出口监管仓库货物入仓清单**

仓库编号：　　　　　　　　　　　　入仓单编号：

仓库名称						报关单号		
序号	商品编码	货物名称、规格型号	数量	单位	毛重/净重	币制	单价	总价
发货单位			合计重量				合计总价	
存放地点		出口国别		是否退税		贸易方式	入仓方式	
上述货物存入我仓，申报无误。 致＿＿海关　报关员＿＿货主＿＿仓管员＿＿申报日期　仓库（盖章）：								
转关条形码								
备注							海关审核	
							海关检验	

（3）对经批准享受入仓即可退税政策的出口监管仓库，海关签发出口货物报关单退税证明联。对不享受入仓即可退税政策的出口监管仓库，海关在货物实际离境后签发出口货物报关单退税证明联。

（二）出仓报关

出口监管仓库货物出仓可能出现出口报关和进口报关两种情况。

1. 出口报关

提交报关必需单证和仓库经营企业填制的“出口监管仓库货物出仓清单”（见表 5—3）。

表 5—3　　　　**出口监管仓库货物出仓清单**

原入仓单号	入仓单序号	出仓序号	存放地点	商品编码	货物名称、规格型号	数量	单位	毛重/净重	币制	单价	总价
上述货物申报无误 致　海关　报关员　货主　仓管员　申报日期　仓库（盖章）：											
备注											

2. 进口报关

出口监管仓库货物转进口的，应当经海关批准，按进口货物的有关规定办理相关手续。

(1) 用于加工贸易的，由加工贸易企业按保税加工货物的报关程序办理进口报关手续。

(2) 作为特定免税货物的，按特定减免税的报关程序办理进口报关手续。

(3) 进入国内市场的货物，按一般进口货物的报关程序办理进口报关手续。

(三) 结转报关

经转入、转出地主管海关批准后，按转关运输办理。

(四) 更换报关

对于已经存入出口监管仓库，因质量原因要求更换的需进行更换报关。被更换货物出仓之前，更换货物应当先行入仓。同时，被更换货物与更换货物在商品编码、品名、规格型号、数量、价值上是相同的。

教学互动

江苏苏州某设备进出口公司，为解决进口设备的维修问题，向海关申请设立寄售维修保税仓库，海关审批后同意设立，于是该公司从上海口岸进境一批设备维修零件存入保税仓库。数月后，因满足一批在保修期间内的原进口设备维修需要，保税仓库经营企业向主管海关办理进口报关手续。

讨论：

(1) 设立寄售维修保税仓库的有关规定有哪些?

(2) 本案例中维修零配件的进仓报关应如何办理?

(3) 存入保税仓库的期限是多长? 与出口监管仓库一样吗?

能力四　保税物流中心货物的报关

一、保税物流中心概述

(一) 保税物流中心的含义和功能

保税物流中心是指经海关总署批准，由中国境内一家企业法人经营，多家企业进入并从事保税仓储物流业务的海关监管场所。保税物流中心的功能是保税仓库和出口监管仓库功能的叠加，既可以放进口货物也可以放出口货物。

(二) 保税物流中心的经营范围

1. 存放货物的范围

保税物流中心存放货物主要有：国内出口货物；转口货物和国际中转货物；外商暂存货物；加工贸易进出口货物；供应国际航行船舶和航空器的物料、维修用零部件；供维修外国产品所进口寄售的零配件；未办结海关手续的一般贸易进口货物；经海关批准的其他未办结海关手续的货物。

2. 开展业务的范围

保税物流中心可以开展以下业务：

（1）保税存储进出口货物及其他未办结海关手续货物；

（2）对所存货物开展流通性简单加工和增值服务；

（3）全球采购和国际分拨、配送；

（4）转口和国际中转业务；

（5）经海关批准的其他国际物流业务。

保税物流中心不得开展以下业务：

（1）商业零售；

（2）生产和加工制造；

（3）维修、翻新和拆解；

（4）存储国家禁止进口货物，以及危害公共安全、公共卫生或者健康、公共道德或者秩序的国家限制进出口货物；

（5）存储法律、行政法规明确规定不能享受保税政策的货物；

（6）其他与物流中心无关的业务。

（三）保税物流中心和中心内企业的设立

1. 保税物流中心的设立

保税物流中心应当设在靠近海港、空港、陆路枢纽及内陆国际物流需求量较大、交通便利、设有海关机构且便于海关集中监管的地方。

（1）经营企业需满足以下资格条件：

1）经工商行政管理部门注册登记，具有独立的企业法人资格；

2）注册资本不低于 5 000 万元人民币；

3）具备对中心内企业进行日常管理的能力；

4）具有协助海关对进出物流中心的货物和中心内企业的经营行为实施监管的能力。

（2）申请设立保税物流中心需满足以下条件：

1）其面积东部地区不低于 10 万平方米，中西部地区不低于 5 万平方米。

2）向所在地直属海关提出申请，直属海关受理，报海关总署审批，并由海关总署出具批准申请企业筹建保税物流中心的文件。

3）保税物流中心验收合格后，由海关总署向企业核发“保税物流中心验收合格证书”和“保税物流中心注册登记证书”，颁发保税物流中心标牌。

2. 保税物流中心内企业的设立

（1）企业进入物流中心的条件是具有独立法人资格的企业注册资本最低限额为 500 万元人民币；属于企业分支机构的，该企业注册资本不低于 1 000 万元人民币。

（2）企业申请进入保税物流中心应当向所在地主管海关提交书面申请，主管海关受理后报直属海关审批。直属海关对经批准的企业核发“中华人民共和国海关保税物流中心企业注册登记证书”。

（四）保税物流中心的管理

（1）保税物流中心经营企业应当设立管理机构负责物流中心的日常工作，制定完善的管理制度，协助海关实施对进出物流中心的货物及中心内企业经营行为的监管。

（2）保税物流中心经营企业不得在中心内直接从事保税仓储物流的经营活动。

（3）保税物流中心内货物保税储存期限为 2 年，确有正当理由的，经主管海关同意可以予以延期，延期不得超过1年。

(4) 经海关批准，可以分批进出货物，月度集中报关，但集中申报不得跨年度办理。

(5) 未经海关批准，保税物流中心不得擅自将所存货物抵押、质押或进行其他处置。保税物流中心货物可以在中心内企业之间进行转让、转移，但必须办理相关海关手续。

(6) 保税仓储货物在存储期间发生损毁或者灭失的，除不可抗力外，保税物流中心经营企业应向海关缴纳税款，并承担相应的法律责任。

二、保税物流中心进出货物报关程序

(一) 保税物流中心与境外之间的进出货物报关

(1) 应向物流中心主管海关办理相关手续。

(2) 物流中心与境外之间进出的货物，不实行进出口配额、许可证件管理。

(3) 从境外进入物流中心内的货物，凡属于规定存放货物范围内的货物予以保税。

(4) 属于物流中心企业进口自用的办公用品、交通运输工具、生活消费品以及保税物流中心开展综合物流服务所需进口的机器、装卸设备、管理设备等，按照进口货物的有关规定和税收政策办理相关手续。

(二) 物流中心与境内之间的进出货物报关

1. 出中心

(1) 出中心进入关境内其他地区视同进口。按照货物进入境内的实际流向和实际状态填制进口货物报关单，办理进口报关手续。

(2) 出中心运往境外填制出口货物报关单，办理出口报关手续。

2. 入中心

(1) 货物从境内进入物流中心视同出口，办理出口报关手续。如需缴纳出口关税的，应当按照规定纳税；属许可证件管理的商品，还应当向海关出具有效的出口许可证件。

(2) 从境内运入保税物流中心的原进口货物，境内发货人应当向海关办理出口报关手续，经主管海关验放；已经缴纳的关税和进口环节海关代征税，不予退还。

(3) 从境内运入物流中心已办结报关手续的货物，或者从境内运入物流中心供中心内企业自用的国产设备以及转关出口货物，海关签发出口退税报关单证明联。

(4) 从境内运入物流中心的下列货物，海关不签发出口退税报关单证明联：

1) 供中心企业自用的生活消费品、交通运输工具。

2) 供中心企业自用的各种进口设备。

3) 特殊监管区域之间往来的货物。

教学互动

单选题：从境内运入物流中心的原进口货物，应当（　　）。

A. 办理出口报关手续，退还原进口税　B. 办理出口报关手续，不退原进口税

C. 办理进口报关手续，退还原进口税　D. 办理进口报关手续，不退原进口税

能力五　保税物流园区进出货物的报关

一、保税物流园区概述

(一) 保税物流园区的含义

保税物流园区是指经国务院批准，在保税区规划面积或者毗邻保税区的特定港区设立的、专门发展现代国际物流的海关特殊监管区域。

(二) 保税物流园区的功能

保税物流园区的主要功能是保税物流，可以开展以下保税物流业务：

(1) 存储进出口、未办结海关手续的货物；

(2) 对所存货物简单加工增值服务，如分级分类、分拆分拣、分装、计量、组合包装等具有商业性增值的辅助性服务；

(3) 国际转口贸易；

(4) 国际采购、分销、配送；

(5) 国际中转；

(6) 检测，维修；

(7) 商品展示；

(8) 海关批准的其他国际物流业务。

(三) 保税物流园区的管理

(1) 设立相应监管设施。保税物流园区是海关监管的特定区域，园区与境内其他地区之间应当设置符合海关监管要求的卡口、围网隔离设施、视频监控系统等。

(2) 全天监管。海关在园区派驻机构，依照有关法律、行政法规，对进出园区的货物、运输工具、个人携带物品及园区内相关场所实行24小时监管。

(3) 海关对园区企业实行电子账册监管制度、计算机联网管理制度。

园区行政管理机构或者其经营主体应当在海关指导下通过电子口岸建立供海关、园区企业及其他相关部门进行电子数据交换和信息共享的计算机公共信息平台。园区企业建立符合海关监管要求的电子计算机管理系统，提供海关查阅数据的终端设备。

(4) 规范园区企业财务管理制度。

园区企业依照法律、行政法规的规定，规范财务管理，设置符合海关监管要求的账簿、报表，记录本企业的财务状况和有关进出园区货物、物品的库存、转让、转移、销售、简单加工、使用等情况，如实填写有关单证，凭合法、有效的凭证记账核算。

二、保税物流园区报关程序

(一) 保税物流园区与境外之间进出货物报关

海关对园区与境外之间进出的货物，实行备案制管理，但园区自用的免税进口货物、国际中转货物或者法律、行政法规另有规定的货物除外。

园区与境外之间进出货物应当向园区主管海关申报。园区货物的进出境口岸不在园区主管海关管辖区域的，经主管海关批准，可以在口岸海关办理申报手续。

园区内开展整箱进出、二次“拼箱”等国际中转业务的，由开展此项业务的企业向海关发送电子舱单数据，园区企业向园区主管海关申请提箱、集运等，提交舱单等单证，办理进出境申报手续。

1. 境外运入园区

境外货物到港后，园区企业或其代理人可以先提交舱单将货物直接运到园区，再提交“进境货物备案清单”向园区主管海关办理申报手续。除法律、行政法规另有规定外，境外运入园区的货物不实行许可证件管理。

知识链接

境外运入园区的保税及免税货物

境外运入园区的下列货物保税：

(1) 园区企业为开展业务所需的货物及其包装物料；

(2) 加工贸易进口货物；

(3) 转口贸易货物；

(4) 外商暂存货物；

(5) 供应国际航行船舶和航空器的物料、维修用零部件；

(6) 进口寄售货物；

(7) 进境检测、维修货物及其零配件；

(8) 看样订货的展览品、样品；

(9) 未办结海关手续的一般贸易货物；

(10) 经海关批准的其他进境货物。

境外运入园区的下列货物免税：

(1) 园区的基础设施建设项目所需的设备、物质等；

(2) 园区企业为开展业务所需机器、装卸设备、仓储设施、管理设备及其维修用消耗品、零配件及工具；

(3) 园区行政机构及其经营主体、园区企业自用合理数量的办公用品。

境外运入园区的园区行政机构及其经营主体、园区企业自用交通运输工具、生活消费品，按一般进口货物的有关规定和程序办理申报手续。

2. 园区运往境外

从园区运往境外的货物，除法律、行政法规另有规定外，免征出口关税，不实行许可证件管理。

进境货物为经流通性简单加工，需原状退运出境的，园区企业可以向园区主管海关申请办理退运手续。

(二) 保税物流园区与境内区外之间进出货物报关

园区与区外之间进出的货物，由区内企业或者区外的收发货人或其代理人向园区主管海关办理申报手续。

园区企业在区外从事进出口贸易且货物不实际进出园区的，可以在收发货人所在地的主管海关或者货物实际进出境口岸的海关办理申报手续。

除法律、行政法规规定不得集中申报的货物外，园区企业少批量、多批次进出货物的，经主管海关批准可以办理集中申报手续，并使用每次货物进出口时海关接受该货物申报之日实施的税率、汇率。集中申报的期限不得超过1个月，且不得跨年度办理。

1. 园区货物运往区外

园区货物运往区外，视同进口。园区企业或者区外收货人或其代理人按照进口货物的有关规定向园区主管海关申报，海关按照货物在园区时的实际监管方式的有关规定办理。

(1) 进入国内市场的，按一般进口货物报关，提供相关的许可证件，照章缴纳进口关税、进口环节增值税、消费税。

(2) 用于加工贸易的，按加工贸易保税货物报关，提供加工贸易登记手册（包括纸质的或电子的），继续保税。

(3) 用于可以享受特定减免税的特定企业、特定地区或特定用途的，按照特定减免税货物报关，提供“进出口货物征免税证明”和相应的许可证件，免交进口关税、进口环节增值税。

园区企业跨关区配送货物或者异地企业跨关区提取货物的，可以在园区主管海关办理申报手续，也可以按照海关规定办理进口转关手续。

2. 区外货物运入园区

区外货物运入园区，视同出口，由区内企业或者区外的发货人或其代理人向园区主管海关办理出口申报手续。属于应当缴纳出口关税的商品，应当照章缴纳关税；属于许可证件管理的商品，应当向海关出具有效的许可证件。

3. 保税物料园区与其他特殊监管区域、保税监管场所之间往来货物

海关对于园区与海关其他特殊监管区域或者保税监管场所之间往来的货物，继续实行保税监管，不予签发出口货物报关单证明联。但货物从未实行国内入区、入仓环节出口退税制度的海关特殊监管区域或者保税监管场所转入园区的，按照货物实际离境的有关规定办理申报手续，由转出地海关签发出口货物报关单证明联。

园区与其他特殊监管区域、保税监管场所之间的货物交易、流转，不征收进出口环节和国内流通的有关税收。

(三) 保税物流园区的监管和报关要点

(1) 货物不设存储期限。

(2) 区内货物可开展流通性简单加工和增值服务。

(3) 已办理出口退税或已进行流通性简单加工的货物，若退运，按照有关规定办理海关手续。

(4) 经海关批准，园区内企业可以在园区综合办公区专用展示场所举办商品展示。

(5) 区内使用的物品运往区外检测、维修，向海关提出申请，经核准、登记后方可运往区外。以60天为限，最多可延长30天。

(6) 区外进入园内，需原状返还出口企业更换的，在申报进入园区之日起1年内申请办理退还手续。(已流通的简单加工货物除外。)

（7）园区内企业可申请放弃货物（法律法规规定不得声明放弃货物的除外）。

（8）不可抗力造成园区货物损、毁、灭的，应书面报告主管海关，并提供合理理由及书面证明。

（9）货物由境外进入园区的，按一般进口货物报关，采用进入园区海关接受申报之日实施的税率、汇率；区外进入园区的，缴纳因出口而退还的国内环节税收，海关据此核销。

教学互动

深圳某公司需内地产的充电器和香港的电池组合成一种礼品促销装后出口。其境内工厂办理出口报关将充电器可交至深圳某保税区，也可交至深圳某保税物流园区，香港产的电池则以保税方式报关入境，境内的工人在保税区或保税物流园区将两种物品按要求包装在一起，再装入集装箱运至香港码头上船。

讨论：境内企业交货到保税区和交货到保税物流园区有区别吗？如果你是当事人，你会选择在哪里交货？

能力六　保税区进出货物的报关

一、保税区概述

（一）保税区的含义

保税区是指经国务院批准在中华人民共和国境内设立的由海关进行监管的特定区域。

（二）保税区的功能

保税区既有保税加工的功能，又有保税物流的功能，区内货物可进行出口加工、转口贸易、商品展示、仓储运输。

（三）保税和免税的范围

为保税加工、保税仓储、转口贸易、展示而进入保税区的货物均可以保税。为了支持保税区发展，保税区享有以下免税优惠：

（1）区内生产性的基础设施建设项目所需的机器、设备和其他基建物资免税。

（2）区内企业自用的生产、管理设备和自用合理数量的办公用品及其所需的维修、零配件，生产用燃料，建设生产厂房、仓储设施所需的物资、设备（除交通车辆和生活用品外），予以免税。

（3）保税区行政管理机构自用合理数量的管理设备和办公用品及其所需的维修零配件，予以免税。

由于保税区按照国际惯例运作，实行比其他开放地区更为灵活优惠的政策，它已成为中国与国际市场接轨的“桥头堡”。因此，保税区在发展建设伊始就成为国内外客商密切关注的焦点。

知识链接

保税区小常识

保税区具有保税仓储、保税加工、国际贸易、商品展示等功能，享有“免证、保税、免税”政策，实行“境内关外”运作方式，是中国对外开放程度最高、运作机制最便捷、政策最优惠的经济区域之一。1990 年 6 月，经中央批准，在上海创办了中国第一保税区——上海外高桥保税区。1992 年以来，国务院又陆续批准设立了 14 个保税区和一个享有保税区优惠政策的经济开发区，即天津港、大连、青岛、张家港、宁波、广州、深圳（沙头角、盐田港、福田）、珠海、汕头、福州、厦门象屿、海口以及海南洋浦经济开发区。

随着中国加入 WTO，全国保税区逐步形成区域性格局，南有以广州、深圳为主的珠江三角洲区域，中有以上海、宁波为主的长江三角洲区域，北有以天津、大连、青岛为主的渤海湾区域，三个区域的保税区成为中国与世界进行交流的重要口岸，并形成独特的物流运作模式。

（四）保税区的管理

1. 禁止事项

（1）除安全保卫人员外，其他人员不得在保税区居住。

（2）国家禁止进出口的货物、物品，不得进入保税区。

（3）国家明令禁止进出口的货物和列入加工贸易禁止类商品目录的商品在保税区内不准开展加工贸易。

2. 物流管理

保税区内企业须与海关实行电子计算机联网，进行电子数据交换。

3. 加工贸易管理

保税区内企业开展加工贸易，除易制毒化学品、监控化学品、消耗臭氧层物质要提供进口许可证件，生产激光光盘要主管部门批准外，其他加工贸易料件进口免予交验许可证件。

保税区企业开展加工贸易，不实行银行保证金台账制度。

二、保税区进出境货物报关程序

保税区货物报关分为进出境报关、进出区报关。

（一）进出境报关

进出境报关采用报关制和备案制相结合的运行机制，即保税区与境外之间进出境货物，属自用的，采取报关制，填写“进出口货物报关单”；属非自用的，包括加工出口、转口、仓储和展示，采取备案制，填写“进出境货物备案清单”。

（二）进出区报关

1. 进出区保税加工货物

进区，报出口，要有加工贸易纸质手册或加工贸易电子账册、电子化手册，填写“出口货物报关单”，提供有关许可证件。出口应征出口关税的商品，须缴纳出口关税，海关不签发退税证明联。

出区，报进口，按货物实际流向分为如下几类：

（1）内销，填写“进口货物报关单”；

（2）加工贸易，填写“加工贸易进口货物报关单”，提供手册；

（3）特定减免税，提供进出口货物征免税证明，免进口税。

2. 进出区外发加工

（1）进区加工，凭外发加工合同向保税区海关备案，加工出区后核销；

（2）出区加工，须办理加工贸易备案手续，建立银行保证金台账制度，加工期限最长6个月，延长的最长期限是6个月。

保税区货物监管示意图如图5—1所示。

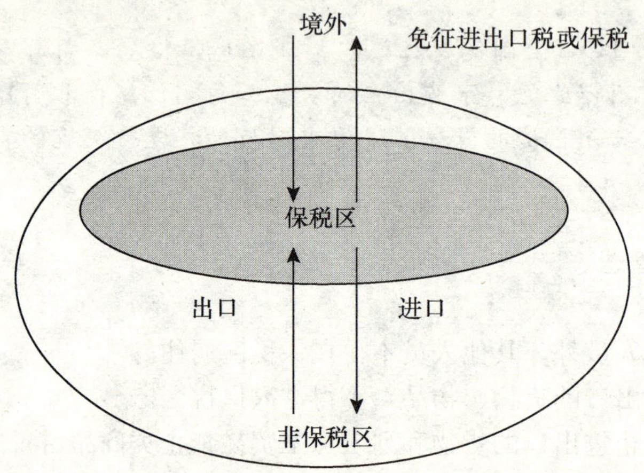

图5—1 保税区货物监管示意图

三、保税区监管和报关要点

（1）于境外进出货物，不实行进出口许可证件管理。

（2）明令禁止不准在区内开展加工贸易（易制毒化学品、监控化学品、消耗臭氧层物质要提供进口许可证；生产激光光盘要经主管部门批准）。

（3）从非保税区进入保税区的货物，办出口手续。

（4）保税区的转口货物，可以进行简单加工。

（5）区内企业加工的制成品及产生的边角余料运往境外，免征出口关税。

（6）从保税区进入非保税区的货物，办进口手续，依法纳税，免缴缓税利息。

（7）含境外保税进口料件加工的制成品销往非保税区时，对制成品按所耗用进口料件数量征税。

知识链接

保税物流园区、保税区、出口加工区等之间的区别

保税物流园区、保税区、出口加工区是海关监管下的特殊区域，即进区货物一般处于暂时保税状态。

保税物流园区是保税区向自由贸易区（如香港）转型过程中的升级版，最大的区别和卖点是保税区货物须在货物实际离开内地关境后企业才能取得退税；而保税物流园区货物进区后企业即能获得退税。

保税区可以注册贸易公司，与国内企业进行美元贸易。设立保税区必须由省（自治区、直辖市）一级人民政府提出申请，报经国务院批准。保税区的主要功能在于发挥港口优势，引进资金和先进的技术，发展转口贸易，拓展国际贸易，开展为贸易服务的加工、整理、包装、储运、运输的业务，具有出口加工、转口贸易、保税仓储三大功能。

与保税区相比，出口加工区的功能较为单一，主要集中在出口加工上，但亦可为区内企业提供较多的便利和特殊政策。

保税区是个大概念；出口加工区是保税状态下的加工区，区内相当于关外，加工和出口不收关税；保税物流中心是保税区的模式之一；保税仓库就是货物处于保税状态下的仓库，位于保税区内。

教学互动

1. 单选题：向海关报关时适用保税区进境货物备案清单的是（　　）。

A. 保税区从境外进口的加工贸易料件

B. 保税区销往国内非保税区的货物

C. 保税区区内企业从境外进口自用的机器设备

D. 保税区管理机构从境外进口的办公用品

2. 单选题：以下关于保税区与境外之间进出货物的报关制度，正确的表述应当是（　　）。

A. 保税区与境外之间进出境货物采取报关制，填写进出口货物报关单

B. 保税区与境外之间进出境货物采取备案制，填写进出境货物备案清单

C. 保税区与境外之间进出境货物，属自用的，采取备案制，填写进出境货物备案清单；属非自用的，采取报关制，填写进出口货物报关单

D. 保税区与境外之间进出境货物，属自用的，采取报关制，填写进出口货物报关单；属非自用的，采取备案制，填写进出境货物备案清单

3. 多选题：保税区进境的（　　）使用进出境货物备案清单报关。

A. 加工贸易料件　B. 加工贸易设备　C. 转口贸易货物　D. 仓储货物

能力七　保税港区进出货物的报关

一、保税港区概述

（一）保税港区的含义

保税港区是指经国务院批准，设立在国家对外开放的口岸港区和与之相连的特定区域内，具有口岸、物流、加工等功能的海关特殊监管区域。

（二）保税港区的功能

保税港区具备目前中国海关所有特殊监管区域具备的全部功能。包括仓储物流，对外

贸易，国际采购、分销和配送，国际中转，检测和售后服务维修，商品展示，研发、加工、制造，港口作业及开展经海关批准的其他业务 9 项功能。

我国现有 9 个保税港区：上海洋山深水港、天津东疆、大连大窑湾、海南洋浦、宁波梅山、广西钦州港、厦门海沧港、青岛前湾港、深圳前海湾保税港区。

（三）保税港区的管理

（1）保税港区实行封闭式管理。

（2）区内企业需要开展危险化工品和易燃易爆物品生产、经营和运输业务的，应当取得安全监督、交通等相关部门的行政许可，并报保税港区主管海关备案。

保税港区货物不设储存期限。但储存期限超过 2 年的，区内企业应当每年向海关备案。

经海关核准，区内企业可以办理集中申报手续，对 1 个自然月内的申报清单数据进行归并，在次月底前向海关办理集中申报手续。

（3）区内企业不实行加工贸易银行保证金台账和合同核销制度，海关对保税港区内加工贸易货物不实行单耗标准管理。区内企业应当自开展业务之日起，定期向海关报送货物的进区、出区和储存情况。

（4）区内企业申请放弃的货物，经海关及有关主管部门核准后，由保税港区主管海关依法提取变卖，变卖收入由海关处理，但法律、行政法规和海关规章规定不得放弃的货物除外。

需退运到区外的，属于尚未办理出口退税手续的，可以向保税港区主管海关办理退运手续；属于已办理出口退税手续的，按照进境货物运往区外的规定办理。

二、保税港区与境外之间的货物报关程序

保税港区货物与境外之间的报关在保税港区主管海关办理海关手续；进出境口岸不在保税港区主管海关辖区内的，经保税港区主管海关批准后，可以在口岸海关办理。采用备案制，凭“进出境货物备案清单”放行，不实行进出口配额、许可证件管理，对于同一配额、许可证项下的货物，海关在进区环节已经验核配额、许可证件的，在出境环节不再要求企业出具配额、许可证件原件。

对境外进入保税港区的货物予以免税（供区内企业和行政管理机构自用的交通运输工具、生活消费用品除外）；从保税港区运往境外的货物免征出口关税。

保税港区免征进口关税和进口环节代征税的主要有：区内生产性基建所需的机器、设备和建设生产厂房、仓储设施所需的基建物资；区内企业生产所需的机器、设备、模具及维修用零配件；区内自用合理数量的办公用品。

（一）保税港区货物运往区外非特殊监管区域或场所的报关

（1）一般贸易货物出区：直接进入生产或消费领域的，按一般进口货物；属于优惠贸易协定下，符合原产地规定的，按协定税率或特惠税率。

（2）加工贸易货物出区：区内企业生产加工贸易成品及残次品、副产品内销的，按进口货物办理进口手续，海关按内销时的实际状态征税。属于进口配额、许可证件管理的，出具进口配额、许可证件。

区内企业生产加工产生的边角料、废品及包装物料，提出书面申请并批准的，可运往

区外，按出区时的实际状态征税。属于进口配额、许可证件管理的，免领进口配额、许可证件；列入《禁止进口废物目录》及其他危险废物需要处置的，凭环保部门批件出区。

加工贸易货物成品出区深加工结转按出口加工区深加工结转程序办理。

（二）区外非特殊监管区域或场所货物运入保税港区的报关（国产货物、原进口货物）

（1）国产货物：签发出口货物报关单证明联。

（2）原进口货物：区外企业向海关提供货物或物品清单，按照出口货物申报，海关不予签发出口货物报关单退税证明联，原已缴的税不予退还。

（三）保税港区与其他海关特殊监管区域或者保税监管场所之间的报关（程序、出口退税）

（1）实行保税监管，不予签发出口货物报关单证明联。

（2）但货物从未实行国内货物入区（仓）环节出口退税制度的海关特殊监管区域或保税监管场所转入保税港区的，视同货物实际离境，由转出地海关签发出口货物报关单退税证明联。

各种监管模式下的保税物流货物的管理要点比较如表 5—4 所示。

表 5—4　各种监管模式下的保税物流货物的管理要点比较

<table>
<tr><th rowspan="2">监管场所、区域名称</th><th rowspan="2">存货范围</th><th rowspan="2">储存期限</th><th rowspan="2">服务功能</th><th rowspan="2">注册资本（不低于）</th><th colspan="2">面积（不低于）</th><th rowspan="2">审批权限</th><th rowspan="2">入区退税</th><th rowspan="2">备注</th></tr>
<tr><th>东部</th><th>中西部</th></tr>
<tr><td>保税仓库</td><td>进口</td><td>1年+1年</td><td>储存</td><td rowspan="2">300万元人民币</td><td colspan="2">公用/维修 2 000 平方米/液体 5 000 平方米</td><td>直属海关</td><td>否</td><td>按月报核</td></tr>
<tr><td>出口监管仓库</td><td>出口①</td><td>半年+半年</td><td>储存/出口配送/国内结转</td><td colspan="2">配送 5 000 平方米/结转 1 000 平方米</td><td>直属海关</td><td>否②</td><td>退换货物先入后出</td></tr>
<tr><td>保税物流中心</td><td>进出口</td><td>2年+1年</td><td>储存/全球采购配送/国内结转/转口/中转③</td><td>5 000万元人民币</td><td>10万平方米</td><td>5万平方米</td><td>海关总署</td><td>是</td><td></td></tr>
<tr><td>保税物流园区</td><td>进出口</td><td>无期限</td><td>转口贸易/全球采购配送/中转/展示</td><td></td><td></td><td></td><td>国务院</td><td>是</td><td>按年报核</td></tr>
<tr><td>保税区</td><td>进出口</td><td>无期限</td><td>物流园区功能+维修/加工</td><td></td><td></td><td></td><td>国务院</td><td>否</td><td>离境退税</td></tr>
<tr><td>保税港区</td><td>进出口</td><td>无期限</td><td>保税区功能+港口功能</td><td></td><td></td><td></td><td>国务院</td><td>是</td><td></td></tr>
</table>

注：①出口配送型仓库可以存放为拼装出口货物而进口的货物。
②经批准享受入仓即退税政策的除外。
③保税物流中心的经营者不得开展物流业务。

教学互动

保税港区可以开展以下（　　）业务。

A. 对外贸易、国际采购、分销和配送　B. 商品加工、制造

C. 商品展示与商业零售　D. 港口作业

能力训练

一、单选题

1. 保税物流中心不能开展的业务是（　　）。

A. 保税存储进出口货物及其他未办结海关手续货物

B. 维修、翻新和拆解

C. 转口贸易和国际中转业务

D. 对所存货物开展流通性的简单加工和增值服务

2. 保税物流园区不可以开展的业务是（　　）。

A. 进出口贸易

B. 国际采购、分销和配送

C. 对所存货物开展流通性简单加工和增值服务

D. 加工制造、翻新和拆解

3. 下列哪一选项从境外进口的货物照章征税？（　　）

A. 出口加工区从境外进口的区内企业自用的生产管理设备

B. 保税区企业从境外进口的仓储设备

C. 保税物流园区进口的仓储设备、管理设备

D. 出口加工区从境外进口的自用交通工具、生活消费品

4. 下列哪一选项从境外进口的自用物资（交通工具、消费品除外）可以享受特定减免税的优惠待遇？（　　）

A. 保税仓库　B. 出口监管仓库

C. 保税物流中心　D. 保税物流园区

5. 向海关报关时适用保税区进境货物备案清单的是（　　）。

A. 保税区从境外进口的加工贸易料件

B. 保税区销往国内非保税区的货物

C. 保税区区内企业从境外进口自用的机器设备

D. 保税区管理机构从境外进口的办公用品

6. 设立保税仓库，注册资本最低限额为（　　）万元人民币。

A. 100　B. 150　C. 200　D. 300

7. 公用保税仓库面积最低为（　　）平方米。

A. 1 000　B. 2 000　C. 3 000　D. 5 000

8. 保税仓库由（　　）批准设立。

A. 海关总署　B. 直属海关　C. 隶属海关　D. 国务院

9. 保税仓库所存货物的储存期限为（　　），特殊情况经批准延长期限最长不超过（　　）。

A. 1年；1年　　　　B. 6个月；6个月

C. 6个月；1年　　　　D. 1年；6个月

10. 保税仓库货物内销到国内市场转为正式进口时应该办理（　　）报关手续。

A. 进仓进口　　　　B. 出仓进口

C. 进仓出口　　　　D. 出仓出口

11. 出口加工区内企业在境内区外进行产品的测试、检验和展示活动，测试、检验和展示的产品，应比照海关对（　　）的管理规定办理出区手续。

A. 一般进口货物　　　　B. 特定减免进口税货物

C. 暂时进口货物　　　　D. 保税进口货物

12. 对保税区内企业自用的生产、管理设备和自用合理数量的应税物品以及货样，实行（　　）。

A. 备案制　　　　B. 报关制

C. 报关制和备案制皆可　　　　D. 转关制

二、多选题

1. 从境外进入保税区的货物，应该（　　）。

A. 进口自用的生产设备、物资免税　　　　B. 进口加工贸易货物全额保税

C. 转口货物保税　　　　D. 进口自用交通工具、生活物资征税

2. 下列选项中，表述不正确的是（　　）。

A. 进口保税仓库自用货物照章征税

B. 保税区仓储企业进口的自用货物照章征税

C. 保税物流中心进口的自用货物照章征税

D. 保税物流园区进口的自用货物照章征税

3. 从境外进入物流园区的货物，表述正确的是（　　）。

A. 园区企业为开展业务所需货物及其包装材料进口保税

B. 园区加工贸易企业进口的料件保税

C. 贮存的进口货物保税

D. 贮存的未办结海关手续的进口货物保税

4. 物流中心、物流园区、出口加工区、保税区货物出区到境内区外，表述正确的是（　　）。

A. 出区报进口。海关一律按照一般进口货物照章征税并办理其他相应报关手续

B. 出区报进口。如用于境内消费，海关按照一般进口货物报关程序照章征税，并办理相应的海关手续

C. 出区报进口。如用于境内消费，海关按照特定减免税报关程序办理海关手续

D. 出区报进口。如用于加工贸易，海关按照加工贸易报关程序办理海关手续

5. 境内区外货物进入物流中心、物流园区、出口加工区、保税区，下列选项表述正确的是（　　）。

A. 进区报出口。对进入物流中心、物流园区、出口加工区货物在办理进区出口手续

时，海关即可签发出口退税报关单证明联（自用交通工具、生活物资等除外）

B. 进区报出口。对进入保税区的货物，在办理进区出口手续时，海关不立即签发出口退税报关单证明联，待货物实际运输出境，经海关核实再签发出口退税报关单证明联

C. 进区报出口，对境内区外的国产设备进入物流中心、物流园区、出口加工区自用，在办理进区出口手续时，海关即可签发出口退税报关单证明联；对进入保税区自用的国产设备，应向海关备案，不填写报关单，不缴纳出口税，海关不签发出口退税报关单证明联

D. 对进入物流中心、物流园区、出口加工区、保税区自用的原进口设备，在办理进区手续时，海关不退还原进口时已征的进口税款，也不签发出口退税报关单证明联

6. 下列关于保税储存期限的表述，正确的是（　　）。

A. 保税仓库货物的储存期限为1年，可以申请延长，延长的期限最长不超过1年

B. 出口监管仓库货物储存期限为6个月，可以申请延长，延长期限不超过6个月

C. 保税物流中心A型保税储存期限为1年，可以申请延长，延长期限不超过1年；保税物流中心B型保税储存期限为2年，可以申请延长，延长期限不超过1年

D. 保税物流园区货物不设储存期限

7. 下列哪些选项进出海关特殊监管区域办理海关手续时不适用保税通关制度？（　　）

A. 物流园区货物出区运往境内区外用于消费的货物

B. 境内区外加工贸易货物进入物流园区

C. 出口加工区货物出区运往境内区外用于特定减免税的货物

D. 保税区货物出区运往境内区外用于加工产品出口

8. 保税物流中心可以开展的业务是（　　）。

A. 对所存货物开展流通性的简单加工和增值服务

B. 维修和拆解

C. 全球采购、国际分拨和配送

D. 转口贸易和国际中转业务

9. 物流园区可以开展的业务是（　　）。

A. 进出口贸易

B. 对所存货物开展流通性的简单加工和增值服务

C. 存储进出口货物及其他未办结海关手续的货物

D. 国际采购、分拨和配送

10. 出口监管仓库设立的条件包括（　　）。

A. 最低注册资本为150万元人民币

B. 最低注册资本为300万元人民币

C. 具有进出口经营权和仓储经营权

D. 具有向海关缴纳税款的能力

11. 下列对保税港区与境外之间进出货物的报关的表述，不正确的是（　　）。

A. 保税港区与境外之间进出的货物，不实行进出口配额、许可证件管理

B. 保税港区内企业和行政管理机构进口的自用的交通运输工具免税

C. 保税港区与境外之间进出货物一般在口岸海关办理海关手续

D. 保税港区与境外之间进出货物一般实行备案制管理

12. 下列（　　）可以存入保税仓库。

A. 加工贸易进口货物

B. 加工贸易出口货物

C. 转口货物

D. 已办结海关手续的一般贸易进口货物

13. 下列关于保税物流园区的有关监管规定的说法中，不正确的有（　　）。

A. 园区与其他保税监管场所之间的货物交易、流转均须征收进出口环节税

B. 园区货物运往区外，进入国内市场的，按照一般出口货物报关

C. 园区货物的储存期限一般为1年

D. 园区企业参加在区外举办的展览活动，应该比照海关对暂时进口货物的管理规定办理有关手续

14. 保税区与出口加工区同属于我国特殊监管区域，下列关于两者共同点的说法正确的是（　　）。

A. 两者的功能基本相同，都只能够开展加工贸易

B. 两者与境外之间进出的货物，除特殊情况外，一般不实行进出口许可证件管理

C. 两者都实行非物理围网监管模式

D. 两种区域内的企业开展加工贸易都不实行银行保证金台账制度

15. 对于已经存入出口监管仓库，因质量原因要求更换的，被更换货物出仓之前，更换货物应当先行入仓，与原货物（　　）相同。

A. 商品编码　　　　B. 品名、规格型号

C. 数量　　　　D. 价值

三、判断题

1. 物流园区与境外之间进出货物，除园区自用的免税进口货物、国际中转货物或者法律、行政法规另有规定的货物以外，海关实行备案制管理。（　　）

2. 出口监管仓库存放的货物，是办结出口海关手续的货物，所以只能装运出口，不可以出仓复进口。（　　）

3. 保税仓库可以存放未办结海关手续的进口货物，不能存放已办结出口海关手续的出口货物。（　　）

4. 某保税仓库进口仓库内部管理用计算机、堆放货物的货架及在保税仓库内使用搬运货物的叉车，按照规定，进口这些物资可以申请办理保税手续。（　　）

5. 企业设立保税仓库应向仓库所在地主管海关提交书面申请，主管海关报直属海关审批，直属海关批准设立保税仓库后报海关总署备案。（　　）

6. 公用保税仓库由主营仓储业务的中国境内独立企业法人经营，专门向社会提供保税仓储服务，其面积最低为2 000平方米。（　　）

7. 从非保税区运入保税区的供加工生产产品用的货物，属于应税出口商品的，应缴

纳出口关税。 （ ）

8. 对于来料加工合同项下进口原料，海关只准予减免进口关税，增值税和消费税不免。 （ ）

9. 出口加工区区内开展加工贸易业务，不实行加工贸易银行保证金台账制度。 （ ）

10. 保税区与境外之间进出境货物，属自用的，采取备案制，填写进出境备案清单。 （ ）

11. 出口加工区内企业运往境内区外维修、测试、检验的机器设备应该自运出之日起6个月内运回加工区。 （ ）

12. 存入保税仓库和出口监管仓库的货物都不得进行实质性加工。 （ ）

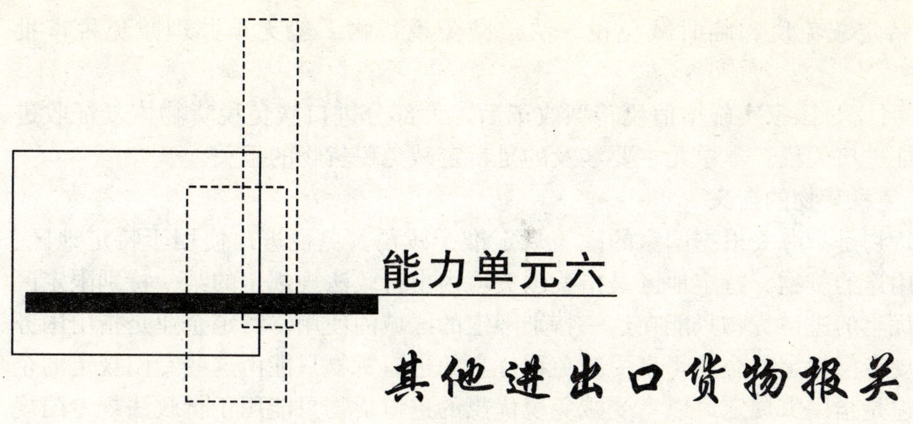

能力单元六

其他进出口货物报关

学习目标

了解特定减免税货物的含义和特点，熟悉减免税审批程序和要求，掌握特定减免税货物的报关程序及要求；了解暂准进出境货物的特点和范围，掌握暂准进出境货物的报关程序及要求；掌握过境、转运、通运货物的报关程序及要求；了解其他货物的报关程序及要求，掌握货物转关运输的报关程序及要求。

引导案例

长春市B公司与俄罗斯C公司签署协议，进口光学玻璃材料，进口该产品是为了完成国家的863科技项目，所以B公司可以享受减免税的优惠。货物从俄罗斯的莫斯科直接空运至北京。请问：什么是减免税货物？如何申请办理征免税证明？货物从北京入境，而B公司在长春，如何办理转关手续？

能力一　减免税货物的报关

一、减免税货物报关制度概述

关税减免又称为关税优惠，是减征关税和免征关税的合称。关税减免分为三大类，即法定减免税、特定减免税和临时减免税。法定减免税货物一般无须办理减免税审批手续。

自2009年1月1日国家实施增值税转型改革后，大部分进口减免税货物恢复征收进口增值税，只免征进口关税。本单元主要涉及的是特定减免税货物的报关。

（一）特定减免税货物的含义

特定减免税货物是指海关根据国家的政策规定准予减税、免税进口使用于特定地区、特定企业和特定用途的货物。特定地区是指我国关境内由行政法规规定的某一特别限定区域，享受减免税优惠的进口货物只能在这一特别限定的区域内使用。特定企业是指由国务院制定的行政法规专门规定的企业，享受减免税优惠的进口货物只能由这些专门规定的企业使用。特定用途是指国家规定可以享受减免税优惠的进口货物只能用于行政法规专门规定的用途。

（二）特定减免税货物报关制度的管理特点

货物按照特定减免税进口报关制度办理报关手续，其受海关监管的过程和货物在海关监管现场放行后受制约的状态，反映了该项报关制度的管理特征：

（1）在特定减免税规定范围内使用可减免进口税；

（2）原则上应受国家各项进出口管制；

（3）货物进口验放后仍受海关监管；

（4）脱离特定条件或规定范围使用须补缴进口税；

（5）监管期限到期后海关解除监管。

进口的特定减免税货物，海关根据不同的货物分别规定海关监管期限，经海关核查监督，有关货物能按照规定合法使用的，在监管期限届满时，由企业向海关提出申请，办理解除海关监管手续。根据海关规定，特定减免税货物的海关监管年限为：船舶、飞机及建筑材料（包括钢材、胶合板、人造板、玻璃等）8年；机动车辆和家用电器6年；机器设备和其他设备、材料等5年。如果设备在监管期间转让给另一家享受同等减免税待遇的公司，监管年限应该连续计算，转入地海关在剩余监管年限内对该设备实施后续监管。

二、减免税货物的报关程序

减免税货物的报关程序是：进口前向所在地海关提出申请—报主管海关审批并签发“征免税证明”—向进口地海关办理进口手续—海关免税放行后提取货物—货物在使用期间继续接受海关监管—海关监管期满后海关解除监管即结关。

（一）减免税申请

1. 特定地区减免税申请

特定地区减免税主要是指保税区减免税和出口加工区减免税。

（1）保税区减免税。第一，备案登记。减免税申请人向海关办理减免税备案登记时，应提交企业批准证书、营业执照、企业合同和章程等材料。海关审核后准予备案的，签发企业征免税登记手册。第二，申领“进出口货物征免税证明”。在进口特定减免税货物以前，向保税区海关提交企业征免税登记手册、发票、装箱单等，录入海关计算机系统。核发“进出口货物征免税证明”。

（2）出口加工区减免税。第一，备案登记。减免税申请人向海关办理减免税备案登记时，应提交出口加工区管理委员会的批准文件、营业执照等材料。海关审核后批准建立企业设备电子账册。第二，申领“进出口货物征免税证明”。在进口特定减免税货物以前，向出口加工区海关提交发票、装箱单等，海关在电子账册中进行登记，不核发“进出口货物征免税证明”。

2. 特定企业减免税申请

特定企业减免税申请主要是指外商投资企业。第一，备案登记。减免税申请人向海关办理减免税备案登记时，应提交商务主管部门的批准文件、营业执照、企业合同和章程。海关审核后准予备案的，签发“外商投资企业征免税登记手册”。第二，申领“进出口货物征免税证明”。在进口特定减免税货物以前，向保税区海关提交外商投资企业征免税登记手册、发票、装箱单等，经海关核准后，签发“进出口货物征免税证明”。

3. 特定用途减免税申请

（1）国内投资项目减免税申请。国内投资项目，经批准后，凭国家鼓励发展的内外资项目确认书、发票、装箱单等向主管海关提出减免税申请。海关审核后，签发“进出口货物征免税证明”。

（2）利用外资项目减免税申请。利用外资项目，经批准后，凭国家鼓励发展的内外资项目确认书、发票、装箱单等向主管海关提出减免税申请。海关审核后，签发“进出口货物征免税证明”。

（3）科教用品减免税进口申请。第一，备案登记。办理科学研究和教学用品免税进口申请时，应当持有关主管部门的批准文件，向主管海关办理资格认定手续。海关审核后，签发“科教用品免税登记手册”。第二，申领“进出口货物征免税证明”。在进口特定减免税科教用品以前，向主管海关提交科教用品免税登记手册、合同等单证。经海关核准后，签发“进出口货物征免税证明”。

（4）残疾人专用品减免税申请。申请人向主管海关提交民政部门的批准文件，海关审核后，签发“进出口货物征免税证明”。民政部门或中国残疾人联合会所属单位批量进口残疾人专用品，出具民政部门（包括省、自治区、直辖市的民政部门）或残联出具的证明函，海关凭以审核签发“进出口货物征免税证明”。

4. 进出口货物征免税证明的使用

“进出口货物征免税证明”有效期为6个月。减免税申请人应当在征免税证明有效期内办理有关进出口货物报关手续。不能在有效期内办理，需要延期的，应当在“征免税证明”有效期内向海关提出延期申请。“征免税证明”可以延期一次，延期时间自有效期届满之日起算，延长期限不得超过6个月。“进出口货物征免税证明”实行“一批一证”制，即一份征免税证明上的货物只能在一个口岸一次性进口。如果一批特定减免税货物需要分两个口岸进口，或者分两次进口的，持证人应当事先分别申领两张征免税证明。

（二）进口报关

特定减免税货物在进口报关时，进口货物收货人或其代理人持减免税证明、许可证等相关证件按一般进出口货物办理报关程序。

特定减免税货物进口报关与一般进出口货物报关的不同点有：第一，特定减免税货物进口报关时，进口货物收货人或其代理人除了向海关提交报关单及随附单证外，还应向海关提交“进出口货物征免税证明”。第二，特定减免税货物进口报关时，一般应提交进口许可证件，但对于外资企业、港澳台同胞及华侨投资的企业进口本企业自用的机器设备，免予交验进口许可证件。第三，特定减免税货物进口报关时，报关员在填制报关单时应特别注意报关单上“备案号”栏目的填写。“备案号”栏目内填写“进出口货物征免税证明”上以字母“z”开头的12位编号。

（三）解除监管

特定减免税货物进口后，将有一段时间处于海关监管下，在进口减免税货物的监管年限内，减免税申请人应当自减免税货物放行之日起，在每年的第1季度向主管海关递交“减免税货物使用状况报告书”，报告减免税货物使用状况。

减免税货物解除监管的情形包括以下几种。

1. 自动解除监管

特定减免税货物在监管年限届满后自动解除海关监管，无须领取减免税进口货物解除监管证明。

2. 申请解除监管

（1）监管期满申请解除监管。特定减免税货物在监管年限届满后，原减免税申请人向主管海关申请解除监管，海关核准后，签发“减免税进口货物解除监管证明”解除监管。

（2）监管期内申请解除监管。在海关监管年限内的进口减免税货物，减免税申请人书面申请监管期内申请解除监管。根据货物去向不同，又可分为以下几种情况：

第一，如果货物需要在监管期内销售转让的，海关扣除折旧后确定完税价格并征税后，签发解除监管证明书。

第二，减免税申请人如将减免税货物转让给其他享受同等减免税优惠待遇的单位或者个人的，按海关规定办理结转，转入地海关在剩余监管年限内继续监管。

第三，原申请人要求将特定减免税货物退运出境的，报主管海关核准，货物退运后，持出口报关单办理解除监管手续。

第四，企业要求放弃特定减免税货物的，应当向主管海关提交放弃货物的书面申请，经海关核准后，办理相关手续，海关将货物拍卖后签发收据，企业凭收据办理解除监管手续。

3. 非解除监管的其他特殊处置

（1）特定减免税货物的抵押。在海关监管年限内，减免税申请人要求以减免税货物向金融机构办理贷款抵押的，应当向主管海关提出书面申请。经审核符合有关规定的，主管海关可以批准其办理贷款抵押手续。但是，减免税申请人不得向金融机构以外的公民、法人或者其他组织办理贷款抵押，办理抵押贷款应向海关提供担保。

（2）特定减免税货物的使用地点变更。在海关监管年限内，减免税货物应当在主管海关核准的地点使用。需要变更使用地点的，应向海关提出申请。需要移出主管海关管辖地使用的，应向海关申请办理异地监管手续。

（3）企业破产清算时，特定减免税货物的处理。企业进入到破产清算程序时，对于还处在海关监管期内的特定减免税货物，企业首先向主管海关申请，经主管海关同意，缴纳应纳税款，获得解除监管证明，然后才能够处理该货物。

参考案例

都是减免税设备惹的祸

2005 年 5 月，河北某乳业公司免税进口法国产检测设备一套，报关价格为 70 万欧元。2008 年 9 月，三鹿奶粉事件爆发，公司产品虽然检测合格，但经营仍受到巨大影响，无法正常生产。为避免设备闲置，2008 年 10 月，该公司将包括免税进口设备在内的绝大部分设备租赁给某大型乳业集团，租赁期限为 3 年，年租金人民币 110 万元。11 月，海关对该企业进行专项稽查，发现了租赁合同，海关缉私局随即对此行政立案。公司法律顾问告诉公司总经理老张：企业涉嫌违规，海关根据相关条例可能对企业处以货物价值 5%以上 30%以下的罚款，并没收违法所得，同时租赁合同必须终止。老张惊得一下子说不出话来：这样一个躲避麻烦的应急措施怎么会引来这么大的麻烦？

屋漏偏逢连夜雨。与此同时，海关又发现公司在 2005 年 6 月以此减免税设备作抵押，向某农业银行贷款人民币 220 万元，2006 年 9 月，公司还清了银行贷款，抵押贷款合同终止。公司法律顾问对此判断：公司擅自抵押减免税设备的行为同样涉嫌违规，故亦需按照《海关行政处罚实施条例》第 18 条的规定去处罚。也就是说，公司可能要再掏 35 万～230 万元的罚款。老张闻言顿时万念俱灰：看来这次公司在劫难逃了！这究竟是为什么？

教学互动

东部地区 A 企业特定减免税进口飞机制造设备一套，2 年后经批准按折旧价格转让给同样享受特定减免税的西部地区 B 企业，海关对 B 企业飞机制造设备的监管期限是多少年？

能力二 暂准进出境货物的报关

一、暂准进出境货物概述

(一) 暂准进出境货物的含义

暂准进出境货物是暂准进境货物和暂准出境货物的合称，指为了特定的目的经海关批准，暂时进境或者暂时出境，并在规定的期限内原状复运出境或复运进境的货物。

(二) 暂准进出境货物的特征

暂准进出境货物有四大特征：暂时免予缴纳税费；暂时免予提交进出口许可证件；规定期限内按原状复运进出境；按货物实际使用情况办结海关手续。

(三) 暂准进出境货物的范围

暂准进出境货物分为两大类：

第一类，在进境或者出境时纳税义务人提供税款担保的，可以暂不缴纳关税，并应当自货物进境或者出境之日起 6 个月内复运出境或者复运进境，包括：

(1) 在展览会、交易会、会议及类似活动中展示或者使用的货物；

(2) 文化、体育交流活动中使用的表演、比赛用品；

(3) 进行新闻报道或者摄制电影、电视节目使用的仪器、设备及用品；

(4) 开展科研、教学、医疗活动使用的仪器、设备及用品；

(5) 在以上第（1）项至第（4）项所列活动中使用的交通工具及特种车辆；

(6) 货样；

(7) 供安装、调试、检测设备时使用的仪器、工具；

(8) 盛装货物的容器；

(9) 其他用于非商业目的的货物。

第二类，第一类货物以外的其他暂时进出境货物，如工程施工中使用的设备、仪器及用品，海关应当按照审定进出口货物完税价格的有关规定和海关接受货物申报进境之日适用的计征汇率、税率，审核确定完税价格，按月征收税款或者在规定期限内货物复运出境时征收税款。

二、暂准进出境货物的报关程序

暂准进出境货物的报关程序分为前期（申请和审批）、中期（进出境）、后期（核销结关）。按照我国海关的监管方式，对暂准进出境货物可以归纳为以下四种：使用ATA单证册报关的暂准进出境货物；不使用ATA单证册报关的暂准进出境展览品；暂准进出境的集装箱箱体；其他暂准进出境货物。

（一）使用ATA单证册报关的暂准进出境货物的报关

1. ATA单证册概述

ATA单证册是暂准进口单证册的简称，是国际通用的报关单和担保文书，替代暂准进出口货物报关单和税费担保的国际性报关文件。一份ATA单证册一般由8页ATA单证页组成：封面和封底为绿色、出口和复进口单证为黄色、进口和复出口单证为白色、两页蓝色过境单证。我国海关只接受中文或者英文填写的ATA单证册。ATA单证册的使用范围仅限于展览会、交易会、会议及类似活动项下的货物。除此之外的货物，我国海关不接受持ATA单证册办理进出口申报手续。中国国际商会是我国ATA单证册的担保和出证机构。海关总署在北京设立ATA核销中心，负责全国的核销业务。

使用ATA单证册报关的货物暂准进出境期限为自货物进出境之日起6个月，超过6个月的，持证人需向海关申请延期，延期最多不超过3次，每次延期不超过6个月，且持证人应当在规定期限届满30个工作日前向货物暂准进出境申请核准地海关提出延期申请，并提交“货物暂时进/出境延期申请书”及相关材料；直属海关受理延期申请的，应当于受理申请之日起20个工作日内作出是否延期的决定。参加展期在24个月以上展览会的展览品，在18个月延长期届满后仍需要延期的，由主管地直属海关报海关总署审批。ATA单证册项下的暂时进境货物申请延长期限超过ATA单证册有效期的，持证人应当向原出证机构申请续签ATA单证册用以替代原册，新册使用，原册失效。

我国ATA单证册项下暂时进境货物未能按照规定复运出境或者过境的，ATA核销中心将向中国国际商会提出追索。自提出追索之日起9个月内，中国国际商会向海关提供货物已经在规定期限内复运出境或者已办理了进口手续证明的，ATA核销中心可以撤销追索；9个月期满后未能提供上述证明的，中国国际商会应当向海关支付税款和罚款。

参考案例

昆山首批 ATA 单证册项下货物“零”费用通关

2009 年 6 月 12 日，昆山某企业一批 ATA 单证册项下货物，经昆山质检局受理，第一时间以“零”费用快速通关。据悉，该台用于出境展览宣传、价值 882.35 美元的彩色电视显示屏，是当地首批获便利通关的 ATA 单证册项下货物。

ATA 由法文 Admission Temporaire 与英文 Temporary Admission 的首字母复合组成，表示暂准进口。ATA 单证册制度为暂准进出口货物建立了世界统一的通关手续，使暂准进口的货物在一年有效期内，可凭 ATA 单证册在各国海关享受免税进口和免予填写国内报关文件等通关便利，因此，ATA 单证册又被国际经贸界称为“货物通关护照”或“货物免税通关证”。按照国际公约，可以申请 ATA 单证册的货物主要包括专业设备、商业样品和参加展览会交易会的物品。我国于 1992 年加入《关于暂准进口的公约》等有关暂准进口的国际海关公约，并于 1998 年正式实施了 ATA 单证册制度。据了解，截止到目前，已有 62 个国家和地区实施了 ATA 单证册制度，75 个国家和地区接受 ATA 单证册。每年凭 ATA 单证册通关的货物总值超过了 120 亿美元。

为配合该制度下首批货物的顺利通关，昆山质检局按照国家质检总局要求，明确了单证册项下货物的检验检疫程序，并给予以下通关便利：一是在该批货物办理出境报检手续时，允许持证人或其授权代表持 ATA 单证册作为证明文件报检；二是对该批货物免予 3C 认证和品质检验，免收相关费用。

从国家层面看，ATA 单证册制度的确立，有助于促进产业专门化、工业现代化；有助于加快国际经贸、信息、科技和文化交流；有助于加强世界各民族间文化的认知和融合，促进各国政府和民间的交往与合作。即便是在当前金融危机下，该项制度对昆山对外经贸的发展，仍起到明显作用。它将为当地企业和相关单位开拓海外市场以及各种形式的对外交流活动提供极大的通关便利，如简化通关手续、节约通关费用和时间、降低持证人风险、ATA 单证册可重复使用、适用对象广泛、报关灵活等。企业在国际商务活动中，凭借便利的货物临时进出口手续，可以减少贸易成本，提高通关速度。提升产品在国际市场上的竞争力和影响力，以利于在全球贸易竞争中占据主动地位。

昆山质检局在此也提醒企业：尽可能了解并充分利用此类便利政策，可为企业节省检验认证费用，减少不必要的通关成本。但须注意的是：ATA 单证册项下货物涉及动植物及其产品检疫的，应按相关规定实施检疫。

2. 报关程序

(1) 进出口申报。持单证册向海关申报进出境的货物，不需要向海关提交进出口许可证件，也不需要另外再提供担保。

第一，进境申报。先将 ATA 单证册的内容预录入到 ATA 单证册电子核销系统，然后向主管海关提交纸质 ATA 单证册、提货单等单证。海关在白色进口单证上签注，留存白色进口单证（正联），退还存根联和其余各联。

第二，出境申报。出境货物发货人或其代理人持 ATA 单证册向海关申报出境展览品时，向出境地海关提交国家主管部门的批准文件、纸质 ATA 单证册、装货单等单证。海关在绿色封面和黄色出口单证上签注，留存黄色出口单证，退还其余各联。

第三，异地复运出境、进境申报。持主管地海关签章的海关单证向复运出境、进境地海关办理手续，主管地海关凭复运出境、进境地海关签章的海关单证办理核销结案手续。

第四，过境申报。过境货物承运人或其代理人持 ATA 单证册向海关申报，将货物通过我国转运至第三国参加展览会的，不必填制过境货物报关单。海关在两份蓝色过境单证上分别签注后，留存蓝色单证，退还其余各联。

（2）结关。

第一，正常结关。持证人在规定期限内将进境展览品和出境展览品复运进出境，按规定程序正式核销结关。

第二，非正常结关。复运出境时，因故未经我国海关核销、签注的，凭另一缔约国海关签注的证明或者其他可以证明货物实际离境的文件办理核销，这种情况持证人应当按照规定向海关缴纳调整费。如果在我国海关发出“ATA 单证册追索通知书”之前，持证人凭其他国家海关出具的离境证明要求核销单证册，免予收取调整费。因不可抗力受损，无法原状复运出境、进境的，海关凭相关的证明材料办理核销。因不可抗力灭失或者失去使用价值的，海关核实后可以视为货物已经复运出境、进境。因不可抗力以外的原因灭失或者受损的，按有关的海关规定办理。

（二）不使用 ATA 单证册报关的暂准进出境展览品的报关

1. 进出境展览品的范围

（1）进境展览品。

进境展览品包括展会中展示或示范用的货物、物品，为示范展出的机器或器具所需用的物品，展览者设置临时展台的建筑材料及装饰材料，供展览品做示范用的电影片、幻灯片、录像带、录音带、说明书、广告光盘、显示器材等。

下列展览会期间供消耗、散发的用品（展览用品）在合理范围内免征进口关税和进口环节税：在展览活动中的小件样品，包括原装进口的或者在展览期间进口的散装原料制成的食品或者饮料的样品；为展出的机器或者器件进行操作示范被消耗或者损坏的物料；布置、装饰临时展台消耗的低值货物；展览期间向观众免费散发的有关宣传品；供展览会使用的档案、表格及其他文件。

上述货物、物品应当符合下列条件：由参展人免费提供并在展览期间免费分送给观众使用或者消费的；单价较低，做广告样品用的；不适用于商业用途，并且单位容量明显小于最小零售包装容量的；食品及饮料的样品虽未包装分发，但确实在活动中被消耗掉的。

展览会期间出售的小卖品，属于一般进口货物范围。展览会期间使用的含酒精饮料、烟叶制品、燃料，不适用有关免税的规定。

（2）出境展览品。

出境展览品包括国内单位赴国外举办展览会或参加外国博览会、展览会而运出的展览品以及与展览活动有关的宣传品、布置品、招待品及其他公用物品。与展览活动有关的小卖品、“展卖品”，按展览品报关出境，不按规定期限复运进境的，按一般出口货物办理。

2. 展览品的暂准进出境期限

进口展览品的暂准进境期限是 6 个月。经申请，主管海关批准可延期，在规定期限届满 30 个工作日前申请，最长不超过 6 个月，延期最多不超过 3 次，直属海关受理延期申请的，在受理申请之日 20 个工作日作出是否延期的决定。上述的期限届满之后仍需要延期的，由主管地直属海关报海关总署审批。

出口展览品的暂准出境期限是 6 个月。经申请，主管海关批准可延期。

3. 展览品的进出境申报

（1）进境申报。在进境 20 个工作日前，主办单位将展览品的批准件及展览品清单，送展出地海关登记备案。进境申报可以在展出地海关办理，从非展出地海关进境可以申请转关。交齐所有必需的单证，并提供担保，经直属海关批准，展览品可以免予向海关提供担保。海关在展出地查验时，主办单位应配合查验。展览会展出或使用的印刷品、音像制品及其他需要审查的物品，还要经过海关的审查，才能展出或使用。对我国政治、经济、文化、道德有害的以及侵犯知识产权的印刷品、音像制品，不得展出，由海关没收、退运出境或责令更改后使用。

参考案例

南京海关服务监管台湾奇美博物馆珍藏展

2012 年 4 月 5 日，江苏镇江市人民政府和台湾奇美文化基金会在镇江市博物馆联合举办“两地情一家亲——艺术中的儿童形象：奇美博物馆珍藏展”。由于此次进境展览品都是百年以上文物，对场地、安保以及环境适应有很高的要求，为保证该批货物及时安全通关，4 月 9 日，南京海关隶属镇江海关赶赴镇江博物馆，对从台湾进境的 65 件 100 年以上的绘画作品和雕塑作品实施“门到门”查验，现场验放。

（2）出境申报。在出境 20 个工作日前，主办方向海关提交备案等证明。属于应缴纳关税的，须向海关提交保证金，属于核用品、核两用品的，应当提交许可证。

4. 进出境展览品的核销结关

按规定期限复运进出境，经海关签发报关单证明联，办理核销结关。

（1）复运进出境。未按规定期限复运进出境，经申请延期，并在延期内复运进出境。异地复运出境、进境的展览品，收发货人持主管地海关签章的单证向复运出境、进境地海关办理手续，再凭复运出境、进境地海关签章的海关单证办理核销手续。

（2）转为正式进出口。转为正式进口的进境展览品应办理申报、纳税手续，需交证的提交许可证件。出口展览品在境外参加展览会被销售的，由海关核对展览品清单后要求企业补办正式出口手续。

（3）放弃或赠送。展览会结束后，进口展览品的所有人决定将展览品放弃交由海关处理的，由海关依法变卖后所得收入上缴国库。展览品的所有人决定将展览品赠送的，由接受单位办理进口申报、纳税手续。

（4）毁坏、丢失、被窃。进境展览品因毁坏而不能复运出境的，展览会主办方应向海关报关，海关根据毁坏的程度估价征税。对于丢失、被窃的展览品，海关按进口同类货物征税。因不可抗力灭失、失去使用价值的展览品，经海关核实后可以视为已经复运出境、进境。

思考

多选题：已进境的展览品在某些情形下不需要缴纳进口税，这些情形包括（　　）。

A. 展览品复运出境的
B. 展览品放弃交由海关处理的
C. 展览品被窃的
D. 展览品因不可抗力灭失的

（三）暂准进出境的集装箱箱体的报关

1. 范围

集装箱箱体既是一种运输设备，又是一种货物。当货物用集装箱装载进出口时，集装箱箱体就作为一种运输设备；当一个企业购买进口或销售出口集装箱时，集装箱箱体就是普通的进出口货物。集装箱箱体作为货物进出口是一次性的，而在通常情况下，是作为运输设备暂准进出境的。

2. 报关程序

暂准进出境的集装箱箱体报关有以下两种情况：

（1）境内生产的集装箱及我国营运人购买进口的集装箱在投入国际运输前，营运人应当向其所在地海关办理登记手续。海关准予登记符合规定的集装箱箱体，无论是否装载货物，海关准予暂时进境和异地出境，营运人或其代理人无须对箱体单独向海关办理报关手续，进出境时也不受规定的期限限制。

（2）境外集装箱箱体暂准进境，无论是否装载货物，营运人或其代理人应当向海关申报，并应当于入境之日起 6 个月内复运出境。如因特殊情况不能按期复运出境的，营运人应当向暂准进境地海关提出延期申请，经海关核准后可以延期，但延长期最长不得超过 3 个月，逾期应按规定向海关办理进口报关纳税手续。

（四）其他暂准进出境货物的报关

1. 概述

其他暂准进出境货物涉及除可以暂不缴纳税款的 9 项暂准进出境货物、使用 ATA 单证册报关的货物、不使用 ATA 单证册报关的展览品、集装箱箱体外的其他暂准进出境货物。

其他暂准进出境货物的进出境有效期为 6 个月，经申请，可延长 6 个月，最多延长 3 次。超过延期 18 个月的国家重点工程、国家科研项目使用的暂准进出境货物，需向海关总署申请批准，并在规定期限届满 30 个工作日前申请延期。

暂准进出境货物期限的比较如表 6—1 所示。

表 6—1　　暂准进出境货物期限的比较

货物类别	期限	能否延期、延长的时间
使用 ATA 单证册的暂准进出境货物	6 个月	可延期 6 个月、1 年
不使用 ATA 单证册的暂准进出境展览品	6 个月	可延期，但延长期限最长不超过 6 个月。出境展览品需向海关申请
暂准进出境的集装箱箱体	6 个月	可延期，不得超过 3 个月
其他暂准进出境货物	6 个月	可延期，但延长期限最多不超过 6 个月

收发货人凭“货物暂时进/出境申请书”、暂准进出境货物清单、合同或其他相关单据，向海关提出申请。海关做出是否批准的决定后，应制发“中华人民共和国海关货物暂时进出境申请批准决定书”或“中华人民共和国海关货物暂时进出境申请不予批准书”。

2. 报关程序

(1) 进出境申报。

第一，进境申报。暂准进口货物进境时，收货人或其代理人应当向海关提交主管部门允许货物为特定目的而暂时进境的批准文件、进口货物报关单、商业及货运单据等，向海关办理暂准进境申报手续。除特殊情况外，一般可以豁免进口许可证件。同时，收货人或其代理人免予缴纳进口税，但要向海关提供担保。

第二，出境申报。暂准出口货物出境时，发货人或其代理人应当向海关提交所有必需单证，海关办理暂准出境申报手续。除了易制毒化学品、监控化学品、消耗臭氧层物质、有关核出口等属出口管制条例管制的商品或国际公约管制的商品外，其他货物不需交验许可证件。

(2) 结关。

第一，复运进出境。进出口货物收发货人或其代理人凭复运进出境报关单核销结关。暂准进口货物因特殊情况，改变特定的暂准进口目的转为正式进口，进口货物收货人或其代理人应在货物复运出境、进境期限届满30个工作日前向主管海关申请并提交证件，正式报关、纳税。

第二，放弃。暂准进口货物在境内完成暂时进口的特定目的后，如货物所有人不准备将货物复运出境的，可以向海关声明将货物放弃，海关按放弃货物处理。

第三，不可抗力或其他原因导致货物受损或灭失，海关可视为货物复出境或进境，按货物进出口办理。

第四，核销结关。上述几种情况，进出口货物收发货人或其代理人向海关提交经海关签注的进出口货物报关单，或者处理放弃货物的有关单据以及其他有关单证，申请报核。海关经审核，情况正常的，退还保证金或办理其他担保销案手续，予以结关。

教学互动

1. 判断题：海关对展览会期间使用的含酒精的饮料、烟叶制品、燃料等商品不征收关税。(　　)

2. 多选题：下列关于ATA单证册说法正确的是(　　)。

A. 海关总署在北京海关设立的ATA核销中心，是我国ATA单证的担保协会和出证协会

B. ATA单证册下暂时进境货物未能按规定复运出境或过境的，ATA核销中心向中国国际商会提出追索

C. 我国海关只接受中文或英文填写的ATA单证册

D. 一般情况下，持ATA单证向海关申报的进出境展览品，需要向海关提交进出口许可证件，并向海关提供担保金

能力三　认识过境、转运、通运货物

一、过境货物

（一）概述

过境货物是指从境外起运，在我国境内不论是否换装运输工具，通过陆路运输继续运往境外的货物。一般意义上，很多"国际联运货物"就是典型的过境货物。

我国政府明令禁止过境的货物包括：来自或运往我国停止或禁止贸易的国家和地区的货物；各种武器、弹药、爆炸品及军需品（通过军事途径运输的除外）；各种烈性毒药、麻醉品和鸦片、吗啡、海洛因、可卡因等毒品；我国法律、法规禁止过境的其他货物、物品。

海关对过境货物监管的目的是防止发生过境货物（名义上报过境）在我国境内运输过程中滞留在国内（实际上永久进口），或将我国货物混入过境货物随运出境，以及防止禁止过境货物从我国过境。

（二）报关程序

（1）过境货物的进境报关。过境货物进境时，过境货物经营人或报关企业应当向海关递交下列单证：中华人民共和国海关过境货物报关单、过境货物运输单据（运单、装载清单、载货清单等）、海关需要的其他单证（发票、装箱清单等）。过境货物经进境地海关审核无误后，进境地海关在提运单上加盖"海关监管货物"的戳记，并将过境货物报关单和过境货物清单制作关封后加盖"海关监管货物"专用章，连同上述提运单一并交经营人或报关企业。

（2）过境货物复出境。经营人或承运人应当负责将进境地海关签发的关封完整及时地带交出境地海关审核。经出境地海关审核有关单证、关封和货物无误后，由海关加盖放行章，在海关的监管下出境。

（3）过境货物的过境期限。过境货物的过境期限为6个月，因特殊原因，可以向海关申请延期，经海关同意后，可延期3个月。如果超过规定期限3个月仍未过境的，海关按规定依法提取变卖，变卖后的货款按有关规定处理。

二、转运货物

（一）概述

转运货物是指由境外起运，通过我国境内设立海关的地点换装运输工具，而不通过境内陆路运输，继续运往境外的货物。

进境运输工具载运的货物必须具备下列条件之一，方可办理转运手续：持有转运或联运提货单的；进口载货清单上注明是转运货物的；持有普通提货单，但在起卸前向海关声明转运的；误卸的进口货物，运输工具经营人提供确切证明的；因特殊原因申请转运，经海关批准的。

海关对转运货物实施监管的主要目的在于防止货物在口岸换装过程中混卸进口或混装出口。

海关规定：外国转运货物在中国口岸存放期间，不得开拆、换包装或进行加工；海关对转运的外国货物有权进行查验；转运货物必须在 3 个月之内办理海关有关手续并转运出境。

（二）报关程序

（1）载有转运货物的运输工具进境后，承运人应当在进口载货清单上列明转运货物的名称、数量、起运地和目的地，并向主管海关申报。

（2）申报经海关同意后，在海关指定的地点换装运输工具。对于所申报的转运货物如属于国家严禁进口或重点敏感商品或散杂货，必须由进境地海关负责押运到出境地海关。

（3）在规定时间内运送出境。转运货物必须在运输工具申报进境之日起 3 个月内办理海关手续并转运出境，逾期未办的，海关将按海关法规定提取、变卖。

三、通运货物

（一）概述

通运货物是指由境外起运，由船舶、航空器载运进境并由原运输工具载运出境的货物。

（二）报关程序

（1）运输工具进境时，运输工具的负责人应凭注明通运货物名称和数量的《船舶进口报告书》或国际民航飞机使用的《进口载货舱单》向进境地海关申报。

（2）进境地海关在接受申报后，在运输工具抵、离境时对申报的货物予以核查，并监管货物实际离境。运输工具因装卸货物需搬运或倒装货物时，应向海关申请并在海关的监管下进行。

过境、转运与通运货物的差异见表 6—2。

表 6—2　　过境、转运、通运货物的区别

<table>
<tr><th>类别
货物</th><th>运输形式</th><th>是否在我国境内换装运输工具</th><th>起运地</th><th>目的地</th></tr>
<tr><td>过境货物</td><td>通过我国境内陆路运输</td><td>不论是否换装运输工具</td><td rowspan="3">我国境外</td><td rowspan="3">我国境外</td></tr>
<tr><td>转运货物</td><td>不通过我国境内陆路运输</td><td>换装运输工具</td></tr>
<tr><td>通运货物</td><td>由原装载航空器、船舶载运进出境</td><td>不换装运输工具</td></tr>
</table>

教学互动

1. 判断题：船舶或航空器装载从一国境外起运，经该国设立海关地点，不换装运输工具，继续运往其他国家的货物，称为转运货物。（　）

2. 单选题：从境外起运，在我国境内设立海关的地点换装运输工具，不通过境内陆路运输，继续运往境外的货物是（　）。

A. 通运货物　　B. 转口货物　　C. 过境货物　　D. 转运货物

能力四　其他进出境货物的报关

一、进出境快件

(一) 进出境快件的含义

进出境快件是指进出境快件运营人以向客户承诺的快速商业运作方式承揽、承运的进出境货物、物品。

进出境快件运营人是指依法注册并在海关登记备案的从事进出境快件运营业务的国际货物运输代理企业。

(二) 进出境快件的分类

(1) 文件类。文件类进出境快件是指法律、法规规定予以免税且无商业价值的文件、单证、单据及资料。

(2) 个人物品类。个人物品类进出境快件是指海关法规规定自用、合理数量范围内的进出境的旅客分离运输的行李物品、亲友间相互馈赠物品和其他个人物品。

(3) 货物类。货物类进出境快件指文件类进出境快件和个人物品类进出境快件以外的进出境快件。

(三) 报关程序

1. 申报时间

进境快件应当在运输工具申报进境之日起 14 日内，出境快件在运输工具离境 3 小时之前，在海关正常办公时间内报关。

2. 申报方式

可采用纸质文件方式或电子数据交换方式向海关办理进出境快件报关手续。

3. 申报需要的单证

(1) 进出境文件类快件报关时，运营人应当向海关提交《中华人民共和国海关进出境快件 KJ1 报关单》、总运单（副本）。

(2) 进出境个人物品类快件报关时，运营人应当向海关提交《中华人民共和国海关进出境快件个人物品申报单》、每一进出境快件的分运单、进境快件收件人或出境快件发件人身份证件影印件。

(3) 进境货物类快件报关时，运营人应当按下列情形分别向海关提交报关单证：

1) 对关税额在人民币 50 元以下的货物和海关规定准予免税的货样、广告品，应提交《中华人民共和国海关进出境快件 KJ2 报关单》、每一进境快件的分运单、发票和海关需要的其他单证。

2) 对应予以征税的货物、广告品（法律、行政法规规定实行许可证管理的、需进口付汇的除外），应提交《中华人民共和国海关进出境快件 KJ3 报关单》、每一进境快件分运单、发票和海关需要的其他单证。

3) 其他进境的货物类快件，一律按进口货物的报关程序报关。

(4) 出境货物类快件报关时，运营人应当按下列情形分别向海关提交报关单证：

1) 对货样、广告品（法律、行政法规规定实行许可证管理的、应征出口关税的、需出口收汇的、需出口退税的除外)，应提交《中华人民共和国海关进出境快件 KJ2 报关单》、每一出境快件的分运单、发票和海关需要的其他单证。

2）其他出境的货物类快件，一律按出口货物报关程序报关。

（四）进出境快件的查验

海关查验时，运营人应派员到场，并负责进出境快件的搬移、开拆、封装。海关对进出境快件中的个人物品，实施开拆查验，运营人应通知收件人或发件人到场或运营人应向海关提交委托书，代理收、发货人义务，并承担相应法律责任。海关可径行开验、复验或提取货样。

二、无代价抵偿货物

（一）无代价抵偿货物的含义

无代价抵偿货物是指进出口货物在海关放行后，因短少、残损、品质不良或者规格不符，由进出口货物的发货人、承运人或者保险公司免费补偿或者更换的与原货物相同或者与合同规定相符的货物。

收发货人申报进出口的无代价抵偿货物，与退运出境或进境的原货物不完全相同或者与合同规定不完全相符的，经收发货人说明理由，海关审核认为理由正当且“税则号列”未发生改变的，仍属于无代价抵偿货物范围。“税则号列”不一致的，不属于无代价抵偿货物范围，属于一般进出口货物范围。

（二）无代价抵偿货物的特征

无代价抵偿货物海关监管的基本特征如下：

(1) 进出口无代价抵偿货物免交验进出口许可证件。

(2) 进口无代价抵偿货物，不征收进口关税和进口代征税；出口无代价抵偿货物，不征收出口关税。但是进出口与原货物或合同规定不完全相符的无代价抵偿货物，应当按规定计算与原进出口货物的税款差额，高出原征收税款数额的应当征收超出部分的税款，低于原征收税款，原进出口货物的发货人、承运人或者保险公司同时补偿货款的，应当退还补偿货款部分的税款，未补偿货款的，不予退还。

(3) 现场放行后，海关不再监管。

（三）无代价抵偿货物的报关程序

无代价抵偿大体上可以分为两种：一种是短少抵偿，另一种是残损、品质不良或规格不符抵偿。

短少抵偿的无代价抵偿货物报关，不需要办理前期阶段。

残损、品质不良或规格不符引起的无代价抵偿货物，进出口前应当先办理被更换的原进出口货物中残损、品质不良或规格不符货物的有关海关手续。

(1) 退运进出境。原进口货物的收货人或其代理人应当办理被更换的原进口货物中残损、品质不良或规格不符货物的退运出境的报关手续。被更换的原进口货物退运出境时不征收出口关税。原出口货物的发货人或其代理人应当办理被更换的原出口货物中残损、品质不良或规格不符货物的退运进境的报关手续。被更换的原出口货物退运进境时不征收进口关税和进口代征税。

(2) 放弃交由海关处理。海关应当依法处理并向收货人提供依据，凭以申报进口无代价抵偿货物。

（3）不退运出境也不放弃或不退运进境。原进出口货物的收发货人应当按照海关接受无代价抵偿货物申报进出口之日适用的有关规定申报出口或进口，并缴纳出口关税或进口关税和进口代征税，属于许可证件管理的商品还应当交验相应的许可证件。

（四）向海关申报办理无代价抵偿货物进出口手续的期限

向海关申报进出口无代价抵偿货物应当在原进出口合同规定的索赔期内，不超过原货物进出口之日起3年。

（五）无代价抵偿货物报关应提供的“特殊单证”

无代价抵偿货物报关时，除应当填制报关单和提供“基本单证”外，还应当提供“特殊单证”。

1. 进口

（1）原“进口货物报关单”；

（2）原进口货物退运出境的“出口货物报关单”或者原进口货物交由海关处理的货物放弃处理证明或者已经办理纳税手续的单证（短少抵偿的除外）；

（3）原进口货物税款缴纳书或者“进出口货物征免税证明”；

（4）买卖双方签订的索赔协议。

2. 出口

（1）原“出口货物报关单”；

（2）原出口货物退运进境的“进口货物报关单”或者已经办理纳税手续的单证（短少抵偿的除外）；

（3）原出口货物税款缴纳书；

（4）买卖双方签订的索赔协议。

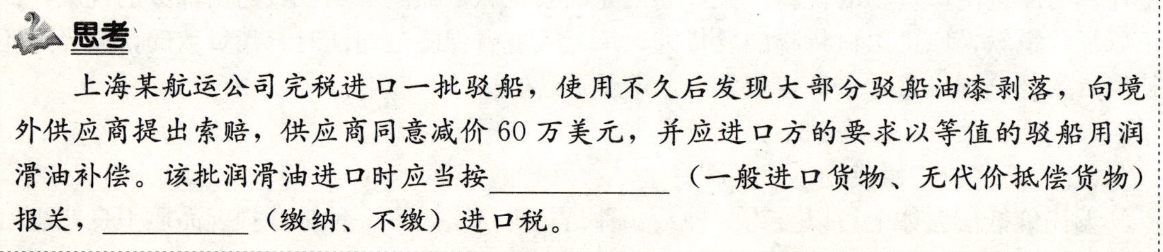

思考

上海某航运公司完税进口一批驳船，使用不久后发现大部分驳船油漆剥落，向境外供应商提出索赔，供应商同意减价60万美元，并应进口方的要求以等值的驳船用润滑油补偿。该批润滑油进口时应当按__________（一般进口货物、无代价抵偿货物）报关，__________（缴纳、不缴）进口税。

三、退运货物

退运货物是指原进出口货物因各种原因造成退运进口或退运出口的货物，包括一般退运货物和直接退运货物两种。

（一）一般退运货物

一般退运货物即一般退运进出口货物，是指货物因质量不良或交货时间延误等原因，被国内外买方拒收退运或因错发、错运造成的溢装、漏卸而退运的货物。

1. 一般退运进口货物的报关手续

一般退运进口报关分两种情形：

（1）原出口货物退运进境时，若该批出口货物已收汇、已核销，原发货人或其代理人填写进口货物报关单向进境地海关报关，并提供原货物出口时的出口报关单，现场海关应凭加盖有已核销专用章的“外汇核销单出口退税专用联（正本）”，或税务局出具的“出口商品退运已补税证明”，保险公司证明或承运溢装、漏卸的证明等有关资料办理退运进口手续，同时签发一份“进口货物报关单”。

（2）原出口货物退运进境时，若出口未收汇，原发货人或其代理人在办理退运手续时，提交原出口报关单、外汇核销单、报关单退税联向海关申报退运进口，应同时填制一份“进口货物报关单”；若出口货物部分退运进口，海关在原出口报关单上应批注退运的实际数量、金额后退回企业并留存复印件，海关核实无误后，验放有关货物进境。

因品质或者规格原因，出口货物自出口之日起1年内原状退运进境的，经海关核实后不予征收进口税，原出口时已征收出口税的，只要重新缴纳因出口而退还的国内环节税的，自缴纳出口税款之日起1年内退还。

2. 一般退运出口货物的报关手续

因故退运出口的货物，原收货人或其代理人应填写“出口货物报关单”申报出境，并提供原货物进口时的进口报关单、保险公司证明或承运人溢装、漏卸的证明等有关资料，经海关核实无误后，验放有关货物出境。

因品质或者规格原因，进口货物自进口之日起1年内原状退货复运出境的，经海关核实后可以免征出口税，已征收的进口税，自缴纳进口税款之日起1年内准予退还。

（二）直接退运货物

直接退运进口货物是指在货物进境后、办结海关放行手续前，经进口货物收货人、原运输工具负责人（或其代理人）申请或者由海关根据国家有关规定责令直接退运境外的全部或者部分货物。

1. 当事人申请直接退运的货物

（1）范围。在货物进境后，办结海关放行手续前，有下列情形之一的，可以申请直接退运：因国家贸易管制政策调整，收货人无法提供相关证件的；属错发、误卸货物（或溢卸货物），并能提供发货人或承运人书面证明文书的；收发货人双方协商一致同意退运，能够提供双方同意退运的书面证明文书的；有关贸易发生纠纷，能够提供法院判决书、仲裁机构决定书或者无争议的有效货物所有权凭证的；货物残损或者国家检验检疫不合格，能够提供国家检验检疫部门根据收货人申请而出具的相关检验证明文书的。

当事人申请直接退运前，海关已经确定查验或者认为有走私违规嫌疑的货物，不予办理直接退运手续。

（2）报关程序。当事人向海关申请直接退运，应当按照海关要求提交“进口货物直接退运申请书”、证明进口实际情况的合同、发票、装箱清单、已报关货物的原报关单、提运单或者载货清单等相关单证，符合申请条件的相关证明文书及海关要求当事人提供的其他文件。海关按行政许可程序受理或者不予受理，受理并批准直接退运的，制发“准予直接退运决定书”。

办理进口货物直接退运手续，应当按照《报关单填制规范》填制进出口货物报关单，并符合下列要求：“标记唛码及备注”栏填“准予直接退运决定书”编号；“贸易方式”栏填“直接退运”（代码4500）。

当事人办理进口货物直接退运的申报手续时，应当先填写出口货物报关单向海关申报，再填写进口货物报关单并在进口货物报关单的“标记唛码及备注”栏填报关联报关单（出口货物报关单）号。

因进口货物收发货人或者承运人的责任造成货物错发、误卸或者溢卸，经海关批准直接退运的，当事人免予填制报关单，凭“准予直接退运决定书”向海关办理直接退运手续。

经海关批准直接退运的货物不需要交验进出口许可证或者其他监管证件，免予征收各种税费及滞报金，不列入海关统计。

对货物进境申报后经海关批准直接退运的，在办理进口货物直接退运出境申报手续前，海关应当将原进口货物报关单或者转关数据予以撤销。

进口货物直接退运应当从原进境地口岸退运出境。对因运输原因需要改变运输方式或者由另一口岸退运出境的，应当经由原进境地海关批准后，以转关运输方式出境。

思考

“直接退运货发生滞报的，应当征收滞报金”这句话是否正确？

2. 海关责令直接退运的货物

（1）范围。在货物进境后、办结海关放行手续前，有下列情形之一，依法应当退运的，由海关责令当事人将进口货物直接退运境外：进口国家禁止进口的货物，经海关依法处理后的；违反国家检验检疫政策法规，经国家检验检疫部门处理并且出具“检验检疫处理通知书”或者其他证明文书后的；未经许可擅自进口属于限制进口用做原料的固体废物，经海关依法处理后的；违反国家有关法律、行政法规，应当责令直接退运的其他情形。

对需要责令进口货物直接退运的，由海关根据相关政府行政主管部门出具的证明文书，向当事人制发“中华人民共和国海关责令进口货物直接退运通知书”。

（2）报关程序。办理进口货物直接退运手续，应当按照报关单填制规范填制进出口货物报关单，并符合下列要求：“标记唛码及备注”栏填“责令直接退运通知书”编号；“贸易方式”栏填“直接退运”（代码 4500）。

当事人办理进口货物直接退运的申报手续时，应当先填写出口货物报关单向海关申报，再填写进口货物报关单，并在进口货物报关单的“标记唛码及备注”栏填报关联报关单（出口货物报关单）号。

因进口货物收货人或者承运人的责任造成货物错发、误卸或者溢卸，经海关责令直接退运的，当事人免予填制报关单，凭“责令直接退运通知书”向海关办理直接退运手续。

经海关责令直接退运的货物不需要交验进出口许可证或者其他监管证件，免予征收各种税费及滞报金，不列入海关统计。

进口货物直接退运应当从原进境地口岸退运出境。对因运输原因需要改变运输方式或者由另一口岸退运出境的，应当经由原进境地海关批准后，以转关运输方式出境。

教学互动

1. 判断题：对货物类快件中海关规定准予免税的货样、广告品，报关时应提交进出

境快件 KJ1 报关单。（　　）

2. 多选题：下列关于进境快件适用报关单证的表述，正确的是（　　）。

A. 文件类应当适用 KJ1 报关单

B. 个人物品类应当适用快件个人物品报关单

C. 海关规定准予免税的货样、广告品应当适用 KJ2 报关单

D. 其他货物类应当适用 KJ3 报关单

3. 多选题：进境的加工贸易货物类快件，不论金额大小，数量多少，均不能使用（　　）申报。

A. KJ1 报关单　　B. KJ2 报关单

C. KJ3 报关单　　D. 进出口货物报关单

4. 多选题：短少抵偿的进口货物，收货人按照无代价抵偿货物向海关申报时，除填制报关单并提供基本单证外，还需要提交（　　）等特殊单证。

A. 原进口货物报关单

B. 原进口货物税款缴纳书或者进出口货物征免税证明

C. 买卖双方签订的索赔协议

D. 商品检验机构出具的原进口货物短少检验说明书

5. 在货物进境后、办结海关放行手续前，特定情形下依法应当退运的，由海关责令当事人直接退运境外。上述特定情形包括（　　）。

A. 因国家贸易管理政策调整，收货人无法提供相关证件的

B. 进口国家禁止进口的货物，经海关依法处理后的

C. 违反国家检验检疫政策法规，经国家检验检疫部门处理并且出具检验检疫处理通知书的

D. 未经许可擅自进口属于限制进口的固体废物用做原料，经海关依法处理后的

能力五　转关运输货物

一、转关概述

（一）转关的含义

转关是指海关监管货物在海关监管下，从一个海关运至另一个海关办理某项海关手续的行为，包括：货物由进境地入境，向海关申请转关，运往另一个设关地点进口报关；货物在起运地出口报关运往出境地，由出境地海关监管出境；已经办理入境手续的海关监管货物从境内一个设关地点运往境内另一个设关地点报关。

（二）转关条件

1. 申请转关应符合的条件

（1）转关的指运地和起运地必须设有海关；

（2）转关的指运地和起运地应当设有经海关批准的监管场所；

（3）转关承运人应当在海关注册登记，承运车辆符合海关监管要求，并承诺按海关对转关路线范围和途中运输时间所作的限定将货物运往指定的场所。

2. 不得申请转关的货物

(1) 进口固体废物(废纸除外);

(2) 进口易制毒化学品、监控化学品、消耗臭氧层物质;

(3) 进口汽车整车,包括成套散件和二类底盘;

(4) 国家检验检疫部门规定必须在口岸检验检疫的商品。

(三) 转关方式

转关有提前报关转关、直转转关和中转转关三种方式。

(1) 提前报关转关。进口提前报关转关是指进口货物在指运地先填报关单申报,再到进境地办理进口转关手续。出口提前报关转关是指出口货物在未运抵起运地监管场所前先申报,货物运抵监管场所后再办理出口转关手续的转关。

(2) 直转转关。进口直转转关是指进口货物在进境地海关办理转关手续,货物运抵指运地再在指运地海关办理申报手续的转关。出口直转转关是指出口货物在运抵起运地海关监管场所后再申报,在起运地海关办理出口转关手续再到出境地海关办理出境手续的转关。

(3) 中转转关。进口中转转关是指持全程提运单需换装境内运输工具的进口中转货物由收货人或其代理人先向指运地海关办理进口申报手续,再由境内承运人或其代理人批量向进境地海关办理转关手续的转关。出口中转转关是指持全程提运单需换装境内运输工具的出口中转货物由发货人或其代理人先向起运地海关办理出口申报手续,再由境内承运人或其代理人按出境工具分列舱单向起运地海关批量办理转关手续,并到出境地海关办理出境手续的转关。

思考

进口货物在进境地海关办理转关手续,货物运抵指运地海关办理申报手续,这种转关方式是什么转关方式?

(四) 转关管理

1. 转关运输的期限

(1) 直转方式转关的期限。直转方式转关的进口货物应当自运输工具申报进境之日起14日内向进境地海关办理转关手续,在海关限定期限内运抵指运地海关之日起14日内向指运地海关办理报关手续。逾期按规定征收滞报金。在进境地办理转关手续逾期的,以自载运进口货物的运输工具申报进境之日起第15日为征收滞报金的起始日;在指运地申报逾期的,以自货物运抵指运地之日起第15日为征收滞报金的起始日。

(2) 中转和提前报关方式转关的期限。进口转关货物应在电子数据申报之日起的5日内,向进境地海关办理转关手续,超过期限仍未到进境地海关办理转关手续的,指运地海关撤销提前报关的电子数据。出口转关货物应于电子数据申报之日起5日内,货物运抵起运地海关监管场所,办理转关和验放等手续,超过期限的,起运地海关撤销提前报关的电子数据。

转关运输的申报期限比较见表6—3。

表 6—3　**转关运输的申报期限比较**

转关方式	进口	出口
直转方式	自运输工具申报进境之日起 14 天内向进境地海关办理转关手续，在海关限定期限内运抵指运地海关之日起 14 天内向指运地海关办理报关手续	
提前报关方式	自电子数据申报之日起 5 日内，向进境地海关办理转关手续	自电子数据申报之日起 5 日内，运抵起运地海关监管场所并办理转关和验放手续
中转方式		

2. 转关运输申报单证的法律效力

转关货物申报的电子数据与书面单证具有同等的法律效力，对确实因为填报或传输错误的数据，有正当的理由并经海关同意，可作适当的修改或者撤销。对海关已决定查验的转关货物，则不再允许修改或撤销申报内容。

二、申报程序

（一）进口货物的转关

1. 提前报关方式的转关

进口货物的收货人或其代理人在进境地海关办理进口货物转关手续前，向指运地海关传送进口货物报关单电子数据。指运地海关提前受理电子申报，接受申报后，计算机自动生成进口转关货物申报单，向进境地海关传输有关数据。

提前报关的转关货物收货人或其代理人应向进境地海关提供进口转关货物申报单编号，并提交下列单证办理转关运输手续：

（1）进口转关货物核放单（广东省内公路运输的，提交进境汽车载货清单）；

（2）汽车载货登记簿或船舶监管簿；

（3）提货单。

提前报关的进口转关货物，进境地海关因故无法调阅进口转关数据时，可以按直转方式办理转关手续。

2. 直转方式的转关

货物的收货人或其代理人在进境地录入转关申报数据，持下列单证直接办理转关手续：

（1）进口转关货物申报单（广东省内公路运输的，提交进境汽车载货清单）；

（2）汽车载货登记簿或船舶监管簿。

3. 中转方式的转关

具有全程提运单、需要换装境内运输工具的中转转关货物的收货人或其代理人向指运地海关办理进口报关手续后，由境内承运人或其代理人向进境地海关提交进口转关货物申报单、“进口货物中转通知书”、按指运地目的港分列的纸质舱单（空运方式提交联程运单）等单证办理货物转关手续。

（二）出口货物的转关

1. 提前报关方式的转关

由货物的发货人或其代理人在货物未运抵起运地海关监管场所前，先向起运地海关传送出口货物报关单电子数据，由起运地海关提前受理电子申报，生成出口转关货物申报单数据，传输至出境地海关。发货人或其代理人应持下列单证向起运地海关办理出口转关手续：

（1）出口货物报关单；

（2）汽车载货登记簿或船舶监管簿；

（3）广东省内公路运输的，提交出境汽车载货清单。

货物到达出境地后，发货人或其代理人应持下列单证向出境地海关办理转关货物出境手续：

（1）起运地海关签发的出口货物报关单；

（2）出口转关货物申报单或出境汽车载货清单；

（3）汽车载货登记簿或船舶监管簿。

2. 直转方式的转关

由发货人或其代理人在货物运抵起运地海关监管场所后，向起运地海关传送出口货物报关单电子数据，起运地海关受理电子申报，生成“出口转关货物申报单”数据，传输至出境地海关。

发货人或其代理人应持相关单证（与提前报关转关相同）向起运地海关办理出口转关手续。

直转的出口转关货物到达出境地后，发货人或其代理人应持相关单证（与提前报关转关相同）向出境地海关办理转关货物的出境手续。

3. 中转方式的转关

具有全程提运单、需要换装境内运输工具的出口中转转关货物，货物的发货人或其代理人向起运地海关办理出口报关手续后，由承运人或其代理人向起运地海关传送并提交出口转关货物申报单、凭出境运输工具分列的电子或纸质舱单、汽车载货登记簿或船舶监管簿等单证，向起运地海关办理货物出口转关手续。经起运地海关核准后，签发“出口货物中转通知书”，承运人或其代理人凭以办理中转货物的出境手续。

（三）境内监管货物的转关

境内监管货物的转关运输，除加工贸易深加工结转按有关规定办理外，均应按进口转关方式办理，具体如下：

（1）提前报关的，由转入地（相当于指运地）货物收货人或其代理人，在转出地（相当于进境地）海关办理监管货物转关手续前，向转入地海关传送进口货物报关单电子数据报关。

由转入地海关提前受理电子申报，并生成“进口转关货物申报单”，向转出地海关传输。

转入地货物收货人或其代理人应持进口转关货物核放单和汽车载货登记簿或船舶监管簿，并提供进口转关货物申报单编号，向转出地海关办理转关手续。

（2）直转的，由转入地货物收货人或其代理人在转出地录入转关申报数据，持进口转关货物申报单和汽车载货登记簿或船舶监管簿，直接向转出地海关办理转关手续。

货物运抵转入地后，海关监管货物的转入地收货人或其代理人向转入地海关办理货物的报关手续。

教学互动

多选题：下列哪些选项不得申请转关运输？（　　）

A. 废钢铁　　B. 汽车

C. 废纸　　D. 易制毒化学品

一、单选题

1. 享受特定减免税优惠进口的钢材，必须按照规定用途使用，未经海关批准不得擅自出售、转让、移作他用，按照现行规定，海关对其监管年限为（　　）。

A. 8年　　B. 6年

C. 5年　　D. 3年

2. 北京某外资企业从美国购进大型机器成套设备，分三批运输进口，其中两批从天津进口，另一批从青岛进口。该企业在向海关申请办理该套设备的减免税手续时，下列做法正确的是（　　）。

A. 向北京海关分别申领两份征免税证明

B. 向北京海关分别申领三份征免税证明

C. 向天津海关申领一份征免税证明，向青岛海关申领一份征免税证明

D. 向天津海关申领两份征免税证明，向青岛海关申领一份征免税证明

3. 郑州市某企业使用进口料件加工的成品，在郑州海关办妥出口手续，经天津海关复核放行后装船运往美国。此项加工成品复出口业务，除按规定需办理的出口手续外，同时要办理的手续是（　　）。

A. 境内转关运输手续　　B. 货物过境手续

C. 货物登记备案手续　　D. 出口转关运输手续

4. 过境货物的过境期限为（　　），特殊原因可以向海关申请延期，经海关同意后，可延期（　　）。

A. 6个月；3个月　　B. 6个月；6个月

C. 1年；6个月　　D. 1年；3个月

5. 参展期在24个月以上展览会的展览品，在18个月延长期届满后仍需要延期的，由（　　）审批。

A. 隶属海关　　B. 直属海关

C. 海关总署　　D. 直属海关关长

6. 我国ATA单证册的签发机构是（　　）。

A. 海关总署　　B. 中国国际商会

C. 国务院　　D. 商务部

7. 下列不适用暂准进出口通关制度的是（　　）。

A. 展览会期间出售的小卖品

B. 在展览会中展示或示范用的进口货物、物品

C. 承装一般进口货物进境的外国集装箱

D. 进行新闻报道使用的设备、仪器

8. 在我国ATA单证册项下货物暂时进出境期限为货物进出境之日起（　　），如果有特殊情况需要延期的，延期最多不超过（　　），每次延长的期限不超过（　　）。

A. 6个月；3次；6个月　　B. 1年；1次；1年

C. 1年；1次；6个月　　D. 1年；3次；1年

9. 兰州某公司从天津新港进口一批货物，在天津新港海关办理进口转关手续，货物由转关运输货物承运人按照海关要求运至兰州并在兰州海关报关进口。在转关通关制度中，天津新港被称为（　　）。

A. 进境地　　B. 起运地

C. 指运地　　D. 转关地

二、多选题

1. 下列关于特定减免税货物管理的表述，正确的是（　　）。

A. 特定减免税的申请，首先是减免税的资格确认，然后是“进出口货物征免税证明”的申领

B. 国内投资项目和利用外资项目减免税资格确认的依据是由国务院有关部门或省市人民政府签发的《国家鼓励发展的内外资项目确认书》

C. 民政部门或中国残疾人联合会所属单位专用品、专用仪器、专用生产设备的减免税，海关凭民政部门或中国残疾人联合会的批准文件签发“进出口货物征免税证明”

D. “进出口货物征免税证明”的有效期为6个月，不得延期

2. 下列关于ATA单证册的表述，正确的是（　　）。

A. 是用于替代各缔约方海关暂准进出口货物报关单和税费担保的国际性报关文件

B. 是国际统一通用的海关申报单证

C. 由我国海关总署在北京海关设立的ATA核销中心签发

D. 我国海关只接受中文填写的ATA单证册

3. 下列关于海关对进出境货物监管期限的表述，正确的是（　　）。

A. ATA单证册项下的展览品自货物进境之日起6个月内应当复运出境，但经海关批准后可以延期，延长的期限最长不得超过3个月

B. 境外集装箱箱体暂准进境，应当于进境之日起6个月内复运出境，但经海关批准后可以延期，延长的期限最长不得超过3个月

C. 过境货物的过境期限为6个月，但经海关批准后可以延期，延长的期限最长不得超过3个月

D. 出料加工货物自出境之日起6个月内应当复运进境，但经海关批准后可以延期，延长的期限最长不得超过3个月

4. 下列关于进境快件适用报关单证的表述，正确的是（　　）。

A. 文件类应当适用KJ1报关单

B. 个人物品类应当适用快件个人物品报关单

C. 海关规定准予免税的货样、广告品应当适用KJ2报关单

D. 其他货物类应当适用KJ3报关单

5. 下列属于暂准进出境货物范围的是（ ）。

A. 在展览会、交易会、会议及类似活动展示的货物

B. 文化、体育交流活动中使用的表演、比赛用品

C. 工程施工中使用的设备

D. 盛装货物的容器

6. 下列关于海关对进出境货物监管期限的表述，错误的是（ ）。

A. 进口展览品的暂准进境期限是6个月，超过6个月的，经海关批准后可以延期，延长的期限最长不得超过3个月

B. 我国营运人购买的集装箱应当于进境之日起6个月内复运出境，经海关批准后可以延期，延长的期限最长不得超过3个月

C. 过境货物的过境期限为6个月，经海关批准后可以延期，最长可延期3个月

D. 转运货物必须在6个月之内办理海关有关手续并转运出境

7. 与展览会有关的下列哪些商品不免征进口关税和进口环节税？（ ）

A. 展览会期间出售的小卖品　　B. 酒精饮料

C. 烟草制品　　D. 燃料

8. 对于过境货物，下列说法正确的是（ ）。

A. 过境货物经营人向海关主管部门办理注册登记手续

B. 装载过境货物的运输工具，应当具有海关认可的加封条件或装置，必要时对过境货物及其装置进行加封

C. 运输部门及过境货物经营人应当负责保护海关封志的完整，不得擅自开启或损毁

D. 海关不可以对过境货物实施查验

9. 下列关于直接退运货物报关手续的表述，正确的是（ ）。

A. 先报出口，再报进口

B. 因发货人错发的，免填报关单

C. 不需要交验进出口许可证件

D. 免予征收各种税费及滞报金

三、判断题

1.“进出口货物征免税证明”的有效期为6个月，且实行“一批一证”的原则，即一份征免税证明上的货物只能在一个进口口岸一次性进口。（ ）

2. ATA单证册既是国际通用的暂准进口报关单证，又是具有国际效力的担保书，在我国，目前仅适用在展览会、交易会、会议及类似活动项下的货物。（ ）

3. 过境货物自入境时起至出境时止属于海关监管货物，未经海关许可不得开拆、提取、交付、发送、调换、转让、更换标记或是移作他用，但允许在海关监管下在边境换装运输工具。（ ）

4. 非不可抗力原因造成过境货物在境内发生损毁或灭失的，由于该批货物为过境货物，因此无须缴纳进口税费。（ ）

5. 暂准进出境货物在向海关申报进出境时，暂不缴纳进出口税费，但收发货人须向海关担保。（ ）

6. 暂准进境或出境的集装箱箱体无论是否装载货物，承运人或其代理人都应当就箱

体单独向海关申报。（ ）

7. 展览会期间出售的小卖品，属于一般进出口货物范围。（ ）

8. 转关运输定义中的“进境地”和“出境地”是指办理货物报关纳税手续的海关所在地。（ ）

9. 转关运输中的“指运地”是指出口货物办理报关发运手续的地点。（ ）

四、综合实务题

（一）武汉泰华公司（420123××××）在投资总额内委托武汉机械进出口公司（420191××××）于2011年6月与香港某公司签约进口一套自用设备，该设备属于鼓励类进口项目。设备于2011年6月1日从上海吴淞海关进境，该合资企业委托上海华宇货代公司于2011年6月2日向上海海关办理转关申请手续，后由“长江号”轮船于2011年6月6日（周一）运抵武汉，并于2011年6月20日向武汉江岸办理进口报关手续，货物经海关查验后放行。

1. 在实例中的转关手续属于（ ）。

A. 提前报关转关　B. 直转转关　C. 中转转关　D. 直通转关

2. 在实例中，向上海海关办理转关手续时，应提交哪些单证？（ ）

A. 进口转关运输货物申报单　B. 船舶监管簿

C. 提货单　D. 进口转关货物核放单

3. 该批进口货物报关单“贸易方式”栏目应填报（ ）。

A. 一般贸易　B. 合资合作设备

C. 外资设备物品　D. 特定减免税货物

4. 该批进口货物报关单“进口口岸”栏应填报（ ）。

A. 武汉海关　B. 武汉江岸××××

C. 上海吴淞海关　D. 上海吴淞海关××××

5. 该批进口货物报关单“境内目的地”栏应填报（ ）。

A. 武汉泰华公司420123××××　B. 武汉经济技术开发区

C. 42012　D. 武汉泰华公司

（二）经批准某地举行国际商品博览会。展览品及与展出活动有关的其他物品使用境外集装箱装载进境，经黄埔海关验放，由主办单位向展出地海关申报进口。展出期间，部分展品被境内单位购买。展出结束后，上述展览品，除复运出境及已被留购的以外，因修建、布置展台等进口的一次性廉价物品被展览品所有人放弃；部分展览品被展览品所有人赠送给境内与其有经贸往来的单位。

请根据上述案例，选择回答下列问题：

1. 下列哪些物品可按展览品申报进境？（ ）

A. 参展商免费提供并在展出中免费散发的与展出活动有关的宣传印刷品、说明书、价目表等

B. 为配合展出，将在展览会上出售的小卖品

C. 为展出的机器或器具进行操作示范，并在示范过程中被消耗的物品

D. 展览会期间招待使用的含酒精饮料

2. 进境展览品在办理进境海关手续时，主办单位应（ ）。

A. 使用 ATA 单证册作为报关单据

B. 在展览品进口前，向海关提出暂时进境申请

C. 向海关提供担保

D. 在展出地海关申报进境

3. 关于展览品和展览用品的进境许可证件管理，下列表述正确的是（　　）。

A. 因不属实际进口，免予提交进口许可证件

B. 属于国家实行许可证件管理的，应当向海关交验相关证件，办理进口手续

C. 展览品，除另有规定外，免予提交进口许可证件；展览用品，属于国家实行许可证件管理的，应当向海关交验相关证件

D. 海关派员进驻展览场所执行监管的，进境展览品、展览用品免予提交进口许可证件；否则，应当向海关交验相关证件

4. 下列展览用品中在海关核定的合理范围内，免征进口关税和进口环节税的是（　　）。

A. 在展览活动中的小件样品，包括原装进口的或者在展览期间用进口的散装原料制成的食品或者饮料的样品

B. 为展出的机器或者器件进行操作示范被消耗或者损坏的物料

C. 布置、装饰临时展台消耗的低值货物

D. 展览用品中的酒精饮料、烟草制品及燃料

5. 在展览期间和展览结束后，展览品的各种处置，应符合的海关规定有（　　）。

A. 在展览期间，部分展览品被境内单位购买的，由主办单位或其代理人向海关办理进口申报、纳税手续

B. 展览品所有人已申明放弃的一次性廉价物品，由海关变卖后将款项上缴国库。有境内单位接受的，应当向海关办理进口申报纳税手续

C. 展览品被其所有人赠送的，受赠人应当向海关办理进口手续，海关根据进口礼品或经贸往来的赠送品的规定办理

D. 展览品的各种处置如符合海关规定的，还需由主办单位向海关办理核销结关手续

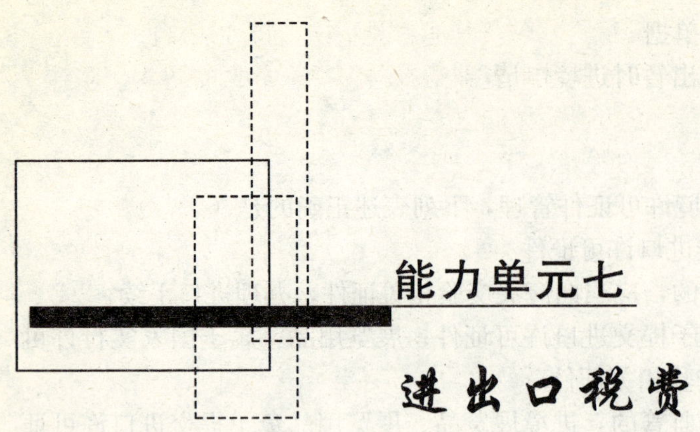

能力单元七

进出口税费

学习目标

掌握进出口货物完税价格的确定、税率的适用、税费的计算；掌握优惠原产地证书的申报工作。

引导案例

2011 年 5 月，上海某外贸公司从日本进口价值 158 万元人民币的货物，该价格包括向境外采购代理人支付的买方佣金 5 万元，但不包括因使用该货物向境外支付的 20 万元产权费和向卖方支付的 10 万元佣金，另外，我进口商还支付保险、运费等 16 万元人民币。为了能及时缴款并尽快通关，该公司的报关员在报关前先根据规定算出应征税款，经查该票货物适用的关税税率为 10%，增值税税率为 17%，消费税税率为 13%。请问：如果你是公司的报关员，如何确定该票货物的完税价格？该货物应缴纳多少关税、增值税和消费税？

能力一　进出口货物完税价格的确定

一、进出口税费概述

进出口税费是指在进出口环节中由海关依法征收的关税、增值税、消费税等税费，其征收的法律依据主要是《海关法》、《关税条例》以及其他有关法律、行政法规。

依法征收税费是海关的任务之一，而依法缴纳税款是有关纳税义务人的基本义务，学会如何缴纳进出口税费是报关员应该具备的报关技能之一。

（一）关税

关税是由海关代表国家，按照国家制定的关税政策和有关法律、行政法规的规定，对准许进出关境的货物和物品向纳税义务人征收的一种流转税。

关税是由海关代表国家向纳税义务人征收的税收。国家是关税征收的主体，纳税义务人（包括进出口货物的收发货人和进出境物品的所有人）是关税的纳税主体，进出关境的货物和物品则是关税的课税对象。

1. 进口关税

进口关税是指一国海关以进境货物和物品为课税对象所征收的关税。

（1）计征方法。

目前，我国进口关税的计征方法包括：从价税、从量税、复合税和滑准税等。

1）从价税。

该税是包括我国在内的大多数国家征收进口关税时所使用的主要计税标准。

计算公式如下：

从价税应征税额＝货物的完税价格×从价税税率

2）从量税。

该税是以货物和物品的计量单位（如重量、数量、容量等）作为计税标准，按每一计量单位的应征税额征收的关税。我国目前对冻鸡、石油原油、啤酒、胶卷等进口商品征收从量税。

计算公式如下：

从量税应征税额＝进口货物数量×单位税额

3）复合税。

该税是同时使用从价、从量两种标准计税，计税时按两者之和作为应征税额征收的关税。我国目前对录像机、放像机、摄像机、非家用型摄录一体机、部分数字照相机等进口商品征收复合税。

计算公式如下：

复合税应征税额＝从价税额＋从量税额
＝货物的完税价格×从价税税率＋进口货物数量×单位税额

4）滑准税。

该税是在《进出口税则》中，预先按产品的价格高低分档制定若干不同的税率，然后根据进口商品价格的变动而增减进口税率的关税。当商品价格上涨时采用较低的税率，当商品价格下跌时采用较高的税率，其目的是使该商品的国内市场价格保持稳定。

目前，我国对关税配额外进口的一定数量的棉花（税号：5201.0000）实行5%～40%的滑准税，具体方式如下：

对滑准税率低于5%的进口棉花按0.570元/千克计征从量税；

当进口棉花完税价格高于或等于11.397元/千克时，按0.570元/千克计征从量税；

当进口棉花完税价格低于11.397元/千克时，暂定关税税率按下述公式计算：

$$R_i=8.686/P_i+2.526\%+P_i-1$$

（对上式计算结果四舍五入保留3位小数，R_i 为暂定关税税率，若 $R_i>40\%$，取40%；P_i 为关税完税价格，单位是“元/千克”）

思考

上海某公司与美国某公司签订进口1吨配额外棉花的合同，成交价格为CIF上海1 012.27美元/吨，经海关审核确认后，应征收滑准税。请问：进口关税税额为多少？（1美元=人民币6.294 1元）

（2）进口关税的种类。

进口关税可分为：进口正税和进口附加税。

1）进口正税是按《进出口税则》中的进口税率征收的进口税。

2）进口附加税是指国家由于特定需要对进口货物除征收进口正税之外另外征收的一种进口税。该税具有临时性的特点，包括反倾销税、反补贴税、保障措施关税和报复性关税等特别关税。我国目前征收的进口附加税主要是反倾销税。

计算公式如下：

反倾销税税额=完税价格×反倾销税税率

2. 出口关税

出口关税是海关以出境货物、物品为课税对象所征收的关税。为了鼓励出口，世界各国一般不征收出口税，但是为限制、调控某些商品的过度、无序出口，特别是防止本国一些重要自然资源和原材料的无序出口，各国会对少数商品征收出口关税。在我国，出口关税主要以从价税为计征标准。

3. 暂准进出境货物进出口关税

第二类暂准进出境货物，海关按照审定进出口货物完税价格的有关规定和海关接受该货物申报进出境之日适用的计征汇率、税率，审核确定其完税价格，按月征收税款，或在规定期限内货物复运出境或复运进境时征收税款；该货物在规定的期限届满后不再复运出境或复运进境的，纳税人应在规定期限办理进出口手续，缴纳剩余税款。

计征税款的期限为60个月，不足1个月但超过15天的，按1个月计征；不超过15天的，免予计征。

计算公式如下：

每个月关税税额=关税总额×(1÷60)

每个月进口环节代征税税额=进口环节代征税总额×(1÷60)

（二）进口环节海关代征税

进口货物、物品在办理海关手续放行后，进入国内市场，与国内货物同等对待，所以应缴纳应征的国内税。为简化手续，进口货物、物品的一些国内税依法由海关在进口环节代征。目前，进口环节海关代征税主要有增值税和消费税两种。

1. 增值税

（1）增值税的含义。

增值税是以商品的生产、流通和劳务服务各个环节所创造的新增价值为课税对象的一种流转税。进口环节增值税由海关依法向进口货物的法人或自然人征收，其他环节的增值税由税务机关征收。

进口环节增值税税率的调整及增值税的免税或减税项目由国务院规定，任何地区或部门不得规定免税或减税项目。其起征额为50元人民币，低于50元的免征。

（2）增值税的征收范围和税率。

我国增值税的征收原则是中性、简便、规范，采取基本税率再加一档低税率的征收模式。

适用基本税率（17%）的范围包括：纳税人销售或进口除适用低税率的货物以外的货物，以及提供加工、修理、修配劳务。

适用低税率（13%）的范围包括：粮食、食用植物油；自来水、暖气、冷气、热水、煤气、石油液化气、天然气、沼气、居民用煤炭制品；图书、报纸、杂志；饲料、化肥、农药、农机、农膜；国务院规定的其他货物。

（3）增值税的计算公式。

进口环节增值税以组成价格作为计税价格，征税时不得抵扣任何税额。

增值税组成价格＝进口货物完税价格＋关税税额＋消费税税额

应纳增值税税额＝增值税组成价格×增值税税率

2. 消费税

（1）消费税的含义。

消费税是以消费品或消费行为的流转额作为课税对象而征收的一种流转税。其与增值税一样，国内环节消费税由税务机关征收，进口环节的消费税由海关征收。

我国进口的应税消费品消费税采用从价、从量和复合计税的方法计征，除国务院外，任何机构不能调整消费税税目和税率。与增值税一样，进口环节消费税的起征点为人民币50元，低于50元的免征。

（2）消费税的征收范围。

消费税的征收范围，仅限于少数消费品，应税消费品大体可分为以下四种类型：

第一类：一些过度消费会对人的身体健康、社会秩序、生态环境等方面造成危害的特殊消费品（如烟、酒、酒精、鞭炮、焰火等）。

第二类：奢侈品、非生活必需品（如贵重首饰及珠宝玉石、化妆品等）。

第三类：高能耗的高档消费品（如小轿车、摩托车、汽车轮胎等）。

第四类：不可再生和替代的资源类消费品（如汽油、柴油等）。

（3）消费税的计算公式。

我国消费税采用价内税计算方式，即计税的价格中包括了消费税税额。

消费税组成计税价格＝进口货物完税价格＋完税税额＋消费税税额

=(进口货物完税价格+关税税额)/(1-消费税税率)

从价计征的消费税计算公式为：

应纳税额=消费税组成计税价格×消费税税率

从量计征的消费税计算公式为：

应纳税额=消费品数量×单位税额

同时实行从价、从量征收的消费税计算公式为：

应纳税额=消费税组成计税价格×消费税税率+消费品数量×单位税额

（三）船舶吨税

1. 船舶吨税的含义

船舶吨税简称吨税，是由海关在设关口岸对进出、停靠我国港口的国际航行船舶征收的一种使用税，这是在非进出口环节由海关代征的税收。征收目的是用于航道设施的建设。

征收船舶吨税的船舶不再征收车船税，对已征收车船使用税的船舶，不再征收船舶吨税。船舶吨税分为优惠税率和普通税率，凡与我国签订互惠协议的国家或地区适用优惠税率，未签订的则按普通税率征收；中国香港、澳门船舶适用船舶吨税优惠税率。

2. 船舶吨税的征收范围

根据现行规定，应征船舶吨税的船舶有以下几种：

（1）在我国港口行使的外国籍船舶；

（2）外商租用（程租除外）的中国籍船舶；

（3）中外合营海运企业自有或租用的中、外国籍船舶；

（4）我国租用的外国籍国际航行船舶。

根据规定，香港、澳门为单独关税区，对于香港、澳门海关已征收船舶吨税的外国籍船舶，进入内地港口时，仍应照章征收船舶吨税。

思考

下列四种船舶中，哪种应征收船舶吨税？

在上海港行驶的美国轮船；航行于天津港口被日本商人以期租方式租用的中国籍船舶；在青岛港口航行的中国货轮；中国商人租用的航行于国际的日本籍船舶。

3. 船舶吨税的计算公式

（1）船舶吨税的计算。

我国现行规定，凡是同时持有大小吨位两种吨位证书的船舶，不论实际装船情况，一律按照大吨位计征吨税。船舶吨税按净吨位计征，其计算公式如下：

净吨位=船舶的有效容积×吨/立方米

应纳船舶吨税税额＝注册净吨位×船舶吨税税率（元/净吨）

船舶净吨位的尾数按四舍五入的原则，半吨以下的免征尾数，半吨以上的按 1 吨计算，不及 1 吨的小型船舶，除海关总署特批免征外，一律按 1 吨计征。

（2）船舶吨税的征收和退补。

船舶吨税的起征日为“船舶直接抵口岸之日”，即进口船舶应自申报进口之日起征收。其征收方法有 90 天期和 30 天期缴纳两种，期限不同，税率也不同，由纳税人申报纳税时自行选择。

具有下列情况之一的，海关凭船舶负责人或其代理人提供的有效证明文件，在 1 年内办理船舶吨税的退补手续：

第一种情况：船舶负责人因不明规定造成重复缴纳船舶吨税的；

第二种情况：其他原因造成错征、漏征的。

思考

船舶吨税是否为进出口环节海关依法征收的税费？

（四）税款滞纳金

税款滞纳金指应纳税的单位或个人因逾期向海关缴纳税款而依法应缴纳的款项。按规定，纳税义务人或其代理人应自海关填发税款缴款书之日起 15 日内到指定银行缴纳税款，逾期缴纳的，海关依法在原应纳税款的基础上，按日加收滞纳税款 0.5‰的滞纳金。

海关对滞纳天数的计算是自滞纳税款之日起至进出口货物的纳税义务人缴纳税费之日止，其中的法定假日不予扣除。缴纳期限届满日遇周六、周日等休息日或法定假日的，应当顺延至休息日或法定假日之后的第一个工作日。

1. 滞纳金的征收范围

（1）进出口货物放行后，海关因纳税义务人违反规定造成少征或漏征税款的，或造成海关监管货物少征或漏征税款的，海关可以自货物放行之日或缴纳税款之日起 3 年内追征税款，并按规定收取滞纳金。

（2）租赁进口货物分期支付租金的，纳税义务人应当在每次支付租金后的 15 日内向海关申报办理纳税，或租期届满之日起 30 日内，应向海关申请办结海关手续，逾期未申报纳税或未办结手续的，海关按规定除征收税款外，还应收取滞纳金。

（3）暂时进出境货物未在规定期限内复运出境或复运进境，且纳税义务人未在规定期限届满前申报进出口及纳税手续的，海关除征收应缴税款外，还应收取滞纳金。

2. 滞纳金的征收标准

滞纳金按每票货物的关税、进口环节增值税、消费税单独计算，起征点均为人民币 50 元，不足 50 元免予征收。其计算公式为：

关税滞纳金金额＝滞纳关税税额×0.5‰×滞纳天数

进口环节海关代征税滞纳金金额＝滞纳进口环节海关代征税税额×0.5‰×滞纳天数

思考

上海A公司从美国进口一批货物，该批货物应征关税税额为人民币8 000元，进口环节增值税税额为人民币30 000元，海关于2008年5月23日（星期五）填发海关专用缴款书，该公司于2008年6月12日缴纳（注：6月8日为端午节，公休日顺延至6月9日）。请问：应征的税款滞纳金是多少？

二、一般进出口货物完税价格的确定

（一）我国海关审价的法律依据

进出口货物完税价格是海关对进出口货物征收从价税时审查估定的应税价格，是凭以计征进出口货物关税及进口环节代征税税额的基础。

目前，我国海关审价的法律依据有三个层次：

（1）法律层次：《海关法》；

（2）行政法规层次：《关税条例》；

（3）部门规章层次：《审价办法》、《中华人民共和国海关进出口货物征税管理办法》等。

（二）一般进口货物完税价格的审定

进口货物完税价格的审定包括一般进口货物完税价格的审定和特殊进口货物完税价格的审定，本教材先介绍一般进口货物完税价格审定的六种估价方法（见图7—1）。

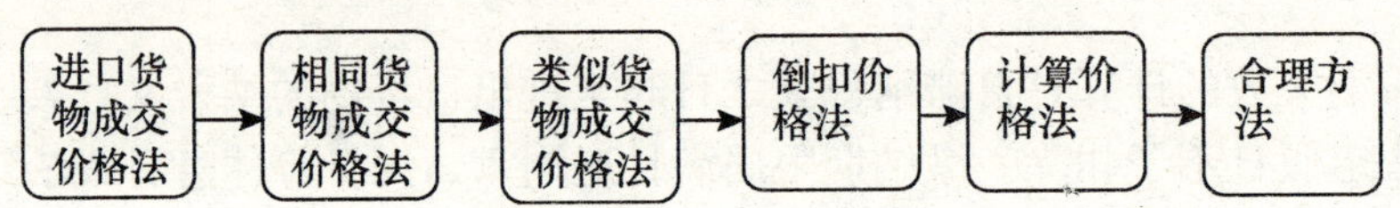

图7—1 一般进口货物完税价格审定的估价方法

六种估价方法应依次使用，但如果进口货物纳税义务人提出要求，并提供相关资料，经海关同意，可以颠倒倒扣价格法和计算价格法的适用次序。

1. 进口货物成交价格法

此法是《关税条例》及《审价办法》规定的第一种估计方法，进口货物完税价格应首先以成交价格估价方法审查确定。

（1）完税价格。

进口货物的完税价格，是由海关以该货物的成交价格为基础审查确定，并应包括货物运抵中华人民共和国境内输入地点起卸前的运输及相关费用、保险费。

（2）成交价格。

进口货物的成交价格，是指卖方向中华人民共和国境内销售该货物时买方为进口该货物向卖方实付、应付的，并按有关规定调整后的价款总额，包括直接支付的价款和间接支付的价款。其中“实付”或“应付”是指必须由买方支付，支付的目的是为获得进口货物，支付的对象既包括卖方也包括与卖方有联系的第三方，且包括已经支付和将要支付两者的总额。此外，成交价格不完全等同于进口贸易中实际发生的发票价格，需要按有关规定调整。

(3) 成交价格的调整因素。

在确定成交价格时，应注意哪些费用应计入总价，哪些费用应当扣除。一般原则是：与进口货物有关的，并应由买方承担的费用，但是未计入发票总价的，属于计入项目；虽与进口货物有关，但是不应是买方承担的费用，若已计入发票总价，则属扣除项目；与进口货物无关的，不应计入。

1) 计入项目，如表 7—1 所示。

表 7—1　完税价格计入项目及内容

计入项目	具体内容
除购货佣金以外的佣金和经纪费	佣金分为：购货佣金和销售佣金。购货佣金也叫买方佣金，不计入完税价格；销售佣金也叫卖方佣金，要计入完税价格。 经纪费指买方为购进进口货物向代表买卖双方利益的经纪人支付的劳务费。
与进口货物作为一个整体的容器费	与有关货物归入同一税号的容器与该货物视作一个整体，比如，酒和酒瓶构成整体，两者归入同一税号，如果完税价格中没有包括酒瓶费，则应计入。
包装费	包括：材料费、劳务费。
协助的价值	在外贸中，买方以免费或低于成本价的方式向卖方提供一些货物或服务，则这些货物或服务被称为协助的价值。包括：进口货物所包含的材料、部件、零件和类似货物的价值；在生产进口货物过程中使用的工具、模具和类似货物的价值；在生产进口货物过程中消耗的材料的价值；在境外完成的为生产该进口货物所需的工程设计、技术研发、工艺及制图等工作的价值。
特许权使用费	进口货物的买方为取得知识产权权利人及权利人有效授权人关于专利权、商标权、专有技术、著作权、分销权或销售权的许可或转让而支付的费用。
返回给卖方的转售收益	如果买方在货物进口后，把进口货物的转售、处置和使用的收益的一部分返还给卖方，这部分收益的价格应计入完税价格。

注：表中所有项目的费用或价值计入到完税价格中，必须同时满足三个条件：第一，由买方负担；第二，未包括在进口货物的实付或应付价格中；第三，有客观量化的数据资料。

2) 扣减项目。

进口货物的价款中单独列明的下列费用，如果成交价格中已经包含这些项目，则将其从成交价格中扣除；如果成交价格中没有包含这些项目，则不计入该货物的完税价格：

A. 厂房、机械、设备等货物进口后进行建设、安装、装配、维修和技术服务的费用，但保修费用除外；

B. 货物运抵境内输入地点起卸后发生的运输及其相关费用、保险费，如码头装卸费；

C. 进口关税、进口环节代征税及其他国内税收；

D. 为在境内复制进口货物而支付的费用；

E. 境内外技术培训及境外考察费用。

(4) 成交价格本身须满足的条件。

成交价格必须具备四个条件（见表 7—2）才能被海关所接受，否则不能适用成交价格方法。

表 7—2　　成交价格应满足的四个条件及内容

条件	具体内容
买方对进口货物的处置和使用权不受限制	买方处置或使用进口货物受到了限制的情形： 进口货物只能用于展示或免费赠送的；进口货物只能销售给指定第三方的；进口货物加工为成品后只能销售给卖方或指定第三方的；其他经海关审查，认定买方对进口货物的处置或使用受到限制的。
进口货物的价格不应受到某些条件或因素的影响，而导致该货物价格无法确定	视为价格受到影响导致货物成交价格无法确定的因素： 进口货物的价格是以买方向卖方购买一定数量的其他货物为条件而确定的；进口货物的价格是以买方向卖方销售其他货物为条件而确定的；其他经海关审查，认定货物的价格受到使货物成交价格无法确定的条件或因素影响的。
卖方不得直接或间接地从买方获得因转售、处置或使用进口货物而产生任何收益，除非上述收益能够被合理确定	
买卖双方之间没有特殊关系，或虽有特殊关系但不影响成交价格	特殊关系的范围： 买卖双方为同一家族的成员；买卖双方互为商业上的高级职员或董事；买卖双方都直接或间接地受第三方控制；买卖双方都直接或间接地控制第三方；一方直接或间接接受另一方控制；一方直接或间接地拥有、控制或持有对方 5%以上（含）公开发行的有表决权的股票或股份；一方是另一方的雇员、高级职员或董事；买卖双方是同一合伙的成员；买卖双方在经营上相互有联系，一方是另一方的独家代理、经销或受让人，若与以上规定相符，也应视为有特殊关系。

进口货物成交价格法是海关估价中使用最多的估价方法，但是，如果货物的进口价格不能满足表 7—2 中的条件，就不能采用成交价格法，而应依次采用下一种估价法。

思考

某贸易公司从日本进口了一台电梯，发票列明如下：成交价格为 CIF 珠海 USD100 000，电梯进口后的安装、调试费 USD4 000。经海关审查上述成交价格属实，且安装、调试费已包含在成交价格中，则该台电梯的完税价格应为多少？

2. 相同及类似货物成交价格法

即以被估货物同时或大约同时向中国境内销售的相同或类似货物的成交价格为基础，审查确定进口货物完税价格的方法。

（1）相关概念的理解。

相同货物：指与进口货物在同一国家或者地区生产的，在物理性质、质量和信誉等所有方面都相同的货物，但是表面的微小差异允许存在。

类似货物：指与进口货物在同一国家或者地区生产的，虽然不是在所有方面都相同，但是却具有相似的特征、相似的组成材料、相同的功能，并且在商业中可以互换的货物。

同时或大约同时：指进口货物接受申报之日的前后各 45 天以内。

（2）相同及类似货物成交价格法的运用。

在使用该法时应具备五个要素：

1）货类同，即须与进口货物相同或类似；

2）产地同，即须与进口货物在同一国家或地区生产，并优先考虑同一生产商；

3）进同时，即须与进口货物同时或大约同时进口；

4）数相当，即须与进口货物的商业水平与进口数量相同或大致相同；

5）价最低，即当存在多个价格时，必须选择最低的价格。

3. 倒扣价格法

即以进口货物、相同或类似进口货物在境内第一环节的销售价格为基础，扣除境内发生的有关费用来估定完税价格。

(1) 用以倒扣的上述销售价格应同时符合以下条件：

1）在被估货物进口同时或大约同时，将该货物、相同或类似进口货物在境内销售的价格。进口同时或大约同时是指在进口货物接受申报之日的前后各45天以内，若没有相同或类似货物在申报之日前后45天在境内销售，可延长至前后90天内。

2）按照该货物进口时的状态销售的价格。进口时的状态销售的价格是指以进口货物、相同或类似进口货物在境内销售价格为基础估定完税价格，如果没有此价格，应纳税义务人要求，可使用经过加工后在境内销售的价格作为倒扣价格的基础。

3）在境内第一环节销售的价格。第一环节是指有关货物进口后进行的第一次转售，且转售者与境内买方之间不能有特殊关系。

4）向境内无特殊关系方销售的价格。

5）按照该价格销售的货物合计销售总量最大。合计销售总量最大是指必须使用被估的进口货物、相同或类似进口货物以最大总量单位售予境内无特殊关系方的价格为基础估定完税价格。

(2) 倒扣价格方法的四个倒扣项目：

1）该货物的同级或同种类货物在境内第一环节销售时通常支付的佣金或利润和一般费用；

2）货物运抵境内输入地点之后的运保费、装卸费及其他相关费用；

3）进口关税、进口环节代征税及其他国内税；

4）加工增值额，如果使用经过加工后在境内转售的价格作为倒扣的基础时，必须扣除加工增值额的价值。

4. 计算价格法

即以发生在生产国或地区的生产成本作为基础的价格。此价格法与倒扣价格法相反，倒扣价格法是“倒着扣”，计算价格法是“正着加”。使用计算价格法时，完税价格的构成项目包括：

(1) 生产该货物所使用的料件成本和加工费用；

(2) 向境内销售同等级或同类货物通常的利润和一般费用（包括直接或间接费用）；

(3) 货物运抵中国境内输入地点起卸前的运费及相关费用、保险费。

注意：计算价格法为第五种估价方法，如果进口货物纳税义务人提出要求，并经海关同意，此法可与倒扣价格法颠倒顺序使用。

5. 合理方法

即当海关不能根据前面几种方法确定完税价格时，根据公平、统一、客观的估价原则，以客观量化的数据资料为基础审查确定进口货物完税价格的一种估价方法。

在运用合理方法估价时，禁止使用以下六种价格：

(1) 境内生产的货物在境内的销售价格；

（2）在两种价格中选择高的价格；

（3）依据货物在出口地市场的销售价格；

（4）以计算价格法规定之外的价值或费用计算的相同或类似货物的价格；

（5）依据出口到第三国或地区货物的销售价格；

（6）依据最低限价或武断、虚构的价格。

（三）出口货物完税价格的审定

出口货物的完税价格是指由海关以该货物的成交价格为基础审查确定，包括货物运至中国境内输出地点装载前的运输及相关费用、保险费。其成交价格是指该货物出口销售时，卖方为出口该货物向买方直接收取和间接收取的价款总额。

1. 不计入出口货物完税价格的税收、费用

（1）出口关税；

（2）在货物价款中单独列明的，货物运至中国境内输出地点装载后的运费及相关费用、保险费；

（3）在货物价款中单独列明由卖方承担的佣金。

2. 出口货物的其他估价方法

出口货物的成交价格不能确定的，海关经了解相关情况，并与纳税人进行价格磋商后，依次以下列价格审查确定该货物的完税价格：

（1）同时或大约同时向同一国家或地区出口的相同货物的成交价格；

（2）同时或大约同时向同一国家或地区出口的类似货物的成交价格；

（3）根据境内生产相同或类似货物的成本、利润和一般费用、境内发生的运输及相关费用、保险费计算所得价格；

（4）按照合理方法估定的价格。

出口货物完税价格（若出口价格中含有出口关税）的计算公式如下：

出口货物完税价格＝FOB－出口关税＝FOB/（1＋出口关税税率）

三、特殊进口货物完税价格的确定

特殊进口货物是指以特殊的贸易方式或交易方式进口的货物，上文所讲的6种估价方法同样适用于以下的进口货物。下面主要介绍以特殊贸易方式或交易方式进口货物的价格审定规定。

（一）加工贸易进口料件或其制成品的一般估价方法

由于种种原因，部分加工贸易进口料件或其制成品不能按有关合同、协议约定复出口，经海关批准转为内销的，需依法对其实施估价后征收进口税款。其估价的核心问题有两个：一是按制成品征税还是按料件征税；二是征税的环节是在进口环节还是内销环节。具体有以下五种情况：

（1）进口时需征税的进料加工进口料件，以该料件申报进口时的成交价格为基础审查确定完税价格；

（2）进料加工进口料件或者其制成品（包括残次品）内销时，以料件原进口成交价格为基础审查确定完税价格；

(3) 来料加工进口料件或者其制成品（包括残次品）内销时，以接受内销申报的同时或者大约同时进口的与料件相同或者类似的货物的进口成交价格为基础审查确定完税价格；

(4) 加工企业内销加工过程中产生的边角料或者副产品，以海关审查确定的内销价格作为完税价格；

(5) 加工贸易内销货物的完税价格按照上述规定仍不能确定的，由海关按照合理的方法审查确定。

(二) 出口加工区内加工企业内销制成品的估价方法

(1) 出口加工区内加工企业内销的制成品（包括残次品），海关以接受内销申报的同时或者大约同时进口的相同或者类似货物的进口成交价格为基础审查确定完税价格；

(2) 出口加工区内企业内销加工过程中产生的边角料或者副产品，以海关审查确定的内销价格作为完税价格；

(3) 出口加工区内加工企业内销的制成品、残次品、边角料或副产品的完税价格按上述规定不能确定的，由海关按照合理的方法审查确定。

(三) 保税区内加工企业内销进口料件或者其制成品的估价方法

(1) 保税区内加工企业内销的进口料件或者其制成品（包括残次品），海关以接受内销申报的同时或者大约同时进口的相同或者类似货物的进口成交价格为基础，审查确定完税价格；

(2) 保税区内加工企业内销的进料加工制成品中，如果含有从境内采购的料件，海关以制成品所含从境外购入的料件原进口成交价格为基础审查确定完税价格；

(3) 保税区内加工企业内销的来料加工制成品中，如果含有从境内采购的料件，海关以接受内销申报的同时或者大约同时进口的与制成品所含从境外购入的料件相同或者类似货物的进口成交价格为基础审查确定完税价格；

(4) 保税区内加工企业内销加工过程中产生的边角料或者副产品，以海关审查确定的内销价格作为完税价格；

(5) 保税区内加工企业内销制成品（包括残次品）、边角料或者副产品的完税价格按照上述规定仍然不能确定的，由海关按照合理的方法审查确定。

(四) 从保税区、出口加工区、保税物流园区、保税物流中心等特殊区域、场所进入境内需要征税货物的估价方法

(1) 海关参照一般进口货物完税价格审定的有关规定，以从上述区域进入境内的销售价格为基础审查确定完税价格，加工贸易进口料件及其制成品除外；

(2) 若前款所述的销售价格中包括上述区域、场所发生的仓储、运输及其他相关费用的，按照客观量化数据资料予以计入。

(五) 出境修理复运进境货物的估价方法

(1) 出境修理货物按规定期限复运进境的，海关以境外修理费和料件费审查确定完税价格；

(2) 出境修理货物复运进境超过海关规定期限的，由海关按一般进口货物完税价格的规定审查确定其完税价格。

(六) 出境加工复运进境货物的估价方法

(1) 该货物在规定的期限复运进境的，海关以境外加工费和料件费以及该货物复运进境的运输及相关费用、保险费审查确定完税价格；

(2) 出境加工货物复运进境超过海关规定期限的，由海关按一般进口货物完税价格的规定审查确定其完税价格。

(七) 暂时进境货物的估价方法

(1) 应当缴纳税款的，海关按一般进口货物完税价格的规定审查确定其完税价格；

(2) 经海关批准留购的，以海关审查确定的留购价格作为完税价格。

(八) 租赁进口货物的估价方法

(1) 以租金方式对外支付的租赁货物，在租赁期间以海关审定的该货物的租金作为完税价格，利息予以计入；

(2) 留购的租赁货物以海关审定的留购价格作为完税价格；

(3) 纳税义务人申请一次性缴纳税款的，可以选择申请按照规定估价方法确定完税价格，或者按照海关审查确定的租金总额作为完税价格。

(九) 减免税货物的估价方法

(1) 特定减免税货物如果有特殊情况，经过海关批准可以出售、转让、移作他用，须向海关办理补税手续，海关则以审定的该货物原进口时的价格扣除折旧部分价值作为完税价格；

(2) 计算公式：

$$\text{完税价格}=\frac{\text{海关审定的该}}{\text{货物原进口时的价格}}\times\left[1-\frac{\text{征税时实际}}{\text{进口的月数}}\Big/(\text{监管年限}\times 12)\right]$$

其中，征税时实际进口的月数，不足 1 个月超过 15 日的按 1 个月计算，不超过 15 日的不予计算。

(十) 无成交价格货物的估价方法

以易货贸易、寄售、捐赠、赠送等不存在成交价格的方式进口的货物，海关与纳税义务人进行价格磋商后，依次按相同货物成交价格估价法、类似货物成交价格估价法、倒扣价格估价法、计算价格估价法及合理方法审查确定完税价格。

(十一) 软件介质的估价方法

介质本身的价值或成本与所载软件的价值分列的，或虽未分列但能提供证明文件的，进口载有专供数据处理设备用软件的介质，海关以介质本身的价值或者成本为基础审查确定完税价格。

含有美术、摄影、声音、录像、影视、游戏、电子出版物的介质不适用上述规定。

四、海关估价中的价格质疑程序和价格磋商程序

(一) 价格质疑程序

在确定完税价格的过程中，海关对申报价格的真实性或准确性有疑问，或有正当理由认为买卖双方的特殊关系可能影响到成交价格时，向纳税义务人或其代理人制发“中华人民共和国海关价格质疑通知书”，将质疑理由书面告知当事人。

纳税义务人或其代理人应自收到价格质疑通知书之日起 5 个工作日内，以书面形式提

供相关资料或者其他证据，证明其申报价格真实、准确或者双方之间的特殊关系并未影响成交价格。纳税义务人及其代理人确有正当理由无法在规定的时间内提供资料的，可以在规定期限届满前以书面形式向海关申请延期。除特殊情况外，延期不得超过10个工作日。

如进出口货物没有成交价格，海关无须履行价格质疑程序，可直接进入价格磋商程序。

(二) 价格磋商程序

价格磋商程序是指海关在使用除成交价格外的估价方法时，在保守商业秘密的基础上，与纳税义务人交换彼此掌握的用于确定完税价格的数据资料的行为。

纳税义务人自收到“中华人民共和国海关价格磋商通知书”之日起5个工作日内与海关进行价格磋商，若未在规定时限内与海关进行磋商的，视为其放弃价格磋商的权利。

(三) 免除价格质疑和价格磋商的情形

(1) 同一合同项下分批进出口的货物，海关对其中一批货物已经实施估价的；

(2) 进出口货物的完税价格在人民币10万元以下或者关税及进口环节税总额在人民币2万元以下的；

(3) 进出口货物属于危险品、鲜活品、易腐品、易失效品、废品、旧品等的。

教学互动

1. 多选题：货物运抵中华人民共和国境内输入地点起卸前的（　　）应计入进口货物完税价格。

A. 运输费　B. 装卸费　C. 搬运费　D. 保险费

2. 多选题：特许权使用费包括（　　）。

A. 专利权使用费　B. 商标权使用费　C. 著作权使用费　D. 专有技术使用费

3. 单选题：某工厂从美国某企业购买了一批机械设备，成交条件为CIF广州，该批货物的发票列示如下：机械设备USD500 000，运保费USD5 000，卖方佣金USD25 000，培训费USD2 000，设备调试费USD2 000。该批货物向海关申报的总价应是（　　）。

A. USD527 000　B. USD530 000　C. USD532 000　D. USD552 000

4. 单选题：某企业从德国进口放映设备一台，发票分别列明：交易价格CIF上海100 000美元，境外考察费为2 500美元，销售佣金1 500美元，合同另规定，该设备投入使用后买方应从票房收益中支付卖方10 000美元，该批货物应向海关申报的成交价格为（　　）。

A. 114 000美元　B. 112 500美元　C. 111 500美元　D. 104 000美元

5. 判断题：海关审定的进口货物的成交价格，是指卖方向中华人民共和国境内销售该货物时买方为进口该货物向卖方实付、应付的价格总额，包括直接支付的价款和间接支付的价款。（　　）

能力二　进出口货物原产地的确定

一、原产地规则概述

(一) 原产地规则的含义

原产地规则是指各国以本国立法形式制定其鉴别进口货物“国籍”的标准。

（二）原产地规则的类别

从适用目的来划分，原产地规则分为两类：优惠原产地规则和非优惠原产地规则。

1. 优惠原产地规则

该规则也称为协定原产地规则，是指一国为了实施国别优惠政策而制定的法律、法规，是以优惠贸易协定通过双边、多边协定形式或者由本国自主形式制定的一些特殊原产地认定标准。

该规则是为了促进协议方之间的贸易发展，所以具有很强的排他性，其主要有两种实施方式：一种是通过自主方式授予，如欧盟普惠制（GSP）、中国对最不发达国家特别优惠关税优惠；另一种是通过协定以互惠性方式授予，如《亚太贸易协定》、《中国—东盟合作框架协议》、《海峡两岸经济合作框架协议》（简称 ECFA）等。

2. 非优惠原产地规则

该规则也称自主原产地规则，是指一国根据实施其海关税则和其他贸易措施的需要，由本国立法自主制定的原产地规则。

该规则的实施必须遵守最惠国待遇原则，包括实施最惠国待遇、反倾销和反补贴、保障措施、数量限制或关税配额、原产地标记或贸易统计、政府采购时所采用的原产地规则。

二、优惠原产地认定标准和非优惠原产地认定标准

在认定货物的原产地时会出现两种情况：一种是货物完全是在一个国家（地区）获得或生产制造，即“完全获得标准”；另一种是货物由两个及两个以上的国家（地区）生产制造，即“实质性改变标准”。无论是优惠原产地规则还是非优惠原产地规则，都要采用这两种确定货物原产地的认定标准。

（一）优惠原产地认定标准

1. 完全获得标准

该标准是指从优惠贸易协定成员国或者地区（以下简称成员国或者地区）直接运输进口的货物完全是在该成员国或者地区获得或者生产的。这些货物是指：

（1）在该成员国或者地区领土或者领海开采、提取的矿产品；

（2）在该成员国或者地区境内出生并饲养的活动物；

（3）在该成员国或者地区境内收获、采摘或者采集的植物产品；

（4）其他符合相应优惠贸易协定下完全获得标准的货物。

2. 税则归类改变标准

该标准是指原产于非成员国或者地区的材料在出口成员国或者地区境内进行制造、加工后，所得货物在《商品名称及编码协调制度》中税则归类发生了改变。

3. 区域价值成分标准

此标准是指出口货物船上交货价格（FOB）扣除该货物生产过程中该成员国或者地区非原产材料价格后，所余价款在出口货物船上交货价格（FOB）中所占的百分比。

不同协定框架下的优惠原产地规则中的区域价值成分标准各不同，部分贸易协定的区域价值成分标准如表 7—3 所示。

表 7—3　　部分贸易协定的区域价值成分标准

优惠原产地协定		非成员方占的比例（非受惠国材料价值/FOB）×100%	成员方占的比例
《亚太贸易协定》	除孟加拉国外的成员国	≤55%	≥45%
	孟加拉国	≤65%	≥35%
《中国—东盟合作框架协议》		≤60%	≥40%
港澳 CEPA		≤70%	≥30%
《最不发达国家特别优惠关税待遇进口货物原产地管理办法》		≤60%	≥40%
《海峡两岸经济合作框架协议》ECFA		以货物所对应的区域价值成分为标准	

4. 制造加工工序标准

此标准是指赋予加工后所得货物基本特征的主要工序。

5. 其他标准

除上述标准外，成员国或地区一致同意采用的确定货物原产地的其他标准。

6. 直接运输规则

直接运输是指优惠贸易协定下进口货物从该协定成员国或者地区直接运输至中国境内，途中未经过该协定成员国或者地区以外的其他国家或者地区。

原产于优惠贸易协定成员国或者地区的货物，经过其他国家或者地区运输至中国境内，不论在运输途中是否转换运输工具或者临时储存，同时符合下列条件的，视为“直接运输”：

(1) 该货物在经过其他国家或者地区时，未做除使货物保持良好状态所必须处理以外的其他处理；

(2) 该货物在其他国家或者地区停留的时间未超过相应优惠贸易协定规定的期限；

(3) 该货物在其他国家或者地区作临时储存时，处于该国家或者地区海关监管之下。

(二) 非优惠原产地认定标准

1. 完全获得标准

完全在一个国家或地区获得的货物，以该国或地区为原产地；两个以上国家或地区参与生产的货物，以最后完成实质性改变的国家或地区为原产地。

2. 实质性改变标准

两个及两个以上国家或地区参与生产或制造的货物，以最后完成实质性改变的国家或地区为原产地。以税则归类改变为基本标准；税则归类不能反映实质性改变的，以制造或者加工工序、从价百分比等为补充标准。其具体内容如下：

(1) 税则归类改变：指在某一国家或地区对非该国或地区原产材料进行制造、加工后，所得货物在《进出口税则》中四位数一级的税则归类已经改变。

(2) 制造或者加工工序：指在某一国家或地区进行的赋予制造、加工后所得货物基本特征的主要工序。

(3) 从价百分比：指一个国家或地区对非该国或地区原产材料进行制造、加工后的增值部分，不低于所得货物价值的 30%。

思考

我国从A国进口某货物，已知货物在国外的出厂价格为每单位50美元，该生产厂商制造该产品时使用了从B国进口的原材料，每单位使用原材料10美元，请问该货物的原产地是A国还是B国？

三、原产地申报要求

(一) 应主动向海关申明原产地证书适用的特惠税率或协定税率

(1)《亚太贸易协定》适用协定税率；

(2)《中国—东盟合作框架协议》适用中国—东盟协定税率；

(3) CEPA项下港、澳产品适用零关税税率；

(4) 中国对最不发达国家特别优惠关税待遇适用特惠税率。

(二) 需提交相关单证

除了按照进口货物所需提交的单证，如合同、发票、装箱单、报关单等之外，还应提交受惠国指定机构签发的原产地证书：

(1)《亚太贸易协定》、港澳CEPA、中国对最不发达国家特别优惠关税待遇，要求提交原产地证书正本。

(2)《中国—东盟合作框架协议》，要求提交原产地证书正本和第三联。

(三) 第三地转运的货物应提交相关单据

(1) 由过境国家海关签发的或过境地为港、澳的，由中国检验（香港）有限公司、澳门中国检验有限公司签发的“未加工证明”；

(2) 全程提运单或联运提单；

(3) 中国对最不发达国家特别优惠关税待遇还须提交来自出口受惠国的原始商业发票。

(四) 原产地证书的规定

1.《亚太贸易协定》原产地证书

此原产地证书由该成员方政府指定机构以手工或者电子形式签发，自签发之日起1年内有效，不得涂改和叠印，所有未填空白之处应当予以划去，以防事后填写。

2.《中国—东盟合作框架协议》原产地证书

该协议项下进口货物原产地证书应当由东盟成员方签证机构在货物装运前或者装运时签发，因不可抗力未能在装运前或者装运时签发的，可以在货物装运后3天内签发。

进口货物原产地证书自签发之日起1年内有效。

3. 港澳CEPA的原产地证书

香港原产地证书签发机构包括香港工贸署、香港总商会、香港印度商会、香港工业总会、香港中华厂商联合会、香港中华总商会6家机构，澳门原产地证书签发机构为澳门经济局。

此证书自签发之日起12个月内有效；仅有一份正本，且具有单一证书编号；所列的货物为同一批次的进口货物，项数不超过20项；一份进口货物报关单上所列货物对应一份原产地证书。

海关因故无法进行联网核对的，应纳税义务人书面申请并经海关审核同意后，按照适用的最惠国税率或者暂定税率征收相当于应缴纳税款等值保证金后先予以放行货物，并按规定办理进口手续。海关应当自该货物放行之日起90天内核定其原产地证书的真实情况，根据核查结果办理退还保证金手续或者保证金转税手续。

4. “特别优惠关税待遇”原产地证书

此证书自签发之日起180天内有效，用A4纸印刷，所用文字为英文，应提交正本及第二副本。海关对证书的真实性产生怀疑的，可向受惠国海关或发证机构提出核查要求，并要求其收到核查要求之日起90日内予以答复。在上述期限内未收到答复的，则不得享受特别优惠关税税率。

四、税率的适用

（一）税率适用的原则

进口税则分设最惠国税率、协定税率、特惠税率、普通税率、关税配额税率等税率。对进口货物在一定期限内可以实行暂定税率。2007年以来，我国的进口关税总体水平保持在9.8%。

出口税则按进口税则列明方式确定出口税则税目，对于部分出口商品实行暂定出口税率。

1. 进口税率的适用原则

对于同时适用多种税率的进口货物，在选择适用的税率时，基本原则是“从低适用”，特殊情况除外。

（1）原产于共同适用最惠国待遇条款的世界贸易组织成员的进口货物；原产于与中华人民共和国签订含有相互给予最惠国待遇条款的双边贸易协定的国家或者地区的进口货物；原产于中华人民共和国境内的进口货物，适用最惠国税率。

（2）原产于与中华人民共和国签订含有关税优惠条款的区域性贸易协定的国家或地区的进口货物，适用协定税率。

（3）原产于与中华人民共和国签订含有特殊关税优惠条款的贸易协定的国家或地区以及原产于中国自主给予特别优惠关税待遇的国家或地区的进口货物，适用特惠税率。

（4）上述之外的国家或者地区的进口货物，以及原产地不明的进口货物，适用普通税率。

（5）当进口货物适用最惠国税率又适用暂定税率的，暂定税率优先；适用协定税率，又适用特惠税率和进口暂定税率的，应当从低适用税率；适用普通税率的进口货物，不适用暂定税率；对于无法确定原产国（地区）的进口货物，按普通税率征税。

（6）按规定实行关税配额管理的进口货物，关税配额内的，适用关税配额税率；关税配额以外的，其税率的适用按其他相关规定执行。

（7）按规定对进口货物采取反倾销、反补贴、保障措施的，其税率按相关法规执行；若有协定税率的，则按照协定税率计征。

（8）对我国实行贸易歧视国家的进口货物，则一律按照报复性关税计征。

（9）适用反倾销、反补贴税又适用协定税率的，按协定税率计征进口货物关税；适用协定税率又适用保障措施范围内的，按采取措施后所确定的使用税率计征。

（10）执行国家有关税率减征政策时，首先应当在最惠国税率基础上计算有关税目的减征税率，然后与特惠税率、协定税率、进口暂定最惠国税率进行比较，税率从低执行。但不得在暂定最惠国税率基础上再进行减免。

（11）从2002年起我国对部分非全税目信息技术产品的进口按ITA税率征税。

2. 出口税率的适用原则

对于出口货物，在计算出口关税时，出口暂定税率的执行优先于出口税率。

（二）税率的实际运用

按规定，进出口货物应当按海关接受申报日的税率计征，在实际运用时需区分以下不同的情况：

（1）先行申报的货物，应当适用装载该货物的运输工具申报进境之日实施的税率。

（2）进口转关的货物，应当适用指运地海关接受该货物申报进口之日实施的税率。

（3）出口转关的货物，应当适用起运地海关接受该货物申报出口之日实施的税率。

（4）集中申报的货物，应当适用每次进出口时海关接受该货物申报之日实施的税率。

（5）超过规定期限未申报而由海关依法变卖的进口货物，应当适用装载该货物的运输工具申报进境之日实施的税率。

（6）因纳税义务人违反规定需追征税款的进出口货物，适用违反规定的行为发生之日实施的税率；行为发生之日不能确定的，适用海关发现该行为之日实施的税率。

（7）已放行的保税货物、减免税货物、租赁货物和暂时进出境货物，有下列情形之一需缴纳税款的，适用海关接受纳税义务人再次填写报关单申报办理纳税及有关手续之日实施的税率：

1）保税货物经批准不复运出境的；

2）保税仓储货物转入国内市场销售的；

3）减免税货物经批准转让或者移作他用的；

4）可暂不缴纳税款的暂时进出境货物，经批准不复运出境或者进境的；

5）租赁进口货物，分期缴纳税款的。

思考

境内某公司从中国香港购进孟加拉国产的某商品一批。设该商品的最惠国税率为10%，普通税率为30%，亚太协定税率为9.5%，香港CEPA项下税率为0，该商品进口时应适用的税率是多少？

教学互动

多选题：关于各类优惠贸易协定项下的优惠原产地认定标准，以下表述正确的是（　　）。

A. 完全获得，是指从成员国（地区）直接运输进口的货物是完全在该成员国（地区）获得或生产的

B. 税则归类改变，是指原产于成员国（地区）的材料在非成员国（地区）境内进行

制造、加工后，所得税则归类发生了变化

C. 区域价值成分，是指出口货物FOB价格扣除生产过程中该成员国（地区）非原产材料价格后，所余价格在出口货物FOB价格中所占的百分比

D. 制造加工工序，是指赋予加工后所得货物基本特征的主要工序

能力三 进出口税费的计算与减免

一、进出口税费计算

(一) 掌握计算公式

对于进出口关税、消费税、增值税和滞纳金等公式必须牢记并灵活运用，由于前面已经详述了计算公式，这里就不赘述。

(二) 税款计算的程序

(1) 按照归类原则确定税则归类，将应税货物归入恰当的税目税号；

(2) 若为进口，需要根据原产地规则和税率适用原则，确定应税货物所适用的税率；

(3) 根据完税价格审定办法和规定，确定进口应税货物的CIF价格，出口应税货物的FOB价格；

(4) 根据汇率适用原则和税率适用原则，将外币折算成人民币；

(5) 按照计算公式正确计算应征进出口关税税款。

(三) 税费征收的办法

海关征收的关税、进口环节增值税、进口环节消费税、船舶吨税、滞纳金等税费一律以人民币计征，起征点为人民币50元。完税价格、税额采用四舍五入法计算至分，即保留两位小数。

(四) 税率

进出口货物的成交价格及有关费用以外币计价的，计算税款前海关按照该货物适用税率之日其所适用的计征汇率折合人民币计算完税价格。海关每月使用的计征汇率为上一个月第三个星期三（第三个星期三为法定节假日的，顺延采用第四个星期三）中国人民银行公布的外币对人民币的基准汇率（即美元对人民币的汇率）。以基准汇率币种以外的外币计价的（除日元、美元、港币以外的），采用同一时间中国银行公布的现汇买入价和现汇卖出价的中间值（人民币元后采用四舍五入法保留4位小数）。

(五) 完税价格CIF与FOB、CFR之间的换算关系

进口完税价格＝CIF价格

＝(FOB价格＋运费)/[1－(1＋投保加成)×保险费率]

＝CFR价格/[1－(1＋投保加成)×保险费率]

二、进出口税费的减免

税费减免可分为三大类，即法定减免税、特定减免税和临时减免税。

(一) 法定减免税

法定减免税是指进出口货物按照《海关法》、《关税条例》和其他法律、行政法规的规

定可以享受的减免关税的优惠。海关对法定减免税货物一般无须前期申领批件，也不进行后续管理。法定减免税货物在海关放行后则不再进行监管。

下列进出口货物、进出境物品，减征或者免征关税：

(1) 关税税额在人民币50元以下的一票货物；

(2) 无商业价值的广告品和货样；

(3) 外国政府、国际组织无偿赠送的物资；

(4) 在海关放行前遭受损坏或者损失的货物；

(5) 进出境运输工具装载途中必需的燃料、物料和饮食用品；

(6) 中华人民共和国缔结或者参加的国际公约规定减征、免征关税的货物、物品；

(7) 法律规定减征、免征关税的其他货物、物品。

(8) 进口环节增值税或消费税税额在人民币50元以下的一票货物。

(二) 特定减免税

特定减免税是海关根据国家规定，对特定地区、特定用途和特定企业给予的减免关税的优惠，也称政策性减免税。特定减免税货物在海关放行后需要进行后续监管。特定减免税项目及相应减免税费见表7—4。

表7—4　特定减免税项目及减免税费

减免税费	特定减免税项目
免征关税、进口环节增值税、消费税	科教用品；科技开发用品；救灾捐赠物资；残疾人专用品。
免征关税、进口环节增值税	重大技术装备；扶贫慈善捐赠物资；海上石油、陆上石油项目进口物资；远洋渔业项目进口自捕水产品。
免征关税	外商投资项目投资额度内进口自用设备；外商投资企业自有资金项目；国内投资项目进口自用设备；贷款项目进口物资；贷款中标项目进口零部件；集成电路项目进口物资。

(三) 临时减免税

临时减免税是指法定减免税和特定减免税以外的其他减免税，是由国务院根据某个单位、某类商品、某个时期或某批货物的特殊情况，给予特别的临时性减免。

教学互动

1. 单选题：某公司进口红酒一批。海关于2009年1月12日（星期一）填发税款缴款书。该公司于2月11日（星期三）缴纳税款（注：1月25日～31日为法定节假日）。税款滞纳天数为（　　）。

A. 3天　　B. 10天　　C. 11天　　D. 15天

2. 单选题：关税和进口环节增值税、消费税的纳税义务人，应当自海关填发税款缴款书之日起（　　）内缴纳税款，逾期缴纳的，海关依法按日加收滞纳税款（　　）的滞纳金。

A. 5日；0.5%　　B. 5日；0.5‰

C. 15日；0.5%　　D. 15日；0.5‰

能力四　进出口税费的缴纳与退补

一、进出口税费的缴纳

(一) 缴纳的地点与方式

纳税义务人应当在货物的进出境向海关缴纳税款，经海关批准也可以在纳税义务人所在地向其主管海关缴纳税款，即属地纳税。

纳税义务人向海关缴纳税款的方式主要有两种：一种是持缴款书到指定银行营业柜台办理税费交付手续，即“柜台支付税费”；另一种是向签有协议的银行办理电子交付税费手续，即“网上支付税费”。

(二) 缴纳凭证

海关征收进出口关税、进口环节代征税、滞纳金以及追征、补征关税时，纳税义务人或其代理人应持凭“海关专用缴款书”向银行缴纳税款。

海关退还已征收的关税和进口环节代征税时，应填发“收入退还书”(海关专用)，同时通知原纳税义务人或其代理人，海关将“收入退还书”(海关专用) 送交指定银行划拨款。

二、税款退还

(一) 退税的范围

(1) 退运出境的进口货物：已缴纳进口关税和进口环节税税款的进口货物，因品质或者规格原因原状退货复运出境的；

(2) 退运进境的出口货物：已缴纳出口关税的出口货物，因品质或者规格原因原状退货复运进境，并已经重新缴纳因出口而退还的国内环节有关税收的；

(3) 退关货物：已缴纳出口关税的货物，因故未装运出口申报退关的；

(4) 短卸、短装货物：散装进出口货物发生短卸、短装并已征税放行的，如果该货物的发货人、承运人或者保险公司已对短卸、短装部分退还或者赔偿相应货款的，纳税义务人可以向海关申请退还进口或者出口短卸、短装部分的相应税款；

(5) 因质量等原因接受赔偿的货物：进出口货物因残损、品质不良、规格不符的原因由进出口货物的发货人、承运人或者保险公司赔偿相应货款的，纳税义务人可以向海关申请退还赔偿货款部分的相应税款；

(6) 因海关误征，致使纳税义务人多缴税款的。

(二) 退税的期限

(1) 海关发现多征税款的，应当立即通知纳税义务人办理退还手续。

(2) 纳税义务人在缴纳税款后发现多缴税款的，自缴纳税款之日起 1 年内，向海关申请退税，逾期海关不予受理。

(3) 海关应当自受理退税申请之日起 30 日内查实并通知纳税义务人办理退还手续，纳税义务人应当自收到通知之日起 3 个月内办理有关退税手续。

(4) 除国家另有规定外，进口环节增值税已予以抵缴的不予退还，已征收的滞纳金不予退还。

三、税款追征和补征

(一) 追征和补征税款的范围

(1) 进出口货物放行后，海关发现少征或者漏征税款的；

(2) 因纳税义务人违反规定造成少征或者漏征税款的；

(3) 海关监管货物在海关监管期内因故改变用途，按照规定需要补征税款的。

(二) 追征、补征税款的期限和要求

(1) 进出口货物放行后，海关发现少征税款的，应当自缴纳税款之日起 1 年内向纳税义务人补征；海关发现漏征税款的，应当自货物放行之日起 1 年内，向纳税义务人补征，不收滞纳金。

(2) 因纳税义务人违反规定而造成的少征或者漏征税款的，海关应当自缴纳税款或者货物放行之日起 3 年内追征税款，并按规定加收滞纳金。

(3) 海关发现海关监管货物因纳税义务人违反规定造成少征或者漏征税款的，应当自纳税义务人应缴纳税款之日起 3 年内追征，并按规定加收滞纳金。

四、加工贸易保税货物缓税利息

加工贸易保税货物在规定的有效期内全部出口的，由海关通知中国银行将保证金及活期存款利息全部退还；加工贸易保税料件或制成品内销的，海关除征收税款外，还应加征缓税利息。

(一) 征收规定

缓税利息的利率为中国人民银行公布的活期存款利率，海关根据中国人民银行最新公布的活期存款利率随时调整并公布执行。

(二) 计息期限

(1) 加工贸易保税料件或制成品经批准内销的，起始日为内销料件或制成品对应的加工贸易合同项下首批料件进口之日，截止日为海关填发税款缴款书之日。

(2) 加工贸易保税料件或制成品未经批准擅自内销违反海关监管规定的，起始日为内销料件或制成品对应的加工贸易合同项下首批料件进口之日，截止日为保税料件或制成品内销之日。内销之日无法确定的，终止日期为海关发现之日。

加工贸易保税料件或制成品等违规内销的，还应按规定征收滞纳金，滞纳金应从应缴纳税款之日起至海关发现之日止按日计算，征收比例为少征或漏征税款的 0.5‰。

(3) 计算公式：

应征缓税利息＝应征税款×计息期限（天数）×缓税利息率/360

五、税收保全和强制措施

(一) 保全措施

进出口货物的纳税义务人在规定的纳税期限内有明显的转移、藏匿其应税货物以及其他财产迹象的，海关可以要求纳税义务人在海关规定的期限内提供海关认可的担保。纳税

义务人不能在海关规定的期限内提供担保的，经直属海关关长或其授权的隶属海关关长批准，海关可采取以下两种税收保全措施：

1. 暂停支付存款

海关书面通知纳税义务人开户银行或其他金融机构暂停支付纳税义务人相当于应纳税款的存款。

2. 暂扣货物或财产

在不能采取第一种措施情况下，海关可书面通知（随附扣留清单）纳税义务人扣留其货物或其他财产。

（二）强制措施

进出口货物的纳税义务人、担保人自规定的纳税期限届满之日起超过3个月未缴纳税款的，海关依次采取以下强制措施：

（1）书面通知金融机构从其存款中扣缴税款；

（2）将应税货物依法变卖，以变卖所得抵缴税款；

（3）扣留并依法变卖其价值相当于应纳税款的货物或者其他财产，以变卖所得抵缴税款。

海关在采取强制措施时，对纳税义务人未缴纳的税款滞纳金同时强制执行。

教学互动

1. 判断题：海关发现多征税款的，应当立即通知纳税义务人办理退还手续，但已征收的滞纳金不予退还。（　　）

2. 多选题：纳税义务人自缴纳税期限届满之日起超过3个月未缴纳税款的，海关可以采取的税收强制措施有（　　）。

A. 通知金融机构暂停向其支付存款

B. 书面通知金融机构从其存款中扣缴税款

C. 将应税货物依法变卖，以变卖所得抵缴税款

D. 暂扣其货物或者其他财产

3. 多选题：有关代理报关业务中的法律责任问题，以下表述正确的是（　　）。

A. 进出口货物收发货人未按照规定向报关企业提供所委托报关事项的真实情况，应承担相应的法律责任

B. 报关企业对委托人所提供的情况真实性未进行合理审查，应承担相应的法律责任

C. 以直接代理方式报关的，报关企业因违反规定造成海关少征税款，应承担相应的法律责任

D. 以间接代理方式报关的，报关企业不承担纳税责任

知识链接

贝恩咨询公司公布的《中国2010年奢侈品市场调查》显示，奢侈品供应商2010年一年就从中国人口袋里掏走684亿元人民币。销售额最大的奢侈品是化妆品、香水和个人保养品，中国人在这三项上面花费人民币169亿元，排名第二的是手表，共花费155亿元。更重要的是，这其中很大一部分的消费发生在境外。公开数据显示，2010年，中国游客

在英国花掉约10亿英镑（约合112亿元人民币）。为什么奢侈品的境外消费远高于国内呢？据称，我国奢侈品进口关税一般是15%～25%，有的则高达50%（如化妆品和酒类），此外，奢侈品进店还要有海关检测、进店检测、增值税、营业税、消费税等五花八门的税费，这些直接导致国内奢侈品的价格至少比原产地高出1/3，为了"避关税"，国人每年要在国外花掉2 000亿元人民币购买奢侈品。每年高达数十亿元的税收流失，似乎使奢侈品进口税调整变得迫在眉睫。

能力训练

一、单选题

1. 目前我国不实行从量计税的进口商品是（　　）。

A. 冻乌鸡　　B. 鲜啤酒　　C. 未梳原棉　　D. 盘装胶卷

2. 暂准进出境货物计征税款的期限是（　　）。

A. 6个月　　B. 12个月　　C. 30个月　　D. 60个月

3. 如果进口货物的保险费无法确定或未实际发生，海关按照"货价加运费"两者总额计算保险费的费率是（　　）。

A. 1‰　　B. 2‰　　C. 3‰　　D. 5‰

4. 某航空公司以租赁方式从美国进口一架价值USD1 800 000的小型飞机，租期1年，年租金为USD60 000，此情况经海关审查属实。在这种情况下海关审定该飞机的完税价格为（　　）。

A. USD60 000　　B. USD1 740 000　　C. USD1 800 000　　D. USD1 860 000

5. 下列经纳税义务人书面申请，海关可以不进行价格质疑及价格磋商，依法审查确定进出口货物完税价格的商品是（　　）。

A. 矿砂　　B. 废五金　　C. 汽车　　D. 电梯

6. 下列类别的特定减免税货物，免征进口关税同时免征进口环节增值税的是（　　）。

A. 外商投资企业自有资金项目　　B. 国内投资项目进口自用设备

C. 贷款中标项目进口零部件　　D. 重大技术装备

7. 纳税义务人、担保人超过（　　）仍未缴纳税款的，海关可以采取强制措施扣缴。

A. 15天　　B. 1个月　　C. 3个月　　D. 6个月

8. 关税税额在人民币（　　）以下的一票进出口货物，免征关税。

A. 50元　　B. 500元　　C. 200元　　D. 100元

9. 海关补征进出口货物关税和进口环节代征税时，应向纳税人签发（　　）。

A. 收入退还书　　B. 海关专用缴款书

C. 海关行政事业收费专用票据　　D. 征免税证明

10. 某公司进口货物应缴纳关税20 000元，增值税30 000元，海关于2011年4月29日（星期五）开出缴纳通知单，该公司于5月18日缴纳，海关应该征收滞纳金（　　）。

A. 500元　　B. 250元　　C. 100元　　D. 75元

11. 在下列选项中，增值税不是13%的是（　　）。

A. 粮食、食用植物油　　B. 石油、柴油、汽油

C. 图书、报纸、杂志　　D. 饲料、化肥、农药、农机、农膜

12. 对以担保资金方式提供担保的，当事人在担保期内履行纳税义务的，海关业务部门应自纳税人履行纳税义务之日起（　　）内书面通知当事人办理退款手续。自退还通知书开出之日起超过（　　）当事人未来办理退款手续的，海关业务部门负责发布公告。自公告之日起超过（　　）当事人仍未来办理退款手续的，海关视同放弃资金上缴国库。

A. 7天；30天；60天　　B. 7天；60天；90天

C. 3个工作日；60天；90天　　D. 3个工作日；60个工作日；90个工作日

13. 我国某出口加工企业从香港购进台湾产的薄型尼龙布一批，加工成女式服装后，经批准运往区外内销，该批服装向海关申报出区时，其原产地应申报为（　　）。

A. 中国香港　　B. 中国台湾　　C. 中国　　D. 国别不详

14. 某航空公司从美国租赁进口民用航空飞机一架，该机CIF价格为6 500万美元，租赁期48个月，每月付租金150万美元，四年租金总额为7 200万美元。四年期满后，该航空公司仍要象征性地向美方支付5万美元作为购买旧飞机的款项。在该项租赁货物进口时，航空公司按月支付租金，并要求按月支付税款，海关同意，海关审定关税完税价格为（　　）。

A. 150万美元　　B. 6 500万美元　　C. 7 205万美元　　D. 7 200万美元

15. 非优惠原产地认定标准之一的从价百分比标准，是指在某一国家（地区）对非该国（地区）原产原料进行制造、加工后的增值部分，超过所得货物价值的比例（　　）。

A. ≥30%　　B. ≥40%　　C. ≥55%　　D. ≥60%

二、多选题

1. 下列属于关税附加税的是（　　）。

A. 反倾销税　　B. 增值税　　C. 消费税　　D. 反补贴税

2. 在下列船舶中，应征收船舶吨税的有（　　）。

A. 在青岛港口行使的日本油轮

B. 在厦门港口航行的美国货轮

C. 航行于广州港口被马来西亚商人以期租船方式租用的中国籍船舶

D. 航行国外兼营沿海贸易的被中国商人租用的韩国籍船舶

3. 下列货物在进口时不存在成交价格的是（　　）。

A. 以公式定价的货物　　B. 易货贸易货物

C. 寄售货物　　D. 无偿赠送货物

4. 下列属于非优惠原产地认定标准中的“实质性改变标准”的是（　　）。

A. 完全获得标准　　B. 税则归类改变标准

C. 从价百分比标准　　D. 加工工序标准

5. 下列在规定期限内追征、补征税款时需加收滞纳金的情况是（　　）。

A. 海关发现因纳税义务人违规造成少征或漏征税款的

B. 海关发现非因纳税义务人违反规定造成少征税款的

C. 海关发现海关监管货物因纳税义务人违反规定造成漏征税款的

D. 因纳税义务人违反规定需在征收税款的同时加收滞纳金，纳税义务人未在规定的15天缴款期限内缴款的

6. 不影响进口货物成交价格成立条件的限制是（　　）。

A. 对货物销售地域的限制

B. 进口货物只能销售给指定第三人

C. 进口货物只能用于展示或赠送

D. 对货物价格无实质性影响的限制

7. 下列进出口货物中，属于海关接受担保范围的是（　　）。

A. 俄罗斯某艺术团来华进行文艺演出而暂时运进的器材、道具、服装等

B. 某外商投资企业正在向海关办理投资设备的进口减免税审批手续，而货物已运抵口岸，亟待提取使用

C. 某外贸企业在尚未办妥许可证申领手续的情况下，货物已运抵口岸，亟待提取货物

D. 某有进出口经营权的生产企业进口的化工原料卸货后，因口岸无专用仓库，收货人要求海关允许将该批未放行的货物暂时存放于海关监管区外的仓库

8. 关于暂定税率适用的原则，下列表述正确的是（　　）。

A. 适用最惠国税率的进口货物同时有暂定税率的，应当适用暂定税率

B. 适用协定税率、特惠税率的进口货物有暂定税率的，应当从低适用税率

C. 适用普通税率的进口货物，不适用暂定税率

D. 适用出口税率的出口货物有暂定税率的，不适用暂定税率

9. 从征收关税的主次程序来分，关税可以分为正税和附加税，下面属于正税的是（　　）。

A. 进口税　　B. 报复性关税　　C. 反倾销税　　D. 出口税

三、判断题

1. 我国关税征收的对象是各类进出境人员、运输工具、货物和物品。（　　）

2. 海关在审定货物的完税价格时，如买卖双方在经营上有相互联系，一方是另一方的独家代理、经销或受让人的，应当视为特殊关系。（　　）

3. 在计算出口关税时，优先执行暂定税率。（　　）

4. 滞纳金是税收管理中的一种行政强制措施。（　　）

5. 在执行国家有关进出口关税减征政策时，在进口暂定最惠国税率的基础上进行减免。（　　）

6. 优惠原产地规则包括由本国自主制定的一些特殊原产地认定标准。（　　）

7. 国家对进出境货物、物品有限制性规定，应当提供许可证件而不能提供的，海关不予办理担保放行手续。（　　）

8. 钻石及钻石饰品，只准在上海口岸进口，其进口环节的增值税和消费税均由上海海关征收。（　　）

四、计算题

1. 重庆某进出口公司于 2011 年 4 月从香港购进日本某品牌轿车 10 辆，成交价格合计为 FOB 香港 120 000 美元，实际支付运费为 6 000 美元，保险费为 600 美元。已知小轿车的汽缸容量 2 000 毫升，计算应征的进口关税税额（1 美元＝人民币 6.294 1 元）。

2. 上海某加工企业内销一批配额外未梳棉花 1 吨，原产美国，成交价格为 CIF 上海

1 096.52 美元/吨，经海关审核确认后，征收滑准税，计算应征的进口关税税额（1 美元＝人民币 6.294 1 元）。

3. 广州某企业出口一批硅铁，申报成交价格为 FOB 广州新沙港 9 100.12 美元，计算应征的出口关税税额（1 美元＝人民币 6.294 1 元）。

4. 天津某公司与丹麦某公司签订进口丹麦啤酒 3 800 升（988 升＝1 吨），经海关审核其成交价格为 CIF 天津 1 672 美元，计算应征的进口环节消费税税额（1 美元＝人民币 6.294 1 元）。（进口完税价格≥370 美元/吨的消费税税率为 250 元/吨，进口完税价格＜370 美元/吨的消费税税率为 220 元/吨）

5. 某公司进口一批货物，经海关审核其成交价格为 1 200 美元，已知该货物的关税税率为 12%，消费税税率为 10%，增值税税率为 17%，计算应征的增值税税额（1 美元＝人民币 6.294 1 元）。

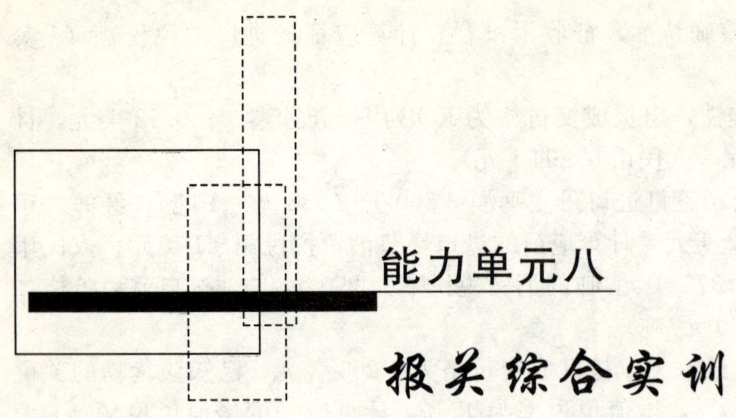

能力单元八 报关综合实训

学习目标

通过该部分的学习，能够掌握一般进出口货物、保税加工货物报关流程；正确理解特定减免税货物的基本特征；对其他海关监管货物中的不同类型货物有基本清楚的认识；能正确填制一般进出口货物、保税加工货物、退运货物、特定减免税货物报关单，能看出现有报关单中的错误并学会修改报关单。

能力一　一般进出口货物报关

实训目的

通过对下列业务情境的实操演练，应该达到以下操作技能训练目标：

1. 熟练掌握一般进出口货物的报关流程；

2. 能够根据业务背景正确判断使用哪些申报单据，从相关单据中获取相关信息，正确填制进出口货物报关单；

3. 能看出并修改报关单中的错误。

项目一

资料一：2012 年 1 月 14 日，CBD 进出口公司从美国进口激光角膜手术仪一套，单价 USD350 000. 00，CIP 北京，空运，现委托 F 报关行的报关员进行进口申报。

资料二：

CONTRACT

(FOR CIP TERMS)

Contract：CBD1201－0011

Signing Date：JAN. 11，2012

Signing Place：CHONGQING，CHINA

The Buyers：

CHONGQING CBD IMPORT & EXPORT CO.，LTD.

Address：2nd Floor，Long Hu Park，No. 65 Ling Hua Bei Rd. Jiangbei，Chongqing，China 400028

FAX： TEL：023－8901999× E-MAIL：

The Sellers：GE MEDICAL INC.

Address：Flat B，12/F.，Hillwood Court，36 Hillwood Road，Tsim Sha Tsui，Kowloon，Hong Kong

Fax：(852) 2730 5559 Tel.：(852) 2730 5558

This Contract is made among the Buyers，the Sellers and the End User，and the equipment will be used by the End User and the Buyers is there sole agent for import. Whereby the Buyers and the End User agree to buy and the Sellers agree to sell the undermentioned commodity according to the terms and conditions stipulated below：

1. COMMODITY，SPECIFICATIONS，QUANTITY AND UNIT PRICE：

COMMODITY	QUANTITY	UNIT PRICE	TOTAL AMOUNT
INTRALASE FS Laser Keratome	1 SET	USD 350 000. 00/SET	USD350 000. 00

TOTAL AMOUNT：USD 350 000. 00 CIP BEIJING BY AIR

2. TOTAL VALUE：

USD 350 000. 00 (SAY U. S. DOLLARS THREE HUNDRED AND FIFTY THOUSAND ONLY.)

3. COUNTRY OF ORIGIN AND MANUFACTURERS：

U. S. A

4. PACKING：BE PACKED IN STANDARD EXPORT PACKING

To be packed in new strong case (s) suitable for long distance ocean transportation and well protected against dampness，moisture，shock，rust and rough handling. The Sellers shall be liable for any rust，damage and loss attributable to inadequate of improper protective measures taken by the Sellers in regard to the packing.

The "IPPC" mark has been painted on package if the packing material is wood.

5. SHIPPING MARK：

On the four adjacent sides of each package，the package number measurement，gross weight，net weight，Contract No.，port of destination，consignee code and the wordings "RIGHTSIDE UP"，"HANDLE WITH CARE"，"KEEP DRY"，the lifting position，gravity center and the following shipping mark shall be stenciled with fadeless paint.

CBD1201－0011

BEIJING，CHINA

6. TIME OF SHIPMENT：

WITHIN 10 DAYS AFTER RECEIPT OF FIRST PAYMENT USD220 000. 00 BY T/T.

7. PORT OF SHIPMENT：

USA AIRPORT

8. PORT OF DESTINATION：

BEIJING，CHINA

9. INSURANCE：

To be effected by the sellers with the Buyers as the beneficiary for 110% of invoice value of the goods shipped against all risks and the war risk.

10. PAYMENT：

USD220 000. 00 shall be paid to the Sellers by T/T after signing the contract and USD130 000. 00 shall be paid by T/T before/on Jan. 31 2012.

In case by L /C：The Buyers，upon receipt from the Sellers of the shipping advice shall open an irrevocable Letter of Credit with U. S. DOLLAR，15－20 days prior to the date of delivery，in favor of the Sellers，for an amount equivalent to the total value of the shipment. The Credit shall be payable against the presentation of the draft drawn on the opening bank and the shipping documents specified in Clause 11 hereof. The Letter of Credit shall be valid at Hong Kong.

11. DOCUMENTS:

(1) The Sellers shall present the following documents to the paying bank for negotiation:

a) One full set of original airway bill marked "freight prepaid" and made out to the buyer and notifying the buyer.

b) Three copies of Invoice, indicating contract number and shipping mark (incase of more than one shipping mark, the invoice shall be issued separately).

c) Three copies of Packing List with indication of shipping weight, number and date of corresponding invoice.

d) Two copies of Certificate of Quality and Quantity issued by the manufacturer as specified in Item 1) of Clause 16.

e) One beneficiary certificate certifies that "IPPC" mark has been painted on the package if the packing material is wood.

f) Certificate of origin in three copies.

g) One certificate of packing material issued by the sellers.

h) Original inspection report signed and stamped by the end user.

(2) The Sellers shall send together with the shipment one copy each of the abovementioned documents a) b) c) and g) to the buyers and fax all above documents to the buyers after shipment.

12. TERMS OF SHIPMENT:

(1) Transshipment is allowed. Partial shipment is allowed.

(2) The date of Bill of Lading shall be the actual date of delivery.

13. SHIPPING ADVICE:

The Sellers, immediately upon the completion of the loading of the commodity, shall notify by fax the buyers of the contract number, name of commodity, quantity, gross weight, invoiced value, name of carrying vessel, sailing date and the date of arrival at the port of destination. If any package of which the weight is above 9 metric tons, and dimensions reach or exceed 12 meters in length, 2.7 meters in width and 3 meters in height, the Sellers shall advise the Buyers of the weight and measurement of each package. The details of inflammable and dangerous goods if any, shall also be mdicated.

14. GUARANTEE OF QUALITY:

The Sellers shall guarantee that the commodity is made of the best materials, with first class workmanship, brand new, unused and complies in all respects with the quality, specifications and performance as stipulated in this Contract. The Sellers shall guarantee that the goods, when correctly mounted and properly operated and maintained, shall give satisfactory performance for a period of 12 months and lifelong maintenance counting from the date on which the commodity arrives at the port of destination.

15. INSPECTION:

(1) The manufacturers shall, before making delivery, make a precise and comprehensive inspection of the goods as regards the quality, specification, performance and quantity/weight and issued certificates certifying that the goods are in conformity with the stipulations of this Contract. The certificate shall form an integral part of the documents to be presented to the paying bank for negotiation of payment but shall not be considered as final in respect of quality, specification, performance, quantity/weight, particulars and results of the test carried out by the manufacturers must be shown in a statement which has to be attached to the Quality Certificate.

(2) After arrival of the goods at the plant site, the Buyers shall apply to Chongqing Entry-Exit Inspection And Quarantine Bureau (hereinafter called the Bureau) for a preliminary inspection in respect of the quality, specifications and quantity/weight of the goods and a Survey Report shall be issued therefore. If discrepancies are found by the Bureau regarding specifications or the quantity or both, except when the responsibilities lie with insurance company or shipping company, the Buyers shall, within 30 days after arrival of the goods at the plant site, have the right to reject the goods or to claim against the Sellers.

(3) Should the quality and specifications of the goods be not in conformity with contract, or should the goods prove defective within the guarantee period stipulated in Clause 15 for any reason, including latent defect of the use of unsuitable materials, the Buyers shall arrange for a survey to be carried out by the Bureau, and have the right to claim against the Sellers on the strength of the Survey Report.

16. CLAIMS:

(1) In case that the Sellers are liable for the discrepancies and a claim is lodged by the Buyers within the time-limit of inspection and quality guarantee period as stipulated in Clause 15 and 16 of this Contract, the Sellers shall settle the claim upon the agreement of the Buyers in one or the combination of the following ways:

a) Agree to the rejection of the goods and refund to the Buyers the value of the goods so rejected in the same currency as contracted herein, and to bear all direct losses and expenses in connection there with including interest accrued, banking charges, freight, insurance premium, inspection charges, storage, stevedore charges and all other necessary expenses required for the custody and protection of the rejected goods.

b) Devalue the goods according to the degree of inferiority, extent of damage and amount of expenses suffered by the Buyers.

c) Replace new parts, which conform to the specifications. Quality, and performance as stipulated in this Contract, and bear all the expenses. The Sellers shall, at the same time, guarantee the quality of the replaced parts for a further period according to Clause 15 of this Contract.

d) Repair or remove the defects and descriptions of the goods under this Contract by

Sellers' personnel at Sellers' expend，if Sellers can not send their personnel to do is，Buyers will have the right to do the repair or removal upon the Sellers' agreement，and Sellers shall bear all the costs occurred thereof.

(2) The claims mentioned above shall be regarded as being accepted if the Sellers fail to reply within 30 days after the Sellers receive the Buyers' claim.

17. FORCE MAJEURE：

The Sellers shall not be responsible for the delay in shipment or non-delivery of the goods due/to Force Majeure case such as war，serious fire，flood，typhoon，earthquake and other cases which will be recognized by both parties upon agreement as being case of Force Majeure，which might occur during the process of manufacturing of in the course of low transit. The Sellers shall advise the Buyers shall send by airmail to the Buyers for their acceptance a certificate of the accident issued by the competent Government Authorities where the accident occurs as evidence thereof. Under such circumstances all necessary measures to hasten the delivery of the goods，In case the accident lasts for more than ten weeks the Buyer shall have the right to cancel the Contract.

18. LATE DELIVERY AND PENALTY：

Should the Sellers fail to make delivery on time as stipulated in the Contract，with exception of Force Majeure cases specified in Clause17 of this Contract，the Buyers shall agree to postpone the delivery on condition that the Sellers agree to pay a penalty，which shall be deducted by the paying bank from the payment under negotiation. The penalty，however，shall not exceed 5% of the total value the goods involved in the late delivery. The rate of penalty is charged at 0.5% for every seven days，add days less than seven days should be counted as seven days，In case the Sellers fail to make delivery ten weeks later than the time of shipment stipulated in the Contract，the Buyers shall have the right to cancel the contract and the Sellers，in spite of the cancellation，shall pay the aforesaid penalty to Buyers without delay.

19. ARBITRATION：

(1) All disputes in connection with this Contract or the execution thereof shall be settled through friendly negotiations. When no settlement can be reached the disputes shall be submitted for arbitration.

a) If the Sellers are the plaintiff the arbitration shall take place in Beijing，China.

b) If the Buyers are plaintiff the arbitration shall take place in Beijing and be conducted by the Arbitration Committee of the Chain Council for the Promotion of International Trade in accordance with the Provisional Rules of Procedures promulgated by the said Arbitration Committee.

(2) Each part shall appoint an arbitrator within 30 days after receipt of notification from the opposite part and the two Arbitrators this appointed shall jointly nominate a third

person as umpire to form an Arbitration Committee. The said umpire shall be confined to the Citizen of the third nationality.

The decision of the Arbitration Committee shall be accepted as final and binding upon both parties; neither party shall seek recourse to a law court or other authorities to appeal for revision of the decision. Arbitration expenses shall be born by the losing party.

20. OBSERVANCE OF LAWS:

(1) The Sellers and Sellers' personnel shall abide by the relevant laws of the People's Republic of China when they implement this Contract in the People's Republic of China.

(2) The Buyers and buyers' personnel shall abide by the relevant laws of the Sellers' county when they implement this Contract in the Sellers' country.

21. BANKING CHARGES:

All the banking charges incurred in China shall be borne by the Buyers while all the banking charges incurred outside China shall be born by the Sellers.

22. EFFECTIVENESS OF CONTRACT AND MISCELLANEOUS:

This contract will become effective after signing by both parties.

23. SUPPLEMENTARY CLAUSES:

This Contract is made in 3 original copies, one copy to be held by the Sellers.

(The agreement signed by the Sellers and the End User has the same effect.)

The Buyers:	The Sellers:
CHONGQING CBD IMPORT & EXPORT CO., LTD	GE MEDICAL INC.

资料三:

GE MEDICAL INC.

Flat B, 12/F., Hillwood Court, 36 Hillwood Road, Tsim Sha Tsui, Kowloon, Hong Kong

Tel.: (852) 2730 5558 Fax: (852) 2730 5559

E-mail:

COMMERCIAL INVOICE

Company Name	: Chongqing CBD Import & Export Co., Ltd	Contract No.	: CBD1201-0011
Address	: 2nd Floor, Long Hu Park,	Invoice No.	: GE1101-001
	No. 65 Ling Hua Bei Rd.	Date	: 11th Jan., 2011
	Jiangbei, Chongqing, China 400028	Customer No.	: LIN001

Contact Person ： Ms. Zhang　　Page ： 1 of 1

Tel. No. ： 023-8901999×

Fax No. ：

DESCRIPTION	QTY.	UNIT PRICE	AMOUNT PAYABLE
INTRALASE FS LASER KERATOME 激光角膜手术仪	1	USD350 000.00	USD350 000.00
	TOTAL AMOUNT PAYABLE CIP BEIJING，CHINA		USD350 000.00

Packing ： Be packed in standard export packing suited for long distance air transportation

Country of Origin：U. S. A.

Manufacturer：AMO Manufacturing USA，LLC

Harmonized Code ： 9018. 50. 0000

Shipping marks ： CBD1201-0011
BEIJING，CHINA

Payment terms：USD220 000.00 to be paid by T/T immediately;
the balance USD130 000.00 to be paid by T/T before 31st Jan.，2011.

Issued by：
Ling Yiyi

资料四：

GE MEDICAL INC.

Flat B，12/F.，Hillwood Court，36 Hillwood Road，Tsim Sha Tsui，Kowloon，Hong Kong

Tel.：(852) 2730 5558 Fax：(852) 2730 5559

E-mail：

PACKING LIST

Company Name ： Chongqing CBD Import & Export Co.，Ltd　　Contract No. ： CBD1201-0011

Address ： 2nd Floor，Long Hu Park，No. 65 Ling Hua Bei Rd. Jiangbei，Chongqing，China 400028　　Invoice No. ： GE1101-001　　Date ： 11th Jan.，2011　　Customer No ： LIN001　　Page ： 1 of 1

Contact Person ： Ms. Zhang

Tel. No. ： 023-8901999×

Fax No. ：

Commodity：　INTRALASE FS LASER KERATOME 激光角膜手术仪

Quantity：　One set

Shipment from：　San Francisco Airport，USA

To：　Beijing Airport，China

Total No. of package：　1 Package

Details as below：

C/N NO.	CONTENT	G. W.	N. W.	MEASUREMENT	PACKING
1.	IntraLase FS Laser Keratome	656kg	567kg	60″×61″×69″	Wooden Crate

Total Gross Weight：656kg　　　Total Net Weight：567kg

Issued by： Ling Yiyi

实训题：

1. 根据业务背景，模拟出该货物的报关流程图。
2. 报关申报前，应该准备和填制的报关单据包括什么？
3. 请为 F 报关行填写进口报关单。

项目二

资料一：

CONTRACT

Contract No.：CPI201201

Signing Date：Oct. 09，2011

The Buyer：COMPOSITE REINFORCEMENT

The Seller：Chongqing International Corp.，Dadukou

This Contract is made by and between the Buyers and the Sellers. Whereby the Buyers agree to buy and the Sellers agree to sell the under-mentioned commodity according to the terms and conditions stipulated

1. COMMODITY SPECIFICATIONS，QUANTITY AND UNIT PRICE：

Item No.	Description of Goods	Quantity	Unit Price	Total Amount
	E-GLASSFIBER DIRECT ROVING ER469P-4 400TEX	KGS 19 457. 89	FOB Chongqing 0. 8USD/KG	USD 15 566. 31
	Total	19 457. 89		15 566. 31
Total Value	USD FIFTEEN THOUSAND FIVE HUNDRED AND SIXTY SIX AND CENTS THIRTY-ONE ONLY.			

2. Country of Origin and Manufactures：Chongqing Polycomp International Corp. P. R. Of China
3. Payment Term： By T/T in advance
4. Insurance： to be effected by Seller
5. Shipping Mark： As ARRENGED
6. Packing To be packed in 20 packages
7. Time of Shipment：about MAR. 07，2012

8. Port of shipment：Chongqing port，China
9. Port of Destination：Melbourne，Australia
10. Finally Destination：

Confirmation

The Buyers：　　　　　　　　　　　　　　　　The Sellers：

(AUTHORIZED SIGNATURE)

资料二：

CPIC/FIBERGLASS Chongqing International Corp.，Dadukou District 400080，Chongqing，China

INVOICE NO.：00071349　　　　　　　　　　Dated：MAR. 01，2012

COMMERCIAL INVOICE

Sold by Order and for Account of
COMPOSITE REINFORCEMENT
UK LIMITED WESTMEAD HOUSE
WESTMEAD FARNBOROUGH，GU14 7LP
HAMPSHIRE，UK
TEL：+44 1252 123456
FAX：+44 1252 123456

Ref：CR-54321
Contract No.：CPI201201
ORDER NO.：PO10912

Terms/Method of Payment：
By T/T in advance

Sailing on or about Mar. 07，2012 From Chongqingport，China to Melbourne，Australia

Marks&Numbers	Description of Goods	Quantity	Unit Price	Total Amount
N/M	E-GLASSFIBER DIRECT ROVING ER469P-4 400TEX	KGS 19 457. 89	FOB Chongqing 0. 8USD/KG	USD 15 566. 31
	Total	19 457. 89		15 566. 31

JHJCKGWE2011120045

This account has been assigned to and is owed by

CHINA MERCHANTS BANK，CHONGQING BRANCH

Address：No. 120，ShapingbaDist.，Chongqing，China 400030

All payments must be made to them in the same currency of the invoices and only their receipt of payment can constitute a valid discharge of the debt. Any claims or disputes in relation to this invoice should be reported to them promptly.

Please authorize them to debit your account with them (if any), or remit the payments by T/T as per bank reference detailed below.

Beneficiary: Chongqing International Corp.

Account No.: 023900112345678

Account with: CHINA MERCHANTS BANK

SWIFT BIC: CMBCCNBS

Correspondent Bank: CITIBANK N. A. NEW YORK SWIFT BIC: CITIUS33

Remarks: quoting invoice number

AUTHORIZED SIGNATURE

资料三:

CPIC/FIBERGLASS Chongqing International Corp., Dadukou District 400080, Chongqing, China

INVOICE NO.: 00071349 Dated: Dec. 01, 2011

PACKING LIST

Sold by Order and for Account of Ref: CR-54321

COMPOSITE REINFORCEMENT Contract No: CPI201201

UK LIMITED WESTMEAD HOUSE ORDER NO.: PO10912

WESTMEAD FARNBOROUGH, GU14 7LP

HAMPSHIRE, UK

TEL: +44 1252 123456

FAX: +44 1252 123456

Shipped Per vessel Sailing on or about Mar. 07, 2012

From Chongqingport, China to Melbourne, Australia

Marks&Numbers	Description of Goods	Quantity
N/M	E-GLASSFIBER DIRECT ROVING ER469P-4400TEX	KGS 19 457.89
	Total	19 457.89

Package No.	Quantity	Net Weight	Gross Weight	Measurement
Packages 20	KGS 19 457.89	KGS 19 457.89	KGS 20 123.45	CBM 23.98

Total 20 packages were loaded in container no.

AUTHORIZED SIGNATURE

资料四：

代理报关委托书

编号：00123456789

××报关行：

我单位现　　（A. 逐票、B. 长期）委托贵公司代理　　等（A. 报关查验、B. 垫缴税款、C. 办理海关证明联、D. 审批手册、E. 核销手册、F. 申办减免税手续、G. 其他 ）通关事宜。详见《委托报关协议》。

我单位保证遵守《海关法》和国家有关法规，保证所提供的情况真实、完整、单货相符。否则，愿承担相关法律责任。

本委托书有效期自签字之日起至　　　年　　月　　日止。

委托方（盖章）：

法定代表人或其授权签署《代理报关委托书》的人（签字）

年　　月　　日

委托报关协议

为明确委托报关具体事项和各自责任，双方经平等协商签订协议如下：

<table>
<tr><td>委托方</td><td>重庆国际有限公司</td><td>被委托方</td><td colspan="2"></td></tr>
<tr><td>主要货物名称</td><td>玻纤抽纱</td><td>*报关单编码</td><td colspan="2">No.</td></tr>
<tr><td>HS编码</td><td>7019120090</td><td>收到单证日期</td><td colspan="2">年　月　日</td></tr>
<tr><td>进出口日期</td><td>年　　月　　日</td><td rowspan="4">收到单证情况</td><td>合同□</td><td>发票□</td></tr>
<tr><td>提单号</td><td>1211000123456</td><td>装箱清单□</td><td>提（运）单□</td></tr>
<tr><td>贸易方式</td><td>进料加工</td><td>加工贸易手册□</td><td>许可证件□</td></tr>
<tr><td>原产地/货源地</td><td>重庆</td><td>其他</td><td></td></tr>
<tr><td>传真电话</td><td></td><td>报关收费</td><td colspan="2">人民币：　　元</td></tr>
<tr><td colspan="2">其他要求：</td><td colspan="3">承诺说明：</td></tr>
<tr><td colspan="2">背面所列通用条款是本协议不可分割的一部分，对本协议的签署构成了对背面通用条款的同意。</td><td colspan="3">背面所列通用条款是本协议不可分割的一部分，对本协议的签署构成了对背面通用条款的同意。</td></tr>
<tr><td colspan="2">委托方业务签章：

经办人签章：李四
联系电话：9090910　　　年　月　日</td><td colspan="3">被委托方业务签章：
DESU1234567　　1×20
经办报关员签章：王五
联系电话：　　　年　月　日</td></tr>
</table>

（白联：海关留存、黄联：被委托方留存、红联：委托方留存）　　　中国报关协会监制

实训题：

请根据以上资料填制出口报关单。

项目三

资料一：

江门市鸿兴经贸进出口公司（4407960183）代理鹤山市广利达进出口贸易有限公司（4407966208）进口带鱼一批。货物进口后，经营单位按《中国—东盟合作框架协议》项下享受协定税率货物填制报关单向海关进行申报，并提供原产地证书等相关监管证件。

带鱼法定计量单位为千克，监管条件为AB，申报要素为“1. 品名；2. 制作、保持方法；3. 个体重量（如1 000～2 000克/条［块］等）”。

资料二：

PT. NUSA INDAH JAYA

JL. KEBON BAWANG VI NO. ×× KEBON BAWANG，TANJUNG PRIOK，

JAKARTA 143××，INDONESIA

INVOICE&PACKING LIST

No.： 095/NIJ/INV/IV/10

MESSERS： JIANGMEN HONGXING ECONOMY TRADING IMP. & EXP. CO.，LTD ROOM ×××，NO. ×× KANGKOU 2 ROAD，JIANGMEN GUANGDONG

EXPORTER： PT. NUSA INDAH JAYA
JL. KEBON BAWANG VI NO. ××KEBON BAWANG，TANJUNG PRIOK JAKARTA 143××，INDONESIA

CONTRACT NO.：JM-100

SHIPPED BY： NAJADE V. 1010

DATE： APRIL 27，2010

PORT OF DISCHARGE：OLD PORT，HUANGPU GUANGZHOU，CHINA

Container No.	Product Description	Size/g	Quantity (CTNS)	G. W (KG)	N. W (KG)	Unit price	Amount (USD)
MWCU5336689/ML-ID0840482	FROZEN RIBBON FISH(UNPROCESSED)	100-200	2 720	27 200.00	25 840.00	CIF HUANGPU 0.900 0	23 256.00
	Total：		2 720	27 200.00	25 840.00		23 256.00

SAY US DOLLARS TWENTY THREE THOUSAND TWO HUNDRED AND FIFTY SIX ONLY.

TOTAL PACKED IN：TWO THOUSAND SEVEN HUNDRED AND TWENTY CARTONS ONLY.

PT. NUSA INDAH JAYA

资料三：

BILL OF LADING

<table>
<tr><td colspan="5">Shipper (Name and address)
MAERSK HONG KONG LTD O/B MCC
MTL WAREHOUSE BLDG, BERTH ONE, KWAI CHUNG, NT HK</td><td colspan="2">Booking No.</td><td colspan="4">Bill of Lading No.
NYC1012145</td></tr>
<tr><td colspan="5" rowspan="2">Consignee
TO THE ORDER OF THE HOLDER OF THE ORIGINAL B/L. 551099544
ISSUED BY MAERSK SEALAND LINE</td><td colspan="6">Export References</td></tr>
<tr><td colspan="6"></td></tr>
<tr><td colspan="5">Notify Party
JIANGMEN HONGXING ECONOMY TRADING IMP&EXP. CO., LTD
ROOM ×××, NO. ×× KANGKOU 2 ROAD, JIANGMEN GUANGDONG
TEL: 020-82281××× FAX: 020-82281×××</td><td colspan="6" rowspan="2">Also Notify Party-routing&Instructions</td></tr>
<tr><td colspan="3">Pre-Carriage by</td><td colspan="2">Place of Receipt by Pre-carrier</td></tr>
<tr><td colspan="3">Ocean Vessel Voy. No.
JIAN GONG 598 V. 52010100510</td><td colspan="2">Port of Loading
HONGKONG</td><td colspan="6"></td></tr>
<tr><td colspan="3">Port of Discharge
HUANGPU</td><td colspan="4">Final Destination (if to be transshipped at port of discharge)
HUANGPU</td><td colspan="4">Number of Original B/L
ONE (1)</td></tr>
<tr><td>Marks&Nos. Container/ Seal No.</td><td colspan="2">No. of Container Or packages</td><td colspan="4">Description of Goods</td><td colspan="2">Gross weight</td><td colspan="2">Measurement</td></tr>
<tr><td>N/M
MWCU
5336689
ML-
ID0840482</td><td colspan="2">2 720
CARTON (S)</td><td colspan="4">1×40′HRF CONTAINER (S)
SHIPPER'S LOAD& COUNT&SEAL S. T. C:
2 720 MASTER CARTONS OF FROZEN FISH
TEMP (F): -4
TEMP (C): -20.0

T/S FM JAKARTA TO HUANGPU VIA HKG
FREIGHT PREPAID</td><td colspan="2">27 200kg</td><td colspan="2">60.00CBM</td></tr>
<tr><td colspan="11">Total Number of containers and/or Packages (In words)
SAY ONE (1×40'HRF) CONTAINER (S) ONLY</td></tr>
<tr><td colspan="3">Declared Cargo Value USD</td><td colspan="4">Service contract No.</td><td colspan="4">Commodity code</td></tr>
<tr><td colspan="2">Freight&charges</td><td>Revenue tons</td><td>Rate</td><td>per</td><td>Amount</td><td colspan="2">prepaid</td><td colspan="2">collect</td><td>Freight&charges payable at/by</td></tr>
<tr><td colspan="6">Date of issue 11 MAY 2010</td><td colspan="5">Date Laden on board: 11 MAY, 2010</td></tr>
<tr><td colspan="6">Place of issue HONGKONG</td><td colspan="5">NANYANG INTERNATIONAL SHIPPING LIMITED</td></tr>
</table>

资料四：

1. Goods consigned from (Exporter's business name, address, country):
PT. NUSA INDAH JAYA
JK. KEBON BAWANG NO. ××
KEBON BAWANG, TANJUNG PRIOK,
JAKARTA 143×× INDONESIA

Reference No. 00964/JKB/2010
ASEAN AHINA FREE TRADE AREA
PREFERENTIAL TARIFF
CERTIFICATE OF ORIGIN
(Combined Declaration and Certificate)
From E
Issued in INDONESIA
(county)
(see Notes overleaf)

2. Goods consigned to (Consignee's name, address, country)
JIANGMEN HONGXING ECONOMY TRADING IMP&EXP. CO., LTD
ROOMXXX, NO. XXKANGKOU 2 ROAD, JIANGMEN GUANGDONG
TEL: 020-82281××× FAX: 020-82281×××

3. Means of transport and route (as far as known)
Departure date
MAY 02, 2010

Vessel's name/Aircraft etc.
NAJADE V. 1010

Port of discharge
HUANGPU OLD PORT, CHINA

4. For official use
Preferential treatment Given Under ASEAN-CHINA Free Trade Area Preferential Tariff

____

Preferential treatment Not Given (Please state reason/s)

____

Signature of authorized signatory of the importing country

5. Item number	6. Marks and number on package	7. Number and type of packages; description of goods (including quantity where appropriate and HS number of importing country)	8. Origin criterion (see Notes overleaf)	9. Gross weight or other quantity and value (FOB)	10. Number and date of invoice
	CONT NO.: MWCU 5336689 SALE NO.: ML-ID0840482	1×40'RH S. T. C. 2 720MASTER CARTONS CONSIST OF: -FROZEN RIBBON FISH HS. 0303. 79. 1000	"X"	27 200. 00kg USD 17 080. 00	095/NJ/INV/IV/10 APRIL 27, 2010

11. Declaration by the exporter
The hereby declares that the above
Details and statement are correct, that all the goods were produced in
INDONESIA
(country)
And that they comply with the origin requirements
Specified for the goods in the ASEAN-CHINA
Free Trade Area Preferential Tariff for the goods
Exported to
CHINA
(Importing country)
JAKARTA, MAY 4, 2010
Place and date, signature of authorized signatory

12. Certification
It is hereby certified, on the basis of control carried out, that the declaration of the exporter is correct.

JAKARTA, MAY 4, 2010
Place and date, signature and stamp of certifying authority

实训题：

1. 根据业务背景，模拟出该货物的报关流程图。
2. 请根据上述资料填写报关单。

能力二　保税加工货物报关

实训目的

通过对下列业务情境的实操演练，应该达到以下操作技能训练目标：

1. 对保税加工贸易的两种主要形式——来料加工和进料加工能够清楚地理解和区分；
2. 对纸质报关手册的合同备案流程能够全程模拟，画出业务流程图；
3. 对纸质手册的异地加工贸易合同备案能够全程模拟，对应该使用的单证能够正确填报；
4. 对纸质手册的单耗申请和手册核销有初步的了解。

项目四

资料一：

ABC（广州）有限公司位于广州经济技术开发区，海关注册编号为440124××××，所申报商品位列B52084400153号登记手册备案料件第13项，法定计量单位为千克，货物于2004年7月16日运抵口岸，当日向黄埔海关新港办（关区代码5202）办理进口申报手续。

保险费率为0.27%。入境货物通关单编号为442100104064457。

资料二：

ABC（GUANGZHOU）CO.，LTD
NO.×× FENGHUA ROAD，GUANGZHOU，CHINA
COMMERCIAL INVOICE

CONSIGNEE：
ABC（GUANGZHOU）CO.，LTD
NO.×× FENGHUA ROAD
GUANGZHOU，CHINA

SHIPPER：
ABC（HONGKONG）LTD
ROOM×××，SHATINGALLERIA
MEISTEREET，FOTAN，N. T，HONGKONG

INVOICE NO.：BL04060643　　DATA：07/07/04
CONTRACT NO.：ABC-1001　　REFERENCE NO.：HB184004
SHIPMENT FROM KUNSAN，KOREA TO HUANGPU CHINA VIA HONG KONG

SHIPPING MARKS	DESCRIPTION	QTY.	UNIT PRICE	AMOUNT
N/M	"HI-Q" BRAND ART PAPER 039-44	16 314kg	0.804	CFR HUANGPU USD13 116.45

TOTAL:	16 314kg 16ROLLs

资料三：

ABC (GUANGZHOU) CO., LTD
NO. ×× FENGHUA ROAD, GUANGZHOU, CHINA
PACKING LIST

DATE: 07/07/04

TO: HUANGPU, CHINA

SHIPMENT FROM KUNSA, KOREA TO HUANGPU CHINA VIA HONGKONG

VESSEL AND VOAGE NO.: 德顺航 30/4Y0708

B/L NO.: SG40746

DESCRIPTION	QTY	WEIGHT(GROSS)	NET WEIGHT	MEASUREMENT
"HI-Q" BRAND ART PAPER 039-44 H.S: 48101300.10		16 362	16 314	
TOTAL		16 362	16 314	

1×20'CONTAINER

TEXU2243978 TAREWGT 2 280kg

实训题：

1. 此题中的保税加工货物属于来料加工货物还是进料加工货物？

2. ABC（广州）有限公司按照哪种加工贸易方式申领纸质手册？根据上述业务资料，设计进口业务流程。

3. 根据以上资料，填制铜版纸的进口报关单。

项目五

资料一：

光华食品有限公司（海关注册编码 372792××××）持加工贸易手册 C4209924××××进口关税配额内白砂糖一批（列手册备案料件第一项），入境通关单号：37020010 904389××××，法定计量单位：千克。

资料二：

中华人民共和国海关进口货物报关单

预录入编号： 海关编号：

进口口岸	备案号	进口日期	申报日期
经营单位 华光食品有限公司 372792××××	(A) 运输方式 水路运输	(B) 运输工具名称 XPRESS- TOWER/163w	(C) 提运单号 TYLUKS023289
(D) 收货单位	(E) 贸易方式 进料加工	(F) 征免性质 进料加工	(G) 征税比例

(H) 许可证书	(I) 起运国（地区） 巴拿马	(J) 装货港 仁川	境内目的地	
批准文号	成交方式	运费	保费	(L) 杂费 502/-20232/3
(K) 合同协议号 CHKS2009/26	(L) 件数 640	(M) 包装种类 纸袋	毛重（千克）	净重（千克）
集装箱号	(N) 随附单据			(O) 用途 加工返销
(P) 标记唛码及备注				
(Q) 项号 商品编号 (R) 商品名称、规格型号 数量及单位 (S) 原产国（地区）(T) 单价 总价 币制 (T) 征免				
1　糖　韩国　0.515				
税费征收情况				
录入员 录入单位 兹声明以上申报无讹并承担法律责任 报关员 单位地址　申报单位（签章） 邮编　电话　填制日期		海关审单批注放行日期（签章） 审单　审价 征税　统计 查验　放行		

资料三：

COMMERCIAL　INVOICE

Shipper/Exporter CK CORPORATIN 10F. CHEL JEDANG BLDG，500 5-GA NAMDAEMOON，CHUNG-KU，SEOUL 100-×××，KOREA For Account&Risk of Messers GUANGHUA FOODSTUFF CO.，LTD RONGCHENG CITY，CHINA	NO. &Date of Invoice RONGHENG0906-09 (JUN. 09，2009) No. &Date of Contract CHKS2009/26
Notify Party SAME AS ABOVE	Payment Terms：T/T in advance Account No.：Woori Bank，Namsan Branch

Port of Loading INCHON，KOREA		Final Destination QINGDAO，CHINA		Remarks
Carrier X-PRESS TOWER		Sailing on or about JUN，09，2009		
Marks and Number of Pkgs	Description of Goods	Quantity	Unit Price	Amount
N/M	CONTRACT NO. CHKS2009/26 REFINED WHITE SUGAR POLARIZATION：99.8DEGREES UP OTHER SPECIFICATION AS PER CHEIL JEDANG EXPORT STANDARD SPECIFICATION (PACKED IN 2-PLY KRAFT PAPER BAG WITH ONE INNER POLYTHENE LINER OF 30 KILOS NET PER BAG) MADE IN KOREA	Per Metric Tons 19.2MT	CNF QINGDAO，CHINA USD515.00	 USD9 888.00

640BAGS

CK CORPORATION
SIGNED BY ________

资料四：

Shipper/Exporter CK CORPORATION 10F. CHEL JEDANG BLDG，500 5-GA， NAMDAEMOON，CHUNG-KU，SEOUL 100-×××，KOREA					No. &Date of Invoice RONGCHENG0906－09 (JUN. 09，2009)
For Account& Risk of Messers GUANGHUA FOODSTUFF CO.，LTD RONGCHENG CITY，CHINA					
Notify Party SAME AS ABOVE					
Port of Loading INCHON，KOREA		Final Destination QINGDAO，CHINA		Remarks	
Carrier X-PRESS TOWER		Sailing on or about JUN，09，2009			
Marks and Number Of Pkgs	Description of Goods	Quantity	NET WEIGHT	GROSS WEIGHT	MEASURMENT

N/M	CONTRACT NO. CHKS2009/26 REFINED WHITE SUGAR POLARIZATION：99.8DEGREES UP OTHER SPECIFICATION AS PER CHEIL JEDANG EXPORT STANDARD SPECIFICATION (PACKED IN 2-PLY KRAFT PAPER BAG WITH ONE INNER POLYTHENE LINER OF 30 KILOS NET PER BAG)		19.2MT	19.392MT	

640BAGS

CK CORPORATION
SIGNED BY ________

资料五：

BILL OF LADING

<table>
<tr><td colspan="3">Shipper
CK CORPORATIN
10F. CHEL JEDANG BLDG，500 5-GA
NAMDAEMOON，CHUNG-KU，SEOUL
100-×××，KOREA</td><td colspan="3">B/L NO.
TYLUKS023289
Taiyong Shipping CO.，LTD</td></tr>
<tr><td colspan="3">Consignee
GUANGHUA FOODSTUFF CO.，LTD
RONGCHENG CITY，CHINA</td><td colspan="3" rowspan="2">COPY
NON-NEGOTIABLE
ALL TERMS，CONDITION
AND EXCEPTIONS AS PER
ORIGINAL BILL OF LADING
SURRENDERED</td></tr>
<tr><td colspan="3">Notify Party
SAME AS ABOVE</td></tr>
<tr><td>Pre-carriage</td><td colspan="2">Place of Receipt</td><td colspan="2">Flag
PANAMA</td><td>Place Delivery</td></tr>
<tr><td colspan="3">Ocean Vessel
X-PRESS TOWER</td><td colspan="3">Voyage No.
163w</td></tr>
<tr><td colspan="2">Port of Loading
INCHON，KOREA</td><td colspan="2">Port of Discharge
QINGDAO，CHINA</td><td colspan="2">For Transshipment to/
Final Destination</td></tr>
<tr><td>Container No. & Seal No. Marks and Number</td><td colspan="2">No. &Kind of pkgs/cntrs Description of Goods</td><td>NET WEIGHT</td><td>GROSS WEIGHT</td><td>MEASUR-MENT</td></tr>
<tr><td>N/M</td><td colspan="2">1X20′ DC
(640BAGS) SHIPPER
LOAD&CONTAIN
SAID TO CONTAIN
GESU2822140/219715 (20DC)
CONTRACT NO. CHKS2009/26
REFINED WHITE SUGAR
POLARIZATION：99.8DEGREES UP
OTHER SPECIFICATION AS PER
CHEIL JEDANG EXPORT STANDARD
SPECIFICATION</td><td>19 200KG</td><td>19 392KG</td><td></td></tr>
</table>

(PACKED IN 2-PLY KRAFT PAPER BAG
WITH ONE INNER POLYTHENE LINER
OF 30 KILOS NET PER BAG)
640BAGS SAY：ONE（1）CONTAINER ONLY.

实训题：

请根据资料判断报关单中哪些项目填写错误，并说明理由。

能力三　特定减免税货物报关

实训目的

通过对下列业务情境的实操演练，应该达到以下操作技能训练目标：

1. 正确理解特定减免税货物的基本特征；
2. 对特定减免税货物的报关程序可以正确运用设计出特定减免税货物进口业务流程图；
3. 对减免税货物证明的申请和使用能够正确准备有关文件和办理相关手续；
4. 对监管期满的特定减免税货物能够办理解除监管的手续。

项目六

资料一：

济南海顺电机有限公司（海关注册编码3701917226）属已在海关办理项目备案的国家鼓励发展的内资企业，于2008年10月进口整形刻印机两台（法定计量单位：台）及定子滚圆机一台（法定计量单位：台）。由于正在办理该批货物的减免税审批手续，经主管海关批准，该公司向进境地海关以保证金形式提交担保，并承诺在规定期限内提交征免税证明。

资料二：

中华人民共和国海关进口货物报关单

预录入编号：　　　　海关编号：

<table>
<tr><td colspan="2">进口口岸</td><td colspan="2">（A）备案号</td><td>进口日期</td><td>（B）申报日期</td></tr>
<tr><td colspan="2">（C）经营单位
济南海顺电机有限公司3701917226</td><td colspan="2">（D）运输方式
水路运输</td><td>（E）运输工具名称
DONTAIFORTUNE/007N</td><td>（F）提运单号
KEEQNDF23649K13</td></tr>
<tr><td colspan="2">收货单位</td><td colspan="2">（G）贸易方式
一般贸易</td><td>（H）征免性质
其他法定</td><td>征税比例</td></tr>
<tr><td colspan="2">许可证书</td><td colspan="2">（I）起运国（地区）
台澎金马关税区</td><td>（J）装货港
基隆</td><td>境内目的地</td></tr>
<tr><td>批准文号</td><td colspan="2">（K）成交方式
CIF</td><td>运费</td><td>保费</td><td>（L）杂费
502/-20232/3</td></tr>
</table>

<table>
<tr><td>合同协议号</td><td>件数</td><td>（M）包装种类
纸箱</td><td>毛重（千克）</td><td>净重（千克）</td></tr>
<tr><td>（N）集装箱号
0</td><td colspan="3">随附单据</td><td>（O）用途
其他内销</td></tr>
<tr><td colspan="5">标记唛码及备注</td></tr>
<tr><td colspan="5">（P）项号　商品编号　商品名称、规格型号　数量及单位（Q）原产国（地区）（R）单价（S）总价　币制（T）征免</td></tr>
<tr><td colspan="5">1　台澎金马关税区　17 750.00　35 500.00　全免
2　台澎金马关税区　31 940.00　21 940.00　全免</td></tr>
<tr><td colspan="5">税费征收情况</td></tr>
<tr><td colspan="3">录入员 录入单位 兹声明以上申报无讹并承担法律责任
报关员
申报单位（签章）
单位地址
邮编　电话　填制日期</td><td colspan="2">海关审单批注放行日期（签章）
审单　审价
征税　统计
查验　放行</td></tr>
</table>

资料三：

HO HONG JUNG AUTOMATION CO.，LTD
NO. 142，PANSHIN RD.，PANCHIAO CITY，TAIPEI

COMMERCIAL　INVOICE

NO.　05100501　　Dated　OCT. 05，2008

Invoice of　MACHINE

For account and risk of Messrs.　JIAN HISHUN ELECTROMOTOR CO.，LTD.
NO. ×××，×××ROAD，JIAN CITY，SHANDONG，CHINA

L/C No.　LC51B0003505　　Contract No.　JNHS (I) 080602

Shipped by　HO HONG JUNG AUTOMATION CO.，LTD

From　KEELUNG　TAIWA N to QINGDAO per　DONTAI FORTUNE V−007N

Sailing on/about　OCT 12 2008

Marks	Description	Quantity	Unit　Price	Amount
			CIF QINGDAO	

JNHS (I) 080602 FORMING AND STAMPING 2SET $17 750.00 35 500.00
MACHINE SPIN FORMING
QINGDAO CHINA MACHINE 1SET $ 31 940.00 31 940.00C/NO. 1-3
MADE IN TAIWAN
TOTAL AMOUNT…USD 67 440.00
-T/T AMOUNT… USD 20 232.00
L/C AMOUNT DUE…USD47 208.00

SAY TOTAL US DOLLARS SIXTY SEVEN THOUSAND FOUR HUNDRED FORTY ONLY.
DRAWN UNDER: BANK OF CHINA (SHANDONG BRANCH) QINGDAO CN
L/C NO. LC51B0003505 Dated: 080928

HO HONG JUNG AUTOMATION CO., LTD

Authorized Signature

资料四:

HO HONG JUNG AUTOMATION CO., LTD
NO. 142, PANSHIN RD., PANCHIAO CITY, TAIPEI

PACKING LIST/WEIGHT MEMO

NO. 05100501 Dated OCT. 05, 2008
Packing list of MACHINE
For account and risk of Messrs. JIAN HISHUN ELECTROMOTOR CO., LTD.
NO. ×××, ×××ROAD, JIAN CITY, SHANDONG, CHINA
L/C No. LC51B0003505 Contract No. JNHS (I) 080602
Shipped HO HONG JUNG AUTOMATION CO., LTD
From KEELUNG to QINGDAO Per DONTAI FORTUNE V-007N
Sailing on/about OCT 12 2008

Packing No.	Description	Quantity	N. W. (kg)	G. W. (kg)	Meas'
1-2	FORMING AND STAMPING MACHINE ACCESSORIES×1BOX	@1SET	@1 830.00	@1 970.00	
3	SPIN FORMING MACHINE	2SET	3 660.00	3 940.00	
	ACCESSORIES×1 BOX	1SET	630.00	698.00	
TOTAL	3 CRTS	3SET	4 290.00kg	4 638.00kg	

SAY TOTAL THREE (3) CRATES ONLY.

Marks&Nos.

JNHS·(I) 080602
QINGDAO CHINA
C/NO. 1-3
MADE IN TAIWAN

MUNUFATURER：HO HONG JUNG AUTOMATION CO.，LTD

HO HONG JUNG AUTOMATION CO.，LTD

Authorized Signature

资料五：

Shipper 托运人
DOLPHIN LOGISTICS CO.，LTD

提单编号
B/LNO. KEEQNDF23649K13

Consignee 收货人
DOLPHIN LOGISTICS CO.，LTD. -QINGDAO BRANCH
F1609 NORTH GOLDEN PLAZA，20MIDDLE HONGKONG ROAD，
QINGDAO，CHINA
T：532-8502×××× F：8502××××

PANDA
INT'L TRANSPORTATION CO.，LTD

提 单

Notify party 通知人
SAME AS CONSIGNEE

BILL OF LADING

Vessel（船名） DONGTAI FORTUNE		Voy No. 航次 007N		
Port of Loading 装货港 KEELUNG		Port of Discharge 卸货港 QINGDAO		Date of Departure 开航日期 OCT. 12，2008
标记及编号 Marks&Nos.	件数 No. of Packages	包装式样 Packing	毛重 Gross Weight	货物名称 Description of Goods
JNHS (I) 80602 QINGDAO CHINA C/NO. 1-3 MADE IN TAIWAN	3	GRATES	4 638.00kg	FORMING AND STAMPING MACHING 2SETS SPIN FORMING MACHINE 1SET
Remarks 附记：				

<table>
<tr><td>No. of Original B (S) /L
正本提单份数
THREE (3)</td><td>Place and Date of Issue
签发地及签发期
TAIPEI
OCT. 10, 2008</td><td rowspan="2">PAND INT'L TRANSRTATION CO., LTD</td></tr>
<tr><td colspan="2">本提单签发正本份数如上，其中任何一份经背书作提货用后，其余即无效。
本提单是在装货前签发，所装货物均须以落货收据/货物报告批注为准。</td></tr>
</table>

实训题：

1. 该企业应该按照哪种特定货物向哪里申请减免税备案?
2. 根据有关业务背景资料，设计进口业务流程，包括征免税备案流程、报关流程等。
3. 根据业务资料，修改进口货物报关单，并说明理由。

能力四　其他海关监管货物报关

实训目的

通过对下列业务情境的实操演练，应该达到以下操作技能训练目标：

1. 对其他海关监管货物中的不同类型货物有基本清楚的认识；
2. 对退运进口货物能够判断准确，并对其申报进口时的单据使用正确掌握；
3. 从保税仓库提取货物，学会填写相应报关单。

项目七

资料一：

中商华联贸易有限公司（海关注册编码 1102918123）代理湖南长沙家佳纺织有限责任公司（海关注册编码 4301962104）进口未梳棉花（法定检验检疫商品，法定计量单位为千克）。货物系合同卖方台湾某公司在 2008 年 4 月于棉花原产国采购后运输进境并存放于某公用型保税仓库。2008 年 8 月，华联公司与台湾公司签订合同后，自上述保税仓库提取合同约定数量棉花出库并办理进口报关手续，申报时华联公司向海关提交编号为 B43020080505007 的“关税配额外优惠税率进口棉花配额证”（监管证件代码：E)。海关放行后，华联公司安排将货物运至境内目的地，交由家佳公司用于生产内销成品。

资料二：

SHARPINVEST INTERNATIONAL LIMITED

NO. 61. SEC ZHONG XING RD，WUGU HSIANG，TAIPEI，TAIWAN

Tel：0086-2-8976-××××　　Fax：00886-2-8976-××××

INVOICE & PACKING LIST

CONTRACT NO.：　CS02580786H-1　　　DATE：08 JULY 2008

INVOICE NO.：　CS02580786H-1-A　　DATE：18 JULY 2008
BUYER：　CHINA COMMERCE HUALIAN TRADING CO.，LTD.
ROOM225，NO. 3 BUILDING，NO. 23 XICHENG DISTRICT，
FUXINGMENNEI STREET，BEIJING，CHINA
DESCRIPTION：　INDIAN RAW COTTON，SHANKAR-6
CROP 2007/2008 G5 STAPLE 1-1/8″
QUANTITY：　374. 761 MTS（826206. 58NET LBS）
PACKING：　STANDARD EXPORT PACKING
PRICE：　USD0. 7657PER LB NET WEIGHT CIF QINGDAO PORT，CHINA
REIMBURSEMENT：BY T/T FOR FULL INVOICE VALUE

QUANTITY SHIPPED：	GROSS	100. 297. 00	kg
	TARE	360. 00	kg
	NET	99. 937. 00	kg
	BALES	600	

WEIGHT BASIS：　CIQ QUALITY AND NET LANDED WEIGHT FINAL
SALE VALUE OF GOODS：USD 168701. 60

SHARPINVEST INTERNATIONAL LIMITED

____

Authorized Signature

资料三：

中华人民共和国海关进口货物报关单

预录入编号：18800087　　　　海关编号：421820081188087

进口口岸 青岛开发区 4218	备案号 K42185D0012	进口日期 20080330	申报日期 20080414
经营单位 中国外运山东有限公司 370291D903	运输方式 水路运输	运输工具名称 CONTI HARMONY/00810N	提运单号 NQK005306
收货单位 青岛中外运物流公用型保税仓库 370291D903	贸易方式 保税仓库货物	征免性质	征税比例
许可证书	起运国（地区） 印度	装货港 加尔各答	境内目的地 青岛

批准文号	成交方式 FOB	运费 502/8250/3	保费 0. 3/1	杂费

<table>
<tr><td>合同协议号</td><td>件数
2 250</td><td>包装种类
包</td><td>毛重（千克）
376 111</td><td>净重（千克）
374 671</td></tr>
<tr><td>集装箱号
TCKU9944384/
40/3900</td><td colspan="3">随附单据
A：××××××××××××××××</td><td>用途
其他</td></tr>
<tr><td colspan="5">标记唛码及备注
×××××××××</td></tr>
</table>

(P)项号	商品编号	商品名称、规格型号	数量及单位 (Q)	原产国(地区) (R)	单价 (S)	总价 (T)	币制	征免
1	52 010 000.01	未梳的棉花 1-1/8″3.5-4.9NCL	374 671 千克	印度	1.403 2	525 875.09	美元	全免

<table>
<tr><td colspan="3">税费征收情况</td></tr>
<tr><td>录入员 录入单位</td><td rowspan="3">兹声明以上申报无讹并承担法律责任

申报单位（签章）</td><td>海关审单批注放行日期（签章）</td></tr>
<tr><td>报关员</td><td>审单　　审价</td></tr>
<tr><td>单位地址</td><td>征税　　统计</td></tr>
<tr><td colspan="2">邮编　　电话　　填制日期</td><td>查验　　放行</td></tr>
</table>

资料四：

<table>
<tr><td colspan="2">Shipper
M/S KHIMJI VISRAM&SONS（COMM，DEPT）
23，MITTAL CHAMBERS，228，NARIMAN POINT，MUMBAI-400021，INDIA</td><td rowspan="2">Book No. NQK0018209　B/LNO. NQK005306

NORASIA CONTAINER LINES

BILL OF LADING
FOR PORT TO PORT AND INTERMODAL SHIPMENT</td></tr>
<tr><td colspan="2">Consignee
TO ORDER OF NOBLE RESOURCES PTE LTD.</td></tr>
<tr><td colspan="2">Notify Party
QINGDAO SINOTRANS LOGISTICS CO.，LTD
HUANGHE EAST ROAD，HUANGDAO DISTRICT，QINGDAO，CHINA</td><td>Forwarding Agent-References
EMEM FREIGHT FORWARDERS</td></tr>
<tr><td>Pre-carriage By</td><td>Place of Receipt
CALCUTTA，INDIA</td><td>Vessel/Voy
CONTI HARMONY /00810N</td></tr>
<tr><td>Port of Loading
CALCUTTA，INDIA</td><td>Port of Transshipment</td><td rowspan="2">Domestic Routing/Export Instructions

INMUN-CNTAO BLG-CONTI HARMONY/00810/N</td></tr>
<tr><td>Port of Discharge
QINGDAO，CHINA</td><td>Place of Delivery
QINGDAO，CHINA</td></tr>
<tr><td colspan="3">PARTICULARS DECLARED BY SHIPPER BUT NOT ACKNOWLEDGED BY THE CARRIER</td></tr>
</table>

<table>
<tr><td>Marks& Nos.</td><td>Number & Kind of Packages</td><td>Description of Goods</td><td>Gross Weight (kg)</td><td>Measurement (M³)</td></tr>
<tr><td></td><td>15</td><td></td><td></td><td>376 111.00</td></tr>
<tr><td colspan="1">TCKU9944384
SN：769196
QTY：150
CY/CY
FCL/FCL
TW：3 900.00
GW：25 074.50

TCKU9491312
SN：769162
QTY：150
CY/CY
FCL/FCL
TW：3 900.00
GW：25 074.50

TCNU9600871
SN：769159
QTY：150
CY/CY
FCL/FCL
TW：3 900.00
GW：25 074.50</td><td colspan="4">HIGH CUBE 40' CONTAINER
SAID TO CONTAIN
2 250 BALES
INDIAN RAW COTTON 2007/2008 CROP
LOT NO. 1902～1921，2279～2284，2453～2465，2528～2530
S/BILL NO. 6188796/6189024 03. 03. 2008

* * * * NOTIFY PARTY * * * * *
NOBLE RESOURCES PTE，LTD.
460 Alexandra Road，#26-06PSA Building Singapore 119963
Agent Address：CSAV Group Agencies (Hong Kong) Limited (Qingdao)
Street：3/F Nanhai Road，Gaoosca Building，Qingdao，Chin

SHIPPER'S LOAD，STOW，COUNT AND SEALED
FREIGHT PREPAID
SHIPPED ON BOARD

Continued on Appendix to BL Nr NQK005306</td></tr>
<tr><td colspan="5">Total No. of Containers
Or Packages (In Words)：　15×40' HQ CONTAINER ONLY</td></tr>
<tr><td colspan="2" rowspan="2">Forwarding Agent References
NORASIA CONTAINER LINES LIMITED
As Carrier</td><td colspan="3">Date Laden on Board</td></tr>
<tr><td colspan="3">Place and Date of B (S) /L Issue
Mumbai，India 13/03/2008</td></tr>
<tr><td colspan="2" rowspan="2">Freight and Charges

FREIGHT PREPAID AS ARRANGED</td><td colspan="3">No. of Original B/L Issued
THREE (3)</td></tr>
<tr><td colspan="3">STAMP AND SIGNATURE OF THE CARRIER OR ITS AGENT</td></tr>
</table>

实训题：

1. 根据业务背景，判断中商华联公司代理长沙家佳公司进口棉花与原进口货物有什么关系？

2. 填制华联公司将棉花提取出库转为正式进口前的进口报关单。

项目八

资料一：

2007 年 5 月，杭州凌云文具有限公司（3301944018）出口自产打孔机一批，出口报关单号 310420070546636188，出口收汇核销单号 039997791。货到目的地后客商检验发现货物存在质量问题，双方协商同意将货物退回凌云公司。2007 年 10 月，该批打孔机铁件与凌云公司自同一客商购买的旧电焊机同批进境（运费共计 3 300 美元），在向口岸海关办理转关手续（转关申报单编号@0731049999505171）后，运抵指运地海关办理正式进口报关手续。

电焊机属自动进口许可证管理商品，为凌云公司投资内进口减免税货物。

资料二：

ACCO BRANDS Corporation
300 Tower Parkway
Lincolnshire，IL 60069-3604
www. accobrands. com

COMMERCIAL INVOICE

INVOICE NO.：NGBAO7011　　　　DATE：Sep. 1，2007

CONSIGNED TO： HANGZHOU UNITOP STATIONERY CO.，LTD. RIVER HILL ROAD HANGZHOU，ZHEJIANG，CHINA		
SHIPPED PER OCEAN VESSEL	SAILING ON OR ABORT Sep. 3，2007	
FROM LONG BEACH，USA	TO NINGBO，CHINA	

DESCRIPTION	Qty	P′kg	G. W	N. W	UNIT PRICE	AMOUNT
1. Welding machines (used) 2. Punch metal parts-Returned cargo，Price for customs declaration only	8 set 40 400pcs	16 pallets 2 cases	16 000kg 1 600kg	15 600kg 1 500kg	FCA NOGALES @$17 100 @$0. 15	$136 800 $6 060

Country of Origin：USA

ACCO BRANDS Corporation

____

Authorized Signature

资料三：

Shipper ACCO Brands US LLC. 300 Tower Parkway Lincolnshire. IL	B/L NO.： K"K"LINE KAWASAKI KISSN KAISHA，LTD BILL OF LADING
Consignee Hangzhou Union Stationery Co.，Ltd. River Hill Road，Hangzhou，China	
Notify party Same as Consignee	Forwarding Agent Reference

<table>
<tr><td colspan="2">Pre-carriage By</td><td colspan="2">Place of Receipt
NOGALES</td><td colspan="2" rowspan="2">Point and Country of Origin
NOGALES，US</td></tr>
<tr><td colspan="2">Vessel/Voyage
ROTTERDAM
BRIDGE v. 226w</td><td colspan="2">Port of Loading
LONG BEACH</td></tr>
<tr><td colspan="2">Port of Discharge
NINGBO</td><td colspan="2">Place of Delivery</td><td colspan="2">Type of Movement
DOOR/CY</td></tr>
<tr><td colspan="6">PARTICULARS FURNISHED BY SHIPPER</td></tr>
<tr><td>Container&Seal No.</td><td>Number&Kind of Packages</td><td colspan="2">Description of Good</td><td>Gross Weight (kg)</td><td>Measurement (m^3)</td></tr>
<tr><td>KKFU7044043
6 794

PRSU2208522
6 531</td><td></td><td colspan="2">1×40' Container（6794）
12pallets of used machinery
XTN＃265705100-NINGO-40FT

1×20' Container（6531）
6p'kg of used machinery and parts of other machines
XTN＃265705100-NINGO-20FT

Shipper's Load Stow and Count</td><td>12 000

5 600</td><td>24.82

9.75</td></tr>
<tr><td colspan="6">Total No. ——of Containers Or Packages（In Words）：
SIXTEEN PALLETS AND TWO WOODEN CASES</td></tr>
<tr><td colspan="3">Date Ladon on Board
September 03，2007</td><td colspan="3">Place and Date of B（S）/L Issue
RICHMOND，VA
September 03，2007</td></tr>
<tr><td colspan="3" rowspan="2">Freight and Charges
FREIGHT PREPAID AS ARRANGED</td><td colspan="3">No. of Original B/L Issued
THREE（3）</td></tr>
<tr><td colspan="3">STAMP AND SIGNATURE OF THE CARRIER OR ITS AGENT
“K” Line America，Inc.</td></tr>
</table>

实训题：

1. 退运的打孔机铁件和旧电焊机能否在同一份报关单中申报进境？
2. 如果需要分单填报，请分别为两种货物填制进口报关单。
3. 打孔机铁件属于退运货物的哪一种？如果该货物还未收汇，应如何办理退运进口手续？
4. 该批进口货物属于哪种转关方式？其转关的报关程序应如何操作？

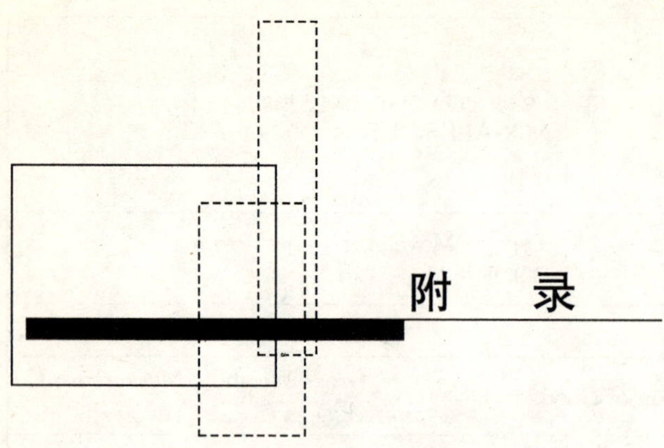

附 录

附录一　各单元能力鉴定分值分配与学时分配建议

<table>
<tr><th rowspan="2">序号</th><th rowspan="2">能力单元名称</th><th colspan="5">能力鉴定分值</th><th rowspan="2">学时分配建议</th></tr>
<tr><th>参加学习</th><th>能力训练</th><th>集中测试</th><th>实训操作</th><th>合计</th></tr>
<tr><td>1</td><td>报关基础知识讲解</td><td>1</td><td>2</td><td>7</td><td></td><td>10</td><td>10</td></tr>
<tr><td>2</td><td>认识对外贸易管制制度</td><td>1</td><td>2</td><td>9</td><td></td><td>12</td><td>8</td></tr>
<tr><td>3</td><td>一般进出口货物报关</td><td>2</td><td>4</td><td>9</td><td></td><td>15</td><td>6</td></tr>
<tr><td>4</td><td>保税加工货物报关</td><td>2</td><td>4</td><td>12</td><td></td><td>18</td><td>10</td></tr>
<tr><td>5</td><td>保税物流货物报关</td><td>2</td><td>4</td><td>9</td><td></td><td>15</td><td>10</td></tr>
<tr><td>6</td><td>其他进出口货物报关</td><td>1</td><td>2</td><td>15</td><td></td><td>18</td><td>8</td></tr>
<tr><td>7</td><td>进出口税费的计算</td><td>1</td><td>2</td><td>9</td><td></td><td>12</td><td>8</td></tr>
<tr><td></td><td>小计</td><td>10</td><td>20</td><td>70</td><td></td><td>100</td><td>60</td></tr>
<tr><td>8</td><td>报关综合实训（独立）</td><td>20</td><td></td><td></td><td>80</td><td>100</td><td>28</td></tr>
<tr><td></td><td>机动</td><td></td><td></td><td></td><td></td><td></td><td>4</td></tr>
<tr><td></td><td>合计</td><td></td><td></td><td></td><td></td><td></td><td>92</td></tr>
</table>

附录二 报关员国家职业标准（试行）

1. 职业概况

1.1 职业名称

报关员。

1.2 职业定义

从事向海关办理进出口货物的申报及相关事宜的人员。

1.3 职业等级

本职业共设三个等级，分别为：助理报关师（国家职业资格三级）；报关师（国家职业资格二级）；高级报关师（国家职业资格一级）。

1.4 职业环境

室内、外，常温。

1.5 职业能力特征

具有一定的计算能力；具有较强的学习能力、逻辑思维能力；具有较强的表达能力和沟通协调能力。

1.6 基本文化程度

高中毕业（或同等学力）。

注：根据海关行政许可要求，从2008年起报关员资格核准学历条件为大学专科（或同等学力）及以上学历。

1.7 培训要求

1.7.1 培训期限

全日制高等教育、职业技术教育，根据其培养目标和教学计划确定。晋级培训期限：助理报关师不少于100标准学时；报关师不少于120标准学时；高级报关师不少于120标准学时。

1.7.2 培训教师

培训助理报关师的教师应具有本职业报关师及以上职业资格证书或相关专业中级及以上专业技术职务任职资格；培训报关师的教师应具有本职业高级报关师及以上职业资格证书或相关专业高级任职资格；培训高级报关师的教师应具有本职业高级报关师职业资格证书2年以上或相关专业高级专业技术职务任职资格。

培训教师应具备系统的专业知识，以及在报关业务或海关管理岗位的工作经验或教学经验。培训教师由负责报关员职业资格考评工作的有关部门进行资格认定。

1.7.3 培训场地设备

具有电教设备的标准教室；有专门的网上培训条件。

1.8 鉴定要求

1.8.1 适用对象

经海关注册从事本职业的人员。

1.8.2　申报条件

——助理报关师（具备以下条件之一者）

（1）连续从事本职业工作 6 年以上。

（2）连续从事本职业工作 4 年以上，经本职业助理报关师正规培训达规定标准学时数，并取得结业证书。

（3）具有以高级技能为培养目标的高级技工学校、技师学院和职业技术学院本专业或相关专业毕业证书。

（4）具有本专业或相关专业大学专科及以上学历证书。

（5）具有其他专业大学专科及以上学历证书，连续从事本职业工作 1 年以上。

（6）具有其他专业大学专科及以上学历证书，经本职业助理报关师正规培训达规定标准学时数，并取得结业证书。

——报关师（具备以下条件之一者）

（1）连续从事本职业工作 13 年以上。

（2）取得本职业助理报关师职业资格证书后，连续从事本职业工作 5 年以上。

（3）取得本职业助理报关师职业资格证书后，连续从事本职业工作 4 年以上；经本职业报关师正规培训达规定标准学时数，并取得结业证书。

（4）具有本专业或相关专业大学本科学历，连续从事本职业工作 5 年以上。

（5）具有其他专业大学本科学历，连续从事本职业工作 6 年以上。

（6）具有大学本科学历，取得本职业助理报关师职业资格证书后，连续从事本职业工作 4 年以上。

（7）具有大学本科学历，取得本职业助理报关师职业资格证书后，连续从事本职业工作 3 年以上；经本职业报关师正规培训达规定标准学时数，并取得结业证书。

（8）取得硕士研究生及以上学历证书后，连续从事本职业工作 2 年以上。

——高级报关师（具备以下条件之一者）

（1）连续从事本职业工作 19 年以上。

（2）取得本职业报关师职业资格证书后，连续从事本职业工作 4 年以上。

（3）取得本职业报关师职业资格证书后，连续从事本职业工作 3 年以上；经本职业高级报关师正规培训达规定标准学时数，并取得结业证书。

（4）取得大学本科学历，连续从事本职业或相关职业工作 13 年以上。

（5）具有硕士、博士研究生学历，连续从事本职业或相关职业工作 10 年以上。

注：相关专业是指行政管理（海关管理方向）、海关管理、海关法、海关稽查、关税学、海关监管与贸易安全、海关国际公约和条约、应用英语（经贸英语方向）、国际商务、国际贸易实务、国际经济与贸易、国际货物运输、物流管理。

1.8.3　鉴定方式

分为理论知识考试和专业能力考核。理论知识考试采用闭卷笔试，计算机网络考试等方式；专业能力考核采用现场实际操作或模拟方式。理论知识考试和专业能力考核均采用百分制，成绩皆达到 60 分及以上者为合格。报关师、高级报关师还须进行综合评审。

1.8.4　考评人员与考生配比

理论知识考试考评人员与考生配比为 1∶20，每个标准教室不少于 2 名考评人员；专业能力考核考评人员与考生配比为 1∶15，且不少于 3 名考评人员；综合评审委员不少于 5 人。

1.8.5 鉴定时间

理论知识考试时间为 90 分钟，专业能力考核时间不少于 60 分钟，综合评审时间不少于 30 分钟。

1.8.6 鉴定场所设备

理论知识考试在标准教室进行。专业能力考核在报关作业现场或具备计算机和网络设备的模拟场所进行。

2. 基本要求

2.1 职业道德

2.1.1 职业道德基本知识

2.1.2 职业守则

(1) 遵纪守法。

(2) 廉洁自律。

(3) 爱岗敬业。

(4) 诚信服务。

(5) 团结协作。

2.2 基础知识

2.2.1 对外贸易基础知识

(1) 进出口合同基本格式。

(2) 进出口合同的标的。

(3) 国际贸易术语、商品价格。

(4) 对外贸易支付。

(5) 进出口货物交付。

(6) 进出口单证。

2.2.2 国际物流基础知识

(1) 物流的基本概念。

(2) 国际物流系统基本知识。

2.2.3 进出口贸易管理基础知识

(1) 货物进出口许可制度。

(2) 货物进出口许可措施、许可证件及报关规范。

(3) 对外贸易救济措施。

2.2.4 报关单位、报关员海关注册登记管理基础知识

(1) 进出口货物收发货人海关注册登记管理。

(2) 报关企业海关注册登记管理。

(3) 报关员海关注册登记管理。

2.2.5 进出口货物通关制度基础知识

(1) 进出口货物基本通关制度（一般进出口货物、保税加工和保税物流货物、特定减

免税货物、暂时进出境货物海关通关制度)。

(2) 进出口货物转关制度。

(3) 进出口货物海关事务担保制度。

(4) 知识产权海关保护制度。

(5) 海关通关作业流程基本知识。

(6) 海关物流监控基本知识。

2.2.6 进出口税费基础知识

(1) 进出口关税。

(2) 进口环节海关代征税。

2.2.7 进出口商品归类和原产地管理基础知识

(1) 进出口商品基础知识。

(2)《协调制度》归类总规则。

(3) 进出口税则和海关统计商品目录的基本结构。

(4) 进出口商品原产地管理基本知识。

2.2.8 相关法律、法规知识

(1) 相关海关法律、行政法规、规章和规范性文件。

(2) 相关对外贸易法律、行政法规、规章。

(3) 相关出入境商品检验、检疫法律、行政法规。

2.2.9 报关业务常用文书写作知识

(1) 函的写作知识。

(2) 担保文书写作知识。

2.2.10 报关常用英语

(1) 进出口合同常用英语。

(2) 进出口单证常用英语。

3. 工作要求

本标准对助理报关师、报关师、高级报关师的技能要求依次递进,高级别涵盖低级别的要求。

3.1 助理报关师

职业功能	工作内容	技能要求	相关知识
一、报关单证准备与管理	(一)报关随附单证及相关信息的获取	1. 能够获取与申报货物相关的成交、包装、运输、结算等单证 2. 能够获取与申报货物相关的进出境贸易管理许可证件 3. 能够获取与申报货物相关的海关备案、核准、审批单证 4. 能够获取申报货物的具体信息 5. 能够办理申报前看货取样手续并确定报关信息	1. 进出口成交、包装、运输、结算单证知识 2. 海关监管证件基本知识 3. 进出口商品常识 4. 出入境商品检验检疫知识 5. 申报前看货取样海关管理知识

续前表

职业功能	工作内容	技能要求	相关知识
一、报关单证准备与管理	（二）报关随附单证及相关信息的审核	1. 能够确认报关随附单证的有效性 2. 能够确认报关随附单证的对应关系 3. 能够判断申报货物商品价格的合理性 4. 能够根据报关随附单证确认货物的完税价格组成 5. 能够根据报关随附单证确认申报货物的海关监管方式和征免性质	1. 申报货物完税价格的组成知识 2. 进出口商品价格常识 3. 海关监管方式、征免性质的知识
	（三）报关单填制	1. 能够选择适用的纸质报关单 2. 能够填制进口货物报关单 3. 能够填制出口货物报关单 4. 能够填制保税区、出口加工区等海关特殊监管区域进出境货物备案清单 5. 能够填制转关运输货物申报单 6. 能够填制进出境快件报关单	1. 报关单填制规范 2. 进出口商品申报规范 3. 计量单位的换算知识 4. 海关通关信息化系统常用参数代码
	（四）单证管理	1. 能够对需存档的报关单证进行分类、整理、保管 2. 能够交接报关单证资料 3. 能够记录保存委托报关单位的基本资料	档案管理常识
二、报关作业实施与管理	（一）现场作业实施与管理	1. 能够进行电子数据报关单的录入、发送、查询与打印 2. 能够按规定使用企业报关印章、海关IC卡和报关员证等报关用证、章办理报关手续 3. 能够按规定提交纸质报关单和随附单证 4. 能够办理报关单的修改、撤销手续 5. 能够根据海关查验货物的要求进行搬移、开拆、重封包装、提取样品作业和确认海关查验记录 6. 能够办理进出口税费缴纳手续 7. 能够办理进出口货物海关审结后的放行手续 8. 能够办理报关单证明联和进、出口货物证明书的申领签发手续 9. 能够办理进出口货物的转关运输手续	1. 进出口货物申报知识 2. 海关电子通关系统知识 3. 进出口货物海关查验知识 4. 货物装卸安全知识 5. 进出口税费缴纳知识 6. 进出口货物海关放行知识 7. 国家出口收汇、进口付汇管理知识 8. 进出口货物转关知识 9. 海关对报关员记分考核管理知识 10. 报关单修改、撤销知识

续前表

职业功能	工作内容	技能要求	相关知识
二、报关作业实施与管理	（二）报批、报核作业实施与管理	1. 能够办理加工贸易企业海关联网监管手续 2. 能够办理加工贸易合同备案、备案变更、备案延期手续 3. 能够办理加工贸易外发加工、异地加工申请手续 4. 能够办理加工贸易的退运、退换、内销、放弃、结转手续 5. 能够办理加工贸易深加工结转手续 6. 能够办理加工贸易合同核销手续 7. 能够办理货物进出海关保税场所、海关特殊监管区域和其他海关监管场所申请手续 8. 能够办理特定和临时减免税货物的减、免税申请手续 9. 能够办理暂时进出境货物的核准申请、销案手续	1. 加工贸易企业海关联网监管知识 2. 加工贸易合同备案、核销知识 3. 加工贸易料件、制成品、残次品、副产品的海关处理知识 4. 海关对加工贸易深加工结转的管理知识 5. 海关对保税货物场所和海关特殊监管区域的管理知识 6. 进口货物减、免税手续 7. 进出口货物海关结关知识 8. 海关对暂时进出境货物的管理知识 9. 行政许可法基本知识
三、报关核算	（一）应税货物完税价格核算和税费计算	1. 能够使用成交价格估价方法核算应税货物的完税价格 2. 能够使用相同或类似货物成交价格估价方法核算应税货物的完税价格 3. 能够计算应税货物的关税税额 4. 能够计算应税货物的进口环节海关代征税税额 5. 能够计算进出口税款退还、补征、追征金额	1. 成交价格估价方法 2. 相同或类似货物估价方法 3. 进出口税费计算知识
	（二）滞报金、滞纳金、保证金和缓税利息的计算	1. 能够计算滞报金金额 2. 能够计算滞纳金金额 3. 能够计算保证金金额 4. 能够计算加工贸易缓税利息金额	1. 滞报金、滞纳金的确定原则 2. 保证金的确定原则 3. 加工贸易缓税利息海关征收原则
四、进出口商品归类与原产地确定	（一）进出口商品归类信息收集	能够获取、整理海关商品归类管理信息	1. 海关商品归类决定 2. 海关商品归类行政裁定 3. 海关商品预归类决定
	（二）进出口商品编码确定	根据《中华人民共和国进出口税则》、《进出口税则商品及品目注释》、《中华人民共和国进出口税则本国子目注释》及海关发布的商品归类决定、裁定等明确规定进出口商品编码	1. 进出口税则—统计商品及品目注释 2. 进出口税则—统计商品本国子目注释
	（三）进出口货物原产地确定	能够根据非优惠原产地规则确定进口货物的原产地	非优惠原产地规则

续前表

职业功能	工作内容	技能要求	相关知识
五、报关事务管理	（一）报关资格管理	1. 能够办理报关单位海关注册登记、变更、延续、注销手续 2. 能够办理报关员海关注册登记、变更、延续、注销手续 3. 能够办理报关员证、卡遗失补证的手续	海关对报关单位、报关员的管理知识
	（二）报关事务异常情况处理	1. 能够对报关过程中的异常情况进行应急处理 2. 能够撰写异常情况报告	突发事件处理知识

3.2　报关师

职业功能	工作内容	技能要求	相关知识
一、报关单证准备与管理	（一）报关单证准备	1. 能够审核、签署报关委托协议 2. 能够提出申报货物的单证准备方案 3. 能够甄别申报货物报关单证的真实性	1. 委托代理知识 2. 报关单证缮制知识
	（二）报关单证复核	能够对报关单及随附单证进行复核和确认	1. 报关单各栏目的设置目的及相互间的逻辑关系知识 2. 报关单与报关随附单证的对应关系知识
二、报关作业实施与管理	（一）报批、报核作业实施与管理	1. 能够办理海关价格质疑、磋商手续 2. 能够办理海关事务担保、销案手续 3. 能够办理特定减免税货物解除海关监管手续 4. 能够办理进出口税费的退、补手续 5. 能够根据海关下厂核查的要求准备相关资料并办理相关手续 6. 能够根据海关稽查的要求准备相关资料并办理相关手续 7. 能够根据海关对涉嫌走私违规案件调查的要求配合取证 8. 能够办理海关特殊监管方式报关货物的核准申请、销案手续	1. 海关价格质疑、磋商知识 2. 海关事务担保知识 3. 特定减免税货物解除海关监管知识 4. 进出口税费退补知识 5. 海关下厂核查知识 6. 海关稽查知识 7. 海关调查知识 8. 海关特殊监管方式货物的核准申请、销案知识
	（二）报关质量控制管理	1. 能够统计并监控报关工作差错，提出改进方案 2. 能够收集报关工作差错典型案例，提出防范措施	1. 案例的收集与分析方法知识 2. 质量体系控制知识

续前表

职业功能	工作内容	技能要求	相关知识
三、报关核算	(一) 应税货物完税价格核算	1. 能够使用倒扣价格估价方法核算应税货物完税价格 2. 能够使用计算价格估价方法核算应税货物完税价格 3. 能够使用合理方法核算应税货物完税价格 4. 能够核算特殊进口货物的完税价格 5. 能够办理进出口货物的海关预审价手续	1. 倒扣价格估价方法 2. 计算价格估价方法 3. 合理方法 4. 特殊进口货物完税价格确定方法 5. 海关对进出口货物的预审价管理知识
	(二) 加工贸易申报数据核算	1. 能够根据海关需要对加工贸易的进口料件和出口成品进行归并或拆分核算 2. 能够根据海关需要对加工贸易联网监管企业的最大周转量、最大周转金额进行核算 3. 能够对加工贸易手册的进出口额度、料件、耗量、成品进行平衡核算	1. 加工贸易单耗标准知识 2. 加工贸易企业生产流程管理知识 3. 会计基本知识 4. 统计基本知识
	(三) 通关成本核算	能够核算每票进出口货物的通关成本	成本核算知识
四、进出口商品归类与原产地确定	(一) 进出口商品编码确定	1. 能够确定易混淆商品的进出口商品编码 2. 能够确定归类疑难商品的进出口商品编码	1. 化工商品基本知识 2. 纺织商品基本知识 3. 机电商品基本知识
	(二) 进出口商品合并归类与简化归类办理	能够办理申报货物的进出口商品合并归类与简化归类手续	海关对进出口商品合并归类与简化归类的管理知识
	(三) 进出口商品预归类手续办理	能够办理进出口商品预归类手续	海关对进出口商品预归类管理的知识
	(四) 进口货物原产地确定	能够根据优惠原产地规则确定进口货物的原产地	区域贸易协定及原产地规则知识
五、报关事务管理	(一) 报关事务异常情况处理	能够制定应对报关异常情况的处理预案	风险管理基础知识
	(二) 报关业务评估管理	能够对报关业务进行绩效统计、分析和评估	绩效评估知识
	(三) 报关业务咨询和策划	1. 能够提供报关业务咨询、指导 2. 能够根据客户要求撰写进出口货物通关方案 3. 能够根据海关管理要求对加工贸易企业进口、生产、库存、成品出口、内销和账务处理提出指导方案	供应链管理基本知识

续前表

职业功能	工作内容	技能要求	相关知识
六、培训与指导	(一) 培训	1. 能够培训助理报关师 2. 能够编制报关业务专项培训计划 3. 能够编制报关员岗前实习方案 4. 能够编写报关业务专项培训讲义	1. 培训计划编制方法 2. 教学法有关知识
	(二) 指导	能够对助理报关师进行报关业务指导	案例教学法

3.3 高级报关师

职业功能	工作内容	技能要求	相关知识
一、报关作业实施与管理	(一) 报关质量控制管理	1. 能够组织设计报关质量评估体系 2. 能够进行报关质量分析，并撰写分析报告 3. 能够组织制定报关质量管理制度 4. 能够组织实施报关质量管理制度	1. 质量管理标准知识 2. 企业报关制度设计知识
	(二) 报关流程控制管理	1. 能够组织设计企业报关流程 2. 能够组织制定企业报关业务流程实施方案	1. 组织行为管理知识 2. 流程再造管理知识
二、报关核算	(一) 应税货物完税价格核算	能够处理应税货物海关估价争议	海关估价知识
	(二) 报关成本核算	1. 能够核算报关延伸服务的成本 2. 能够估算报关工作失误造成的损失费用 3. 能够进行报关服务经济效益分析	1. 国际货运代理知识 2. 纠纷处理知识 3. 成本效益分析知识
	(三) 出口退税估算	能够估算出口货物国内税的退、免税金额	增值税、消费税的征免抵退收知识
三、进出口商品归类与原产地确定	(一) 进出口商品编码确定	能够处理进出口商品归类争议	《协调制度公约》知识
	(二) 原产地确定	能够处理进口货物原产地确定争议	WTO 原产地规则及各优惠贸易协定的原产地规则知识
四、报关事务管理	(一) 报关业务评估管理	1. 能够对报关风险进行分析评估及处置 2. 能够对委托报关客户进行统计分析，撰写客户分析报告	1. 危机管理知识 2. 客户服务知识
	(二) 报关业务咨询和策划	1. 根据进出口贸易政策调整因素提出企业进出口预警方案 2. 能够组织设计与海关管理要求相适应的企业管理系统 3. 能够组织设计报关企业管理系统	1. 信息收集与分类知识 2. 工作策划知识 3. 企业管理基本知识 4. 战略管理知识 5. ERP 系统知识

续前表

职业功能	工作内容	技能要求	相关知识
五、海关行政救济事务管理	（一）申请海关听证	1. 能够依法对海关行政处罚决定提出听证要求，并办理相关手续 2. 能够准备海关听证的相关证据材料和参与听证	1. 海关听证制度 2. 听证文书写作知识
	（二）申请海关行政复议	1. 能够依法提出海关行政复议要求，并办理相关手续 2. 能够准备海关行政复议的相关证据材料和参加行政复议	1. 海关行政复议制度 2. 行政复议法律知识 3. 行政复议文书写作知识
	（三）办理海关行政诉讼事务	能够准备海关行政诉讼的相关证据材料并提出诉讼方案	1. 行政诉讼法律知识 2. 行政诉讼文书写作知识
	（四）申请海关行政赔偿	能够依法提出海关行政赔偿要求，并办理相关手续	1. 海关行政赔偿制度 2. 国家赔偿法律知识
六、培训与指导	（一）培训	1. 能够编制培训计划 2. 能够培训报关师 3. 能够编写培训讲义或教材	1. 培训计划的编制方法 2. 培训讲义或教材的编写方法
	（二）指导	能够对报关师进行报关业务指导	

4. 比重表

4.1 理论知识

项目		助理报关师（%）	报关师（%）	高级报关师（%）
基本要求	职业道德	5	5	5
	基础知识	15	10	5
报关英语		5	10	—
相关知识	报关单证准备与管理	30	10	—
	报关作业实施与管理	30	20	20
	报关核算	5	15	20
	进出口商品归类与原产地确定	5	10	5
	报关事务管理	5	15	25
	海关行政救济事务管理	—	—	10
	培训与指导	—	5	10
合计		100	100	100

4.2　技能操作

项目		助理报关师（%）	报关师（%）	高级报关师（%）
技能要求	报关单证准备与管理	45	15	—
	报关作业实施与管理	25	30	20
	报关核算	10	20	20
	进出口商品归类与原产地确定	15	20	10
	报关事务管理	5	10	25
	海关行政救济事务管理	—	—	15
	培训与指导	—	5	10
合计		100	100	100

注：比重表中不分配的地方，以“—”表示。

附录三　中华人民共和国海关进出口货物报关单填制规范

（根据海关总署公告2008年第52号修订，2008年8月4日发布，2008年10月1日起执行）

为规范进出口货物收发货人的申报行为，统一进出口货物报关单填制要求，保证报关单数据质量，根据《中华人民共和国海关法》及有关法规，制定本规范。

“中华人民共和国海关进（出）口货物报关单”在本规范中采用“报关单”、“进口报关单”、“出口报关单”的提法。

报关单各栏目的填制规范如下：

一、预录入编号

本栏目填报预录入报关单的编号，预录入编号规则由接受申报的海关决定。

二、海关编号

本栏目填报海关接受申报时给予报关单的编号，一份报关单对应一个海关编号。

报关单海关编号为18位，其中第1～4位为接受申报海关的编号（海关规定的《关区代码表》中相应海关代码），第5～8位为海关接受申报的公历年份，第9位为进出口标志（“1”为进口，“0”为出口；集中申报清单“I”为进口，“E”为出口），后9位为顺序编号。在海关H883/EDI通关系统向H2000通关系统过渡期间，后9位的编号规则同H883/EDI通关系统的要求，即1～2位为接受申报海关的编号（海关规定的《关区代码表》中相应海关代码的后2位），第3位为海关接受申报公历年份4位数字的最后1位，后6位为顺序编号。

三、进口口岸/出口口岸

本栏目应根据货物实际进出境的口岸海关，填报海关规定的《关区代码表》中相应口岸海关的名称及代码。特殊情况填报要求如下：

进口转关运输货物应填报货物进境地海关名称及代码，出口转关运输货物应填报货物出境地海关名称及代码。按转关运输方式监管的跨关区深加工结转货物，出口报关单填报转出地海关名称及代码，进口报关单填报转入地海关名称及代码。

在不同海关特殊监管区域或保税监管场所之间调拨、转让的货物，填报对方特殊监管区域或保税监管场所所在的海关名称及代码。

其他无实际进出境的货物，填报接受申报的海关名称及代码。

四、备案号

本栏目填报进出口货物收发货人在海关办理加工贸易合同备案或征、减、免税备案审批等手续时，海关核发的《中华人民共和国海关加工贸易手册》、电子账册及其分册（以下统称《加工贸易手册》）、《进出口货物征免税证明》（以下简称《征免税证明》）或其他备案审批文件的编号。

一份报关单只允许填报一个备案号。具体填报要求如下：

（一）加工贸易项下货物，除少量低值辅料按规定不使用《加工贸易手册》及以后续补税监管方式办理内销征税的外，填报《加工贸易手册》编号。

使用异地直接报关分册和异地深加工结转出口分册在异地口岸报关的，本栏目应填报分册号；本地直接报关分册和本地深加工结转分册限制在本地报关，本栏目应填报总册号。

加工贸易成品凭《征免税证明》转为减免税进口货物的，进口报关单填报《征免税证明》编号，出口报关单填报《加工贸易手册》编号。

对加工贸易设备之间的结转，转入和转出企业分别填制进、出口报关单，在报关单“备案号”栏目填报《加工贸易手册》编号。

（二）涉及征、减、免税备案审批的报关单，填报《征免税证明》编号。

（三）涉及优惠贸易协定项下实行原产地证书联网管理（香港 CEPA、澳门 CEPA，下同）的报关单，填报原产地证书代码“Y”和原产地证书编号。

（四）减免税货物退运出口，填报《减免税进口货物同意退运证明》的编号；减免税货物补税进口，填报《减免税货物补税通知书》的编号；减免税货物结转进口（转入），填报《征免税证明》的编号；相应的结转出口（转出），填报《减免税进口货物结转联系函》的编号。

（五）涉及构成整车特征的汽车零部件的报关单，填报备案的 Q 账册编号。

五、合同协议号

本栏目填报进出口货物合同（包括协议或订单）编号。

六、进口日期/出口日期

进口日期填报运载进口货物的运输工具申报进境的日期。

出口日期指运载出口货物的运输工具办结出境手续的日期，本栏目供海关签发打印报关单证明联用，在申报时免予填报。

无实际进出境的报关单填报海关接受申报的日期。

本栏目为8位数字，顺序为年（4位）、月（2位）、日（2位）。

七、申报日期

申报日期指海关接受进出口货物收发货人、受委托的报关企业申报数据的日期。以电子数据报关单方式申报的，申报日期为海关计算机系统接受申报数据时记录的日期。以纸质报关单方式申报的，申报日期为海关接受纸质报关单并对报关单进行登记处理的日期。

申报日期为8位数字，顺序为年（4位）、月（2位）、日（2位）。本栏目在申报时免予填报。

八、经营单位

本栏目填报在海关注册登记的对外签订并执行进出口贸易合同的中国境内法人、其他组织或个人的名称及海关注册编码。

特殊情况下填制要求如下：

（一）进出口货物合同的签订者和执行者非同一企业的，填报执行合同的企业。

（二）外商投资企业委托进出口企业进口投资设备、物品的，填报外商投资企业，并在标记唛码及备注栏注明“委托某进出口企业进口”。

（三）有代理报关资格的报关企业代理其他进出口企业办理进出口报关手续时，填报委托的进出口企业的名称及海关注册编码。

九、收货单位/发货单位

（一）收货单位填报已知的进口货物在境内的最终消费、使用单位的名称，包括：

1. 自行从境外进口货物的单位。

2. 委托进出口企业进口货物的单位。

（二）发货单位填报出口货物在境内的生产或销售单位的名称，包括：

1. 自行出口货物的单位。

2. 委托进出口企业出口货物的单位。

（三）有海关注册编码或加工企业编码的收、发货单位，本栏目应填报其中文名称及编码；没有编码的应填报其中文名称。使用《加工贸易手册》管理的货物，报关单的收、发货单位应与《加工贸易手册》的“经营企业”或“加工企业”一致；减免税货物报关单的收、发货单位应与《征免税证明》的“申请单位”一致。

十、申报单位

自理报关的，本栏目填报进出口企业的名称及海关注册编码；委托代理报关的，本栏目填报经海关批准的报关企业名称及海关注册编码。

本栏目还包括报关单左下方用于填报申报单位有关情况的相关栏目，包括报关员、报关单位地址、邮政编码和电话号码等栏目。

十一、运输方式

运输方式包括实际运输方式和海关规定的特殊运输方式，前者指货物实际进出境的运输方式，按进出境所使用的运输工具分类；后者指货物无实际进出境的运输方式，按货物在境内的流向分类。

本栏目应根据货物实际进出境的运输方式或货物在境内流向的类别，按照海关规定的《运输方式代码表》选择填报相应的运输方式。

（一）特殊情况填报要求如下：

1. 非邮件方式进出境的快递货物，按实际运输方式填报。

2. 进出境旅客随身携带的货物，按旅客所乘运输工具填报。

3. 进口转关运输货物，按载运货物抵达进境地的运输工具填报；出口转关运输货物，按载运货物驶离出境地的运输工具填报。

4. 不复运出（入）境而留在境内（外）销售的进出境展览品、留赠转卖物品等，填报“其他运输”（代码 9）。

（二）无实际进出境货物在境内流转时填报要求如下：

1. 境内非保税区运入保税区货物和保税区退区货物，填报“非保税区”（代码 0）；

2. 保税区运往境内非保税区货物，填报“保税区”（代码 7）；

3. 境内存入出口监管仓库和出口监管仓库退仓货物，填报“监管仓库”（代码 1）；

4. 保税仓库转内销货物，填报“保税仓库”（代码 8）；

5. 从境内保税物流中心外运入中心或从中心运往境内中心外的货物，填报“物流中心”（代码 W）；

6. 从境内保税物流园区外运入园区或从园区运往境内园区外的货物，填报“物流园区”（代码 X）；

7. 从境内保税港区外运入港区（不含直通）或从港区运往境内港区外（不含直通）的货物，填报“保税港区”（代码 Y），综合保税区比照保税港区填报；

8. 从境内出口加工区、珠澳跨境工业区珠海园区（以下简称珠海园区）外运入加工区、珠海园区或从加工区、珠海园区运往境内区外的货物，区外企业填报“出口加工区”（代码 Z），区内企业填报“其他运输”（代码 9）；

9. 境内运入深港西部通道港方口岸区的货物，填报“边境特殊海关作业区”（代码 H）；

10. 其他境内流转货物，填报“其他运输”（代码 9），包括特殊监管区域内货物之间的流转、调拨货物，特殊监管区域、保税监管场所之间相互流转货物，特殊监管区域外的加工贸易余料结转、深加工结转、内销等货物。

十二、运输工具名称

本栏目填报载运货物进出境的运输工具名称或编号。填报内容应与运输部门向海关申报的舱单（载货清单）所列相应内容一致。具体填报要求如下：

（一）直接在进出境地或采用“属地申报，口岸验放”通关模式办理报关手续的报关单填报要求如下：

1. 水路运输：填报船舶编号（来往港澳小型船舶为监管簿编号）或者船舶英文名称。

2. 公路运输：填报该跨境运输车辆的国内行驶车牌号，深圳提前报关模式的报关单填报国内行驶车牌号＋“/”＋“提前报关”。

3. 铁路运输：填报车厢编号或交接单号。

4. 航空运输：填报航班号。

5. 邮件运输：填报邮政包裹单号。

6. 其他运输：填报具体运输方式名称，例如，管道、驮畜等。

（二）转关运输货物的报关单填报要求如下：

1. 进口：

（1）水路运输：直转、提前报关填报“@”＋16 位转关申报单预录入号（或 13 位载货清单号）；中转填报进境英文船名。

（2）铁路运输：直转、提前报关填报“@”＋16 位转关申报单预录入号；中转填报车厢编号。

（3）航空运输：直转、提前报关填报“@”＋16 位转关申报单预录入号（或 13 位载货清单号）；中转填报“@”。

（4）公路及其他运输：填报“@”＋16 位转关申报单预录入号（或 13 位载货清单号）。

（5）以上各种运输方式使用广东地区载货清单转关的提前报关货物填报“@”＋13 位载货清单号。

2. 出口：

（1）水路运输：非中转填报“@”＋16 位转关申报单预录入号（或 13 位载货清单号）。如多张报关单需要通过一张转关单转关的，运输工具名称字段填报“@”。

中转货物，境内水路运输填报驳船船名；境内铁路运输填报车名（主管海关 4 位关别代码＋“TRAIN”）；境内公路运输填报车名（主管海关 4 位关别代码＋“TRUCK”）。

（2）铁路运输：填报“@”＋16 位转关申报单预录入号（或 13 位载货清单号），如多张报关单需要通过一张转关单转关的，填报“@”。

（3）航空运输：填报“@”＋16 位转关申报单预录入号（或 13 位载货清单号），如多张报关单需要通过一张转关单转关的，填报“@”。

（4）其他运输方式：填报“@”＋16 位转关申报单预录入号（或 13 位载货清单号）。

（三）采用“集中申报”通关方式办理报关手续的，报关单本栏目填报“集中申报”。

（四）无实际进出境的报关单，本栏目免予填报。

十三、航次号

本栏目填报载运货物进出境的运输工具的航次编号。

具体填报要求如下：

（一）直接在进出境地或采用“属地申报，口岸验放”通关模式办理报关手续的报关单。

1. 水路运输：填报船舶的航次号。

2. 公路运输：填报运输车辆的 8 位进出境日期，顺序为年（4 位）、月（2 位）、日（2 位），下同。

3. 铁路运输：填报列车的进出境日期。

4. 航空运输：免予填报。

5. 邮件运输：填报运输工具的进出境日期。

6. 其他运输方式：免予填报。

（二）转关运输货物的报关单。

1. 进口：

(1) 水路运输：中转转关方式填报“@”＋进境干线船舶航次。直转、提前报关免予填报。

(2) 公路运输：免予填报。

(3) 铁路运输：“@”＋8位进境日期。

(4) 航空运输：免予填报。

(5) 其他运输方式：免予填报。

2. 出口：

(1) 水路运输：非中转货物免予填报。中转货物：境内水路运输填报驳船航次号；境内铁路、公路运输填报6位起运日期，顺序为年（2位）、月（2位）、日（2位）。

(2) 铁路拼车拼箱捆绑出口：免予填报。

(3) 航空运输：免予填报。

(4) 其他运输方式：免予填报。

（三）无实际进出境的报关单，本栏目免予填报。

十四、提运单号

本栏目填报进出口货物提单或运单的编号。

一份报关单只允许填报一个提单或运单号，一票货物对应多个提单或运单时，应分单填报。

具体填报要求如下：

（一）直接在进出境地或采用“属地申报，口岸验放”通关模式办理报关手续的。

1. 水路运输：填报进出口提单号。如有分提单的，填报进出口提单号＋“*”＋分提单号。

2. 公路运输：免予填报。

3. 铁路运输：填报运单号。

4. 航空运输：填报总运单号＋“_”＋分运单号，无分运单的填报总运单号。

5. 邮件运输：填报邮运包裹单号。

（二）转关运输货物的报关单。

1. 进口：

(1) 水路运输：直转、中转填报提单号。提前报关免予填报。

(2) 铁路运输：直转、中转填报铁路运单号。提前报关免予填报。

(3) 航空运输：直转、中转填报总运单号＋“_”＋分运单号。提前报关免予填报。

(4) 其他运输方式：免予填报。

(5) 以上运输方式进境货物，在广东省内用公路运输转关的，填报车牌号。

2. 出口：

(1) 水路运输：中转货物填报提单号；非中转货物免予填报；广东省内汽车运输提前报关的转关货物，填报承运车辆的车牌号。

(2) 其他运输方式：免予填报。广东省内汽车运输提前报关的转关货物，填报承运车辆的车牌号。

(三) 采用“集中申报”通关方式办理报关手续的，报关单填报归并的集中申报清单的进出口起止日期，按年（4位）、月（2位）、日（2位）；年（4位）、月（2位）、日（2位）填报。

(四) 无实际进出境的，本栏目免予填报。

十五、贸易方式（监管方式）

本栏目应根据实际对外贸易情况按海关规定的《监管方式代码表》选择填报相应的监管方式简称及代码。一份报关单只允许填报一种监管方式。

特殊情况下加工贸易货物监管方式填报要求如下：

(一) 进口少量低值辅料（即5 000美元以下，78种以内的低值辅料）按规定不使用《加工贸易手册》的，填报“低值辅料”。使用《加工贸易手册》的，按《加工贸易手册》上的监管方式填报。

(二) 外商投资企业为加工内销产品而进口的料件，属非保税加工的，填报“一般贸易”。

外商投资企业全部使用国内料件加工的出口成品，填报“一般贸易”。

(三) 加工贸易料件结转或深加工结转货物，按批准的监管方式填报。

(四) 加工贸易料件转内销货物以及按料件办理进口手续的转内销制成品、残次品、半成品，应填制进口报关单，填报“来料料件内销”或“进料料件内销”；加工贸易成品凭《征免税证明》转为减免税进口货物的，应分别填制进、出口报关单，出口报关单本栏目填报“来料成品减免”或“进料成品减免”，进口报关单本栏目按照实际监管方式填报。

(五) 加工贸易出口成品因故退运进口及复运出口的，填报“来料成品退换”或“进料成品退换”；加工贸易进口料件因换料退运出口及复运进口的，填报“来料料件退换”或“进料料件退换”；加工贸易过程中产生的剩余料件、边角料退运出口，以及进口料件因品质、规格等原因退运出口且不再更换同类货物进口的，分别填报“来料料件复出”、“来料边角料复出”、“进料料件复出”、“进料边角料复出”。

(六) 备料《加工贸易手册》中的料件结转转入加工出口《加工贸易手册》的，填报“来料加工”或“进料加工”。

(七) 保税工厂加工贸易进出口货物，根据《加工贸易手册》填报“来料加工”或“进料加工”。

(八) 加工贸易边角料内销和副产品内销，应填制进口报关单，填报“来料边角料内销”或“进料边角料内销”。

(九) 加工贸易进口料件不再用于加工成品出口，或生产的半成品（折料）、成品因故不再出口，主动放弃交由海关处理时，应填制进口报关单，填报“料件放弃”或“成品放弃”。

十六、征免性质

本栏目应根据实际情况按海关规定的《征免性质代码表》选择填报相应的征免性质简称及代码，持有海关核发的《征免税证明》的，应按照《征免税证明》中批注的征免性质填报。一份报关单只允许填报一种征免性质。

加工贸易货物报关单应按照海关核发的《加工贸易手册》中批注的征免性质简称及代码填报。特殊情况填报要求如下：

（一）保税工厂经营的加工贸易，根据《加工贸易手册》填报“进料加工”或“来料加工”。

（二）外商投资企业为加工内销产品而进口的料件，属非保税加工的，填报“一般征税”或其他相应征免性质。

（三）加工贸易转内销货物，按实际情况填报（如一般征税、科教用品、其他法定等）。

（四）料件退运出口、成品退运进口货物填报“其他法定”（代码 0299）。

（五）加工贸易结转货物，本栏目免予填报。

十七、征税比例/结汇方式

进口报关单本栏目免予填报。

出口报关单填报结汇方式，按海关规定的《结汇方式代码表》选择填报相应的结汇方式名称或代码。

十八、许可证号

本栏目填报以下许可证的编号：进（出）口许可证、两用物项和技术进（出）口许可证、两用物项和技术出口许可证（定向）、纺织品临时出口许可证、出口许可证（加工贸易）、出口许可证（边境小额贸易）。

一份报关单只允许填报一个许可证号。

十九、起运国（地区）/运抵国（地区）

起运国（地区）填报进口货物起始发出直接运抵我国或者在运输中转国（地）未发生任何商业性交易的情况下运抵我国的国家（地区）。

运抵国（地区）填报出口货物离开我国关境直接运抵或者在运输中转国（地区）未发生任何商业性交易的情况下最后运抵的国家（地区）。

不经过第三国（地区）转运的直接运输进出口货物，以进口货物的装货港所在国（地区）为起运国（地区），以出口货物的指运港所在国（地区）为运抵国（地区）。

经过第三国（地区）转运的进出口货物，如在中转国（地区）发生商业性交易，则以中转国（地区）作为起运/运抵国（地区）。

本栏目应按海关规定的《国别（地区）代码表》选择填报相应的起运国（地区）或运抵国（地区）中文名称及代码。

无实际进出境的，填报“中国”（代码 142）。

二十、装货港/指运港

装货港填报进口货物在运抵我国关境前的最后一个境外装运港。

指运港填报出口货物运往境外的最终目的港；最终目的港不可预知的，按尽可能预知的目的港填报。

本栏目应根据实际情况按海关规定的《港口航线代码表》选择填报相应的港口中文名称及代码。装货港/指运港在《港口航线代码表》中无港口中文名称及代码的，可选择填报相应的国家中文名称或代码。

无实际进出境的，本栏目填报“中国境内”（代码 142）。

二十一、境内目的地/境内货源地

境内目的地填报已知的进口货物在国内的消费、使用地或最终运抵地，其中最终运抵地为最终使用单位所在的地区。最终使用单位难以确定的，填报货物进口时预知的最终收货单位所在地。

境内货源地填报出口货物在国内的产地或原始发货地。出口货物产地难以确定的，填报最早发运该出口货物的单位所在地。

本栏目按海关规定的《国内地区代码表》选择填报相应的国内地区名称及代码。

二十二、批准文号

进口报关单中本栏目免予填报。

出口报关单中本栏目填报出口收汇核销单编号。

二十三、成交方式

本栏目应根据进出口货物实际成交价格条款，按海关规定的《成交方式代码表》选择填报相应的成交方式代码。

无实际进出境的报关单，进口填报 CIF，出口填报 FOB。

二十四、运费

本栏目填报进口货物运抵我国境内输入地点起卸前的运输费用，出口货物运至我国境内输出地点装载后的运输费用。进口货物成交价格包含前述运输费用或者出口货物成交价格不包含前述运输费用的，本栏目免予填报。

运费可按运费单价、总价或运费率三种方式之一填报，注明运费标记（运费标记“1”表示运费率，“2”表示每吨货物的运费单价，“3”表示运费总价），并按海关规定的《货币代码表》选择填报相应的币种代码。

运保费合并计算的，填报在本栏目。

二十五、保费

本栏目填报进口货物运抵我国境内输入地点起卸前的保险费用，出口货物运至我国境内输出地点装载后的保险费用。进口货物成交价格包含前述保险费用或者出口货物成交价格不包含前述保险费用的，本栏目免予填报。

保费可按保险费总价或保险费率两种方式之一填报，注明保险费标记（保险费标记“1”表示保险费率，“3”表示保险费总价），并按海关规定的《货币代码表》选择填报相应的币种代码。

运保费合并计算的，本栏目免予填报。

二十六、杂费

本栏目填报成交价格以外的、按照《中华人民共和国进出口关税条例》相关规定应计入完税价格或应从完税价格中扣除的费用。可按杂费总价或杂费率两种方式之一填报，注明杂费标记（杂费标记“1”表示杂费率，“3”表示杂费总价），并按海关规定的《货币代码表》选择填报相应的币种代码。

应计入完税价格的杂费填报为正值或正率，应从完税价格中扣除的杂费填报为负值或负率。

二十七、件数

本栏目填报有外包装的进出口货物的实际件数。特殊情况填报要求如下：

（一）舱单件数为集装箱的，填报集装箱个数。

（二）舱单件数为托盘的，填报托盘数。

本栏目不得填报为零，裸装货物填报为“1”。

二十八、包装种类

本栏目应根据进出口货物的实际外包装种类，按海关规定的《包装种类代码表》选择填报相应的包装种类代码。

二十九、毛重（千克）

本栏目填报进出口货物及其包装材料的重量之和，计量单位为千克，不足1千克的填报为“1”。

三十、净重（千克）

本栏目填报进出口货物的毛重减去外包装材料后的重量，即货物本身的实际重量，计量单位为千克，不足1千克的填报为“1”。

三十一、集装箱号

本栏目填报装载进出口货物（包括拼箱货物）集装箱的箱体信息。一个集装箱填一条记录，分别填报集装箱号（在集装箱箱体上标示的全球唯一编号）、集装箱的规格和集装箱的自重。非集装箱货物填报为“0”。

三十二、随附单证

本栏目根据海关规定的《监管证件代码表》选择填报除本规范第十八条规定的许可证件以外的其他进出口许可证件或监管证件代码及编号。

本栏目分为随附单证代码和随附单证编号两栏，其中代码栏应按海关规定的《监管证件代码表》选择填报相应证件代码；编号栏应填报证件编号。

（一）加工贸易内销征税报关单，随附单证代码栏填写“c”，随附单证编号栏填写海关审核通过的内销征税联系单号。

（二）含预归类商品报关单，随附单证代码项下填写“r”，随附单证编号项下填写××关预归类书××号。

（三）优惠贸易协定项下进出口货物：

“Y”为原产地证书代码。优惠贸易协定代码选择“01”、“02”、“03”、“04”、“05”、“06”、“07”、“08”、“09”填报：

“01”为“亚太贸易协定”项下的进口货物；

“02”为“中国—东盟自贸区”项下的进口货物；

“03”为“内地与香港紧密经贸关系安排”（香港 CEPA）项下的进口货物；

“04”为“内地与澳门紧密经贸关系安排”（澳门 CEPA）项下的进口货物；

“05”为“对非洲特惠待遇”项下的进口货物；

“06”为“台湾农产品零关税措施”项下的进口货物；

“07”为“中巴自贸区”项下的进口货物；

“08”为“中智自贸区”项下的进口货物；

“09”为“对也门等国特惠待遇”项下的进口货物。

具体填报要求如下：

1. 实行原产地证书联网管理的，随附单证代码栏填写“Y”，随附单证编号栏的“＜　＞”内填写优惠贸易协定代码。例如，香港 CEPA 项下进口商品，应填报为：“Y”和“＜03＞”。一票进口货物中如涉及多份原产地证书或含有非原产地证书商品，应分单填报。

2. 未实行原产地证书联网管理的，随附单证代码栏填写“Y”，随附单证编号栏“＜　＞”内填写优惠贸易协定代码＋“:”＋需证商品序号。例如，《亚太贸易协定》项下进口报关单中第 1 到第 3 项和第 5 项为优惠贸易协定项下商品，应填报为：“＜01:1－3,5＞”。

优惠贸易协定项下出口货物，本栏目填报原产地证书代码和编号。

三十三、用途/生产厂家

进口货物本栏目填报用途，应根据进口货物的实际用途按海关规定的《用途代码表》选择填报相应的用途代码。

出口货物本栏目填报其境内生产企业。

三十四、标记唛码及备注

本栏目填报要求如下：

（一）标记唛码中除图形以外的文字、数字。

（二）受外商投资企业委托代理其进口投资设备、物品的进出口企业名称。

（三）与本报关单有关联关系的，同时在业务管理规范方面又要求填报的备案号，填报在电子数据报关单中“关联备案”栏。

加工贸易结转货物及凭《征免税证明》转内销货物，其对应的备案号应填报在“关联备案”栏。

减免税货物结转进口（转入），报关单“关联备案”栏应填写本次减免税货物结转所申请的《减免税进口货物结转联系函》的编号。

减免税货物结转出口（转出），报关单“关联备案”栏应填写与其相对应的进口（转入）报关单“备案号”栏中《征免税证明》的编号。

（四）与本报关单有关联关系的，同时在业务管理规范方面又要求填报的报关单号，填报在电子数据报关单中“关联报关单”栏。

加工贸易结转类的报关单，应先办理进口报关，并将进口报关单号填入出口报关单的“关联报关单”栏。

办理进口货物直接退运手续的，除另有规定外，应当先填写出口报关单，再填写进口报关单，并将出口报关单号填入进口报关单的“关联报关单”栏。

减免税货物结转出口（转出），应先办理进口报关，并将进口（转入）报关单号填入出口（转出）报关单的“关联报关单”栏。

（五）办理进口货物直接退运手续的，本栏目填报《准予直接退运决定书》或者《责令直接退运通知书》编号。

（六）申报时其他必须说明的事项填报在本栏目。

三十五、项号

本栏目分两行填报及打印。第一行填报报关单中的商品顺序编号；第二行专用于加工贸易、减免税等已备案、审批的货物，填报和打印该项货物在《加工贸易手册》或《征免税证明》等备案、审批单证中的顺序编号。

优惠贸易协定项下实行原产地证书联网管理的报关单，第一行填报报关单中的商品顺序编号，第二行填报该项商品对应的原产地证书上的商品项号。

加工贸易项下进出口货物的报关单，第一行填报报关单中的商品顺序编号，第二行填报该项商品在《加工贸易手册》中的商品项号，用于核销对应项号下的料件或成品数量。其中第二行特殊情况填报要求如下：

（一）深加工结转货物，分别按照《加工贸易手册》中的进口料件项号和出口成品项号填报。

（二）料件结转货物（包括料件、制成品和半成品折料），出口报关单按照转出《加工贸易手册》中进口料件的项号填报；进口报关单按照转进《加工贸易手册》中进口料件的项号填报。

（三）料件复出货物（包括料件、边角料、来料加工半成品折料），出口报关单按照《加工贸易手册》中进口料件的项号填报；如边角料对应一个以上料件项号时，填报主要料件项号。料件退换货物（包括料件、不包括半成品），进出口报关单按照《加工贸易手册》中进口料件的项号填报。

（四）成品退换货物，退运进境报关单和复运出境报关单按照《加工贸易手册》原出口成品的项号填报。

（五）加工贸易料件转内销货物（以及按料件办理进口手续的转内销制成品、半成品、残次品）应填制进口报关单，填报《加工贸易手册》进口料件的项号；加工贸易边角料、副产品内销，填报《加工贸易手册》中对应的进口料件项号。如边角料或副产品对应一个以上料件项号时，填报主要料件项号。

（六）加工贸易成品凭《征免税证明》转为减免税货物进口的，应先办理进口报关手续。进口报关单填报《征免税证明》中的项号，出口报关单填报《加工贸易手册》原出口成品项号，进、出口报关单货物数量应一致。

（七）加工贸易料件放弃或成品放弃，本栏目应填报《加工贸易手册》中的进口料件或出口成品项号。半成品放弃的应按单耗折回料件，以料件放弃申报，本栏目填报《加工贸易手册》中对应的进口料件项号。

（八）加工贸易副产品退运出口、结转出口或放弃，本栏目应填报《加工贸易手册》中新增的变更副产品的出口项号。

（九）经海关批准实行加工贸易联网监管的企业，按海关联网监管要求，企业需申报报关清单的，应在向海关申报进出口（包括形式进出口）报关单前，向海关申报“清单”。一份报关清单对应一份报关单，报关单上的商品由报关清单归并而得。加工贸易电子账册报关单中项号、品名、规格等栏目的填制规范比照《加工贸易手册》。

三十六、商品编号

本栏目应填报由《中华人民共和国进出口税则》确定的进出口货物的税则号列和《中华人民共和国海关统计商品目录》确定的商品编码，以及符合海关监管要求的附加编号组成的10位商品编号。

三十七、商品名称、规格型号

本栏目分两行填报及打印。第一行填报进出口货物规范的中文商品名称，第二行填报规格型号。

具体填报要求如下：

（一）商品名称及规格型号应据实填报，并与进出口货物收发货人或受委托的报关企业所提交的合同、发票等相关单证相符。

（二）商品名称应当规范，规格型号应当足够详细，以能满足海关归类、审价及许可证件管理要求为准，可参照《中华人民共和国海关进出口商品规范申报目录》中对商品名称、规格型号的要求进行填报。

（三）加工贸易等已备案的货物，填报的内容必须与备案登记中同项号下货物的商品名称一致。

（四）对需要海关签发《货物进口证明书》的车辆，商品名称栏应填报“车辆品牌＋排气量（注明cc）＋车型（如越野车、小轿车等）”。进口汽车底盘不填报排气量。车辆品牌应按照《进口机动车辆制造厂名称和车辆品牌中英文对照表》中“签注名称”一栏的要求填报。规格型号栏可填报“汽油型”等。

（五）由同一运输工具同时运抵同一口岸并且属于同一收货人、使用同一提单的多种进口货物，按照商品归类规则应当归入同一商品编号的，应当将有关商品一并归入该商品编号。商品名称填报一并归类后的商品名称；规格型号填报一并归类后商品的规格型号。

（六）加工贸易边角料和副产品内销，边角料复出口，本栏目填报其报验状态的名称和规格型号。

（七）进口货物收货人以一般贸易方式申报进口属于《需要详细列名申报的汽车零部件清单》（海关总署2006年第64号公告）范围内的汽车生产件的，应按以下要求填报：

1. 商品名称填报进口汽车零部件的详细中文商品名称和品牌，中文商品名称与品牌之间用“/”相隔，必要时加注英文商品名称；进口的成套散件或者毛坯件应在品牌后加注“成套散件”、“毛坯”等字样，并与品牌之间用“/”相隔。

2. 规格型号填报汽车零部件的完整编号。在零部件编号前应当加注“S”字样，并与零部件编号之间用“/”相隔，零部件编号之后应当依次加注该零部件适用的汽车品牌和车型。

汽车零部件属于可以适用于多种汽车车型的通用零部件的，零部件编号后应当加注“TY”字样，并用“/”与零部件编号相隔。

与进口汽车零部件规格型号相关的其他需要申报的要素，或者海关规定的其他需要申报的要素，如“功率”、“排气量”等，应当在车型或“TY”之后填报，并用“/”与之相隔。

汽车零部件报验状态是成套散件的，应当在“标记唛码及备注”栏内填报该成套散件装配后的最终完整品的零部件编号。

（八）进口货物收货人以一般贸易方式申报进口属于《需要详细列名申报的汽车零部件清单》（海关总署2006年第64号公告）范围内的汽车维修件的，填报规格型号时，应当在零部件编号前加注“W”，并与零部件编号之间用“/”相隔；进口维修件的品牌与该零部件适用的整车厂牌不一致的，应当在零部件编号前加注“WF”，并与零部件编号之间用“/”相隔。其余申报要求同上条执行。

三十八、数量及单位

本栏目分三行填报及打印。

（一）第一行应按进出口货物的法定第一计量单位填报数量及单位，法定计量单位以《中华人民共和国海关统计商品目录》中的计量单位为准。

（二）凡列明有法定第二计量单位的，应在第二行按照法定第二计量单位填报数量及单位。无法定第二计量单位的，本栏目第二行为空。

（三）成交计量单位及数量应填报并打印在第三行。

（四）法定计量单位为“千克”的数量填报，特殊情况下填报要求如下：

1. 装入可重复使用的包装容器的货物，应按货物扣除包装容器后的重量填报，如罐装同位素、罐装氧气及类似品等。

2. 使用不可分割包装材料和包装容器的货物，按货物的净重填报（即包括内层直接包装的净重重量），如采用供零售包装的罐头、化妆品、药品及类似品等。

3. 按照商业惯例以公量重计价的商品，应按公量重填报，如未脱脂羊毛、羊毛条等。

4. 采用以毛重作为净重计价的货物，可按毛重填报，如粮食、饲料等大宗散装货物。

5. 采用零售包装的酒类、饮料，按照液体部分的重量填报。

（五）成套设备、减免税货物如需分批进口，货物实际进口时，应按照实际报验状态确定数量。

（六）根据《商品名称及编码协调制度》归类规则，零部件按整机或成品归类的，法定计量单位是非重量的，其对应的法定数量填报“0.1”。

（七）具有完整品或制成品基本特征的不完整品、未制成品，根据《商品名称及编码协调制度》归类规则应按完整品归类的，按照构成完整品的实际数量填报。

（八）加工贸易等已备案的货物，成交计量单位必须与《加工贸易手册》中同项号下货物的计量单位一致，加工贸易边角料和副产品内销、边角料复出口，本栏目填报其报验状态的计量单位。

（九）优惠贸易协定项下进出口商品的成交计量单位必须与原产地证书上对应商品的计量单位一致。

（十）法定计量单位为立方米的气体货物，应折算成标准状况（即摄氏零度及1个标准大气压）下的体积进行填报。

三十九、原产国（地区）/最终目的国（地区）

原产国（地区）应依据《中华人民共和国进出口货物原产地条例》、《中华人民共和国海关关于执行〈非优惠原产地规则中实质性改变标准〉的规定》以及海关总署关于各项优惠贸易协定原产地管理规章规定的原产地确定标准填报。同一批进口货物的原产地不同的，应分别填报原产国（地区）。进口货物原产国（地区）无法确定的，填报“国别不详”（代码701）。

最终目的国（地区）填报已知的出口货物的最终实际消费、使用或进一步加工制造国家（地区）。不经过第三国（地区）转运的直接运输货物，以运抵国（地区）为最终目的国（地区）；经过第三国（地区）转运的货物，以最后运往国（地区）为最终目的国（地区）。同一批出口货物的最终目的国（地区）不同的，应分别填报最终目的国（地区）。出口货物不能确定最终目的国（地区）时，以尽可能预知的最后运往国（地区）为最终目的国（地区）。

本栏目应按海关规定的《国别（地区）代码表》选择填报相应的国家（地区）名称及代码。

四十、单价

本栏目填报同一项号下进出口货物实际成交的商品单位价格。无实际成交价格的，本栏目填报单位货值。

四十一、总价

本栏目填报同一项号下进出口货物实际成交的商品总价格。无实际成交价格的，本栏目填报货值。

四十二、币制

本栏目应按海关规定的《货币代码表》选择相应的货币名称及代码填报，如《货币代码表》中无实际成交币种，需将实际成交货币按申报日外汇折算率折算成《货币代码表》列明的货币填报。

四十三、征免

本栏目应按照海关核发的《征免税证明》或有关政策规定，对报关单所列每项商品选择海关规定的《征减免税方式代码表》中相应的征减免税方式填报。

加工贸易货物报关单应根据《加工贸易手册》中备案的征免规定填报；《加工贸易手册》中备案的征免规定为“保金”或“保函”的，应填报“全免”。

四十四、税费征收情况

本栏目供海关批注进（出）口货物税费征收及减免情况。

四十五、录入员

本栏目用于记录预录入操作人员的姓名。

四十六、录入单位

本栏目用于记录预录入单位名称。

四十七、填制日期

本栏目填报申报单位填制报关单的日期。本栏目为8位数字，顺序为年（4位）、月（2位）、日（2位）。

四十八、海关审单批注及放行日期（签章）

本栏目供海关作业时签注。

本规范所述尖括号（< >）、逗号（,）、连接符（—）、冒号（:）等标点符号及数字，填报时都必须使用非中文状态下的半角字符。

相关用语的含义：

报关单录入凭单：指申报单位按报关单的格式填写的凭单，用作报关单预录入的依据。该凭单的编号规则由申报单位自行决定。

预录入报关单：指预录入单位按照申报单位填写的报关单凭单录入、打印由申报单位向海关申报，海关尚未接受申报的报关单。

报关单证明联：指海关在核实货物实际进出境后按报关单格式提供的，用作进出口货物收发货人向国税、外汇管理部门办理退税和外汇核销手续的证明文件。

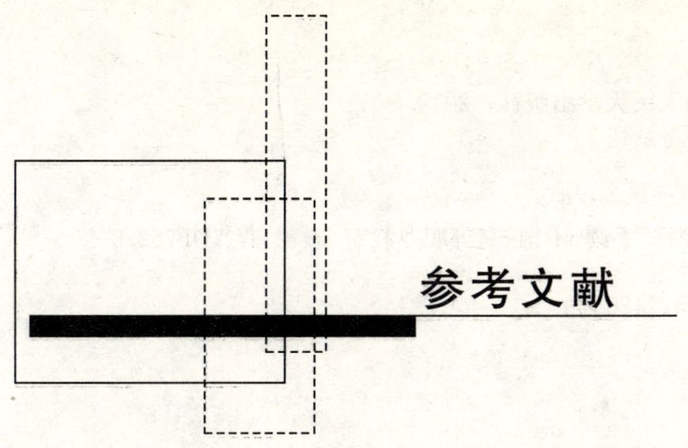

参考文献

1. 海关总署报关员资格考试教材编写委员会. 报关员资格全国统一考试教材. 北京: 中国海关出版社, 2011.

2. 姚雷. 报关实务. 青岛: 中国海洋大学出版社, 2011.

3. 张援越, 张颖, 张淑欣, 王瑞华. 报关操作实务 (第 2 版). 北京: 中国海关出版社, 2011.

4. 刘庆珠. 报关实训. 北京: 首都经济贸易大学出版社, 2009.

5. 张云, 于家臻. 模拟报关实训. 北京: 高等教育出版社, 2006.

6. 谢国娥. 海关报关实务 (第五版). 上海: 华东理工大学出版社, 2011.

7. 仇荣国. 报关实务. 北京: 电子工业出版社, 2007.

8. 张炳达, 顾涛. 海关报关实务. 上海: 上海财经大学出版社, 2010.

9. 张琦生. 海关报关实务. 北京: 冶金工业出版社, 2008.

10. 重庆城市管理职业学院优秀课程《进出口通关实务》.

11. 国家精品课程资源网 (http://course.jingpinke.com).

12. 深圳职业技术学院国家级精品课程《国际物流报关实务》.

13. 辽宁经济职业技术学院省级精品课程《报关实务》.

14. 天津对外经济贸易职业学院省级精品课程《报关实务》.

15. 海关总署网 (http://www.customs.gov.cn).

16. 问学网 (http://www.wenxue24.com).

17. 环球职业教育在线 (http://www.chinaacc.com).

18. 中华人民共和国商务部 (http://www.mofcom.gov.cn).

19. 中国电子口岸网站 (http://www.chinaport.gov.cn).

图书在版编目（CIP）数据

进出口报关实务/贺翔主编．—北京：中国人民大学出版社，2012.6
21世纪高职高专规划教材．国际经济与贸易系列
ISBN 978-7-300-15999-7

Ⅰ.①进… Ⅱ.①贺… Ⅲ.①进出口贸易-海关手续-中国-高等职业教育-教材 Ⅳ.①F752.5

中国版本图书馆CIP数据核字（2012）第127186号

21世纪高职高专规划教材·国际经济与贸易系列
进出口报关实务
主编 贺 翔

出版发行	中国人民大学出版社		
社　　址	北京中关村大街31号	邮政编码	100080
电　　话	010－62511242（总编室）		010－62511398（质管部）
	010－82501766（邮购部）		010－62514148（门市部）
	010－62515195（发行公司）		010－62515275（盗版举报）
网　　址	http://www.crup.com.cn		
	http://www.ttrnet.com(人大教研网)		
经　　销	新华书店		
印　　刷	秦皇岛市昌黎文苑印刷有限公司		
规　　格	185 mm×260 mm　16开本	版　　次	2012年7月第1版
印　　张	16.75	印　　次	2012年7月第1次印刷
字　　数	397 000	定　　价	32.00元

教师信息反馈表

为了更好地为您服务，提高教学质量，中国人民大学出版社愿意为您提供全面的教学支持，期望与您建立更广泛的合作关系。请您填好下表后以电子邮件或信件的形式反馈给我们。

您使用过或正在使用的我社教材名称		版次	
您希望获得哪些相关教学资料			
您对本书的建议（可附页）			
您的姓名			
您所在的学校、院系			
您所讲授课程的名称			
学生人数			
您的联系地址			
邮政编码		联系电话	
电子邮件（必填）			
您是否为人大社教研网会员	☐ 是，会员卡号：________ ☐ 不是，现在申请		
您在相关专业是否有主编或参编教材意向	☐ 是　☐ 否 ☐ 不一定		
您所希望参编或主编的教材的基本情况（包括内容、框架结构、特色等，可附页）			

我们的联系方式：北京市海淀区中关村大街 31 号
中国人民大学出版社教育分社
邮政编码：100080
电话：010-62515912
网址：http://www.crup.com.cn/jiaoyu/
E-mail：cruplya@126.com